佐賀県の
公務員採用試験
（教養試験）

公務員
採用試験
対策シリーズ

佐賀中部広域の
消防職大卒程度

2025

公務員試験研究会　編　　協同出版

まえがき

　公務員は，国や地方の行政諸機関に勤務し，営利を目的とせず，国民や住民などの幸せのため，政策・諸事務を円滑に実施・進行して，社会の土台作りを行うことを職務としています。昨今では，少子高齢化の進行や公務のDX化，国際競争力の低下などの社会情勢の変化に伴って，行政の果たす役割はますます多岐にわたり，重要さを増しています。行政改革が常に論議されているのは，どのような情勢においても安心した生活が送れるよう，公務員に対して国民や市民が，期待を寄せているからでしょう。

　公務員になるためには，基本的には公務員採用試験に合格しなければなりません。公務員採用試験は，公務に携わる広い範囲の職種に就きたい人に対して課される選抜競争試験です。毎年多数の人が受験をして公務員を目指しているため，合格を勝ち取るのは容易ではありません。そんな公務員という狭き門を突破するためには，まずは自分の適性・素養を確かめると同時に，試験内容を十分に研究して対策を講じておく必要があります。

　本書ではその必要性に応え，公務員採用試験に関する基本情報や受験自治体情報はもちろん，「教養試験」，「論作文試験」，「面接試験」について，最近の出題傾向を分析した上で，ポイント，問題と解説，対応方法などを掲載しています。これによって短期間に効率よく学習効果が現れ，自信をもって試験に臨むことができると確信しております。なお，本書に掲載の試験概要や自治体情報は，令和5（2023）年に実施された採用試験のものです。最新の試験概要に関しましては，各自治体HPなどをよくご確認ください。

　公務員を目指す方々が本書を十分活用され，公務員採用試験の合格を勝ち取っていただくことが，私たちにとって最上の喜びです。

公務員試験研究会

佐賀県の公務員採用試験対策シリーズ

佐賀中部広域の消防職大卒程度

◆ 目 次 ◆

第1部

試験の概要

- 公務員試験とは
- ［参考資料］
  試験情報と自治体情報

公務員試験とは

◆ 公務員とはどんな職業か

　一口でいえば，公務員とは，国家機関や地方公共団体に勤務する職員である。

　わが国の憲法では第15条で，「公務員を選定し，及びこれを罷免することは，国民固有の権利である」としたうえで，さらに「すべて公務員は，全体の奉仕者であつて，一部の奉仕者ではない」と定めている。

　また，その職務および人事管理などについては「国家公務員法」および「地方公務員法」という公務員に関する総合法規により，詳細に規定されている。たとえば「この法律は，……職員がその職務の遂行に当り，最大の能率を発揮し得るように，民主的な方法で，選択され，且つ，指導さるべきことを定め，以て国民に対し，公務の民主的且つ能率的な運営を保障することを目的とする」(「国家公務員法」第1条) と述べられ，その職務や人事管理についてはっきりと規定されているのである。すなわち，公務は民主的な方法で選択され，また国民に対しては，民主的・能率的な公務の運営が義務づけられているといえよう。

　現在の公務員の基本的性格を知るにあたって，戦前の公務員に触れておこう。戦前，すなわち明治憲法の時代には，公務員は「官吏」または「公吏」などと呼ばれ，「天皇の使用人，天皇の奉仕者」ということになっていた。したがって，官吏の立場は庶民の上に位置しており，封建時代の“お役人”とほとんど変わらない性格を帯びていた。つまり，民主主義に根ざしたものではなく，天皇を中心とした戦前の支配体制のなかで，その具体的な担い手になっていたといえるだろう。

　戦後，制度が一新されて「官吏」は「公務員」と名を変え，その基本的性格もすっかり変化した。つまり，公務員の「公」の意味が「天皇」から「国民」に変わり，国民によって選定された全体の奉仕者という立場が明確にされたのである。

　なお，公務員という職業は，その職務遂行にあたって国民に大きな影響をおよぼすものであるから，労働権・政治行為などの制限や，私企業からの隔離などの諸制限が加えられていることも知っておく必要がある。

◆ 公務員の種類と職務

(1) 公務員の種類

　本書は，佐賀中部広域の消防職大卒程度をめざす人のための参考書だが，ここでは公務員の種類の全体像をごく簡単に紹介しておこう。一般に公務員は国家公務員と地方公務員に大別でき，さらに一般職と特別職とに分けられる。

① 国家公務員と地方公務員

　　国家公務員とは，国家公務員法の適用を受け（＝一般職），国家機関である各省庁やその出先機関などに勤務し，国家から給与を受ける職員をさす。たとえば，各省庁の地方事務局などに勤務する者も，勤務地が地方であっても国家公務員である。

　　一方，地方公務員は，地方公務員法の適用を受け（＝一般職），各地方公共団体に勤務し，各地方公共団体から給与を受ける職員である。具体的には，都道府県や市町村の職員などを指している。

② 一般職と特別職

　　国家公務員と地方公務員は，それぞれ一般職と特別職に分けられる。人事院または各地方公共団体の人事委員会（またはそれに準ずるところ）を通じて採用されるのが一般職である。

　　特別職とは，国家公務員なら内閣総理大臣や国務大臣・国会職員などであり，地方公務員なら知事や収入役などである。それぞれ特別職は国家公務員法および地方公務員法に列記され，その特別職に属さないすべての職を一般職としている。

③ 上級職，中級職，初級職

　　採用試験の区分であると同時に，採用後の職務内容や給与等の区分でもある。採用試験はこの区分に合わせて実施される。地域によっては，その名称も異なる。

(2) 地方公務員の対象となる職務

　地方公務員試験に合格して採用されると，各地方の職員として，事務および調査・研究または技術的業務などに従事することになる。

　公務員採用にあたって公開平等に試験を実施し，成績の良い者から順に採用することを徹底していて，民間企業の採用によくみられる「指定校制」など

の"制限"は原則としてない。もちろん，出身地・思想・信条などによる差別もない。これは公務員採用試験全般にわたって原則的に貫かれている大きな特徴といえよう。

◆ 「教養試験」の目的と内容

(1) 「教養試験」の目的

　教養試験は，国家公務員，地方公務員の，高校卒程度から大学卒程度までのあらゆる採用試験で，職種を問わず必ず行われている。教養試験は，単なる学科試験とは異なり，今後ますます多様化・複雑化していく公務員の業務を遂行していくのに必要な一般的知識と，これまでの学校生活や社会生活の中で自然に修得された知識，専門分野における知識などが幅広く身についているかどうか，そして，それらの知識をうまく消化し，社会生活に役立てる素質・知的能力をもっているかどうかを測定しようとするものである。

　このことについては，公務員試験の受験案内には，「公務員として必要な一般的知識および知能」と記されている。このため，教養試験の分野は，大きく一般知識と一般知能の2つの分野に分けられる。

　一般知識の分野は，政治，法律，経済，社会，国際関係，労働，時事問題などの社会科学と，日本史，世界史，地理，思想，文学・芸術などの人文科学，物理，化学，生物，地学，数学などの自然科学の3つの分野からなっている。

　一般知識の分野の特徴は，出題科目数が非常に多いことや，出題範囲がとても広いことなどであるが，内容としては高校で学習する程度の問題が出題されているので，高校の教科書を丹念に読んでおくことが必要である。

　一般知能の分野は，文章理解，数的推理，判断推理，資料解釈の4つの分野からなっている。

　一般知能の分野の問題は，身につけた知識をうまく消化し，どれだけ使いこなせるかをみるために出題されているため，応用力や判断力などが試されている。そのため，知能検査に近い問題となっている。

　したがって，一般知識の分野の問題は，問題を解くのに必要な基本的な知識が身についていなければ，どんなに頭をひねっても解くことはできないが，一般知能の分野の問題は，問題文を丁寧に読んでいき，じっくり考えるようにすれば，だれにでも解くことができるような問題になっている。

(2)「一般知識分野」の内容

一般知識分野は，さらに大きく3分野に分けて出題される。

社会科学分野	われわれの社会環境，生活環境に密着した分野で，政治，経済，社会，労働，国際，時事などに分かれる。学校で学んだこと，日々の新聞などから知ることができる内容等が中心で，特に専門的な知識というべきものはほぼ必要がない。
人文科学分野	歴史・地理・文化・思想・国語など，人間の文化的側面，内容的要素に関する知識を問うもので，専門的知識よりも幅広いバランスのとれた知識が必要である。
自然科学分野	数学・物理・化学・生物・地学などを通じて，科学的で合理的な側面を調べるための試験で，出題傾向的には，前二者よりもさらに基本的な問題が多い。

以上が「一般知識分野」のあらましである。これらすべてについて偏りのない実力を要求されるのだから大変だが，見方を変えれば，一般人としての常識を問われているのであり，これまでの生活で身につけてきた知識を再確認しておけば，決して理解・解答ができないということはない問題ばかりである。

(3)「一般知能分野」の内容

一般知能分野は，さらに大きく4分野に分けて出題される。

文章理解	言語や文章についての理解力を調べることを目的にしている。現代文や古文，漢文，また英語などから出題され，それぞれの読解力や構成力，鑑賞力などが試される。
判断推理	論理的判断力，共通性の推理力，抽象的判断力，平面・空間把握力などを調べるもので，多くの出題形式があるが，実際には例年ほぼ一定の形式で出題される。
数的推理	統計図表や研究資料を正確に把握，解読・整理する能力をみる問題である。
資料解釈	グラフや統計表を正しく読みとる能力があるかどうかを調べる問題で，かなり複雑な表などが出題されるが，設問の内容そのものはそれほど複雑ではない。

　一般知能試験は，落ち着いてよく考えれば，だいたいは解ける問題である点が，知識の有無によって左右される一般知識試験と異なる。

　教養試験は，原則として5肢択一式，つまり5つの選択肢のなかから正解を1つ選ぶというスタイルをとっている。難しい問題もやさしい問題も合わせて，1問正解はすべて1点という採点である。5肢択一式出題形式は，採点時に主観的要素が全く入らず，能率的に正確な採点ができ，多数の受験者を扱うことができるために採用されている。

◆「適性試験」「人物試験」の目的と内容

(1)「適性試験」の目的と内容

　適性試験は一般知能試験と類似しているが，一般知能試験がその名のとおり，公務員として，あるいは社会人としてふさわしい知能の持ち主であるかどうかをみるのに対し，適性試験では実際の職務を遂行する能力・適性があるかどうかをみるものである。

　出題される問題の内容そのものはきわめて簡単なものだが，問題の数が多い。これまでの例では，時間が15分，問題数が120問。3つのパターンが10題ずつ交互にあらわれるスパイラル方式である。したがって，短時間に，できるだけ多くの問題を正確に解答していくことが要求される。

　内容的には，分類・照合・計算・置換・空間把握などがあり，単独ではなくこれらの検査が組み合わさった形式の問題が出ることも多い。

(2)「人物試験」の目的と内容

　いわゆる面接試験である。個別面接，集団面接などを通じて受験生の人柄，つまり集団の一員として行動できるか，職務に意欲をもっているか，自分の考えを要領よくまとめて簡潔に表現できるか，などを評価・判定しようとするものである。

　質問の内容は，受験生それぞれによって異なってくるが，おおよそ次のようなものである。

① 公務員を志望する動機や理由などについて
② 家族や家庭のこと，幼いときの思い出などについて
③ クラブ活動など学校生活や友人などについて
④ 自分の長所や短所，趣味や特技などについて
⑤ 時事問題や最近の風俗などについての感想や意見

　あくまでも人物試験であるから，応答の内容そのものより，態度や話し方，表現能力などに評価の重点が置かれている。

◆「論作文試験」の目的と内容

（1）「論作文試験」の目的

　「文は人なり」という言葉があるが，その人の人柄や知識・教養，考えなどを知るには，その人の文章を見るのが最良の方法だといわれている。その意味で論作文試験は，第1に「文章による人物試験」だということができよう。

　また公務員は，採用後に，さまざまな文章に接したり作成したりする機会が多い。したがって，文章の構成力や表現力，基本的な用字・用語の知識は欠かせないものだ。しかし，教養試験や適性試験は，国家・地方公務員とも，おおむね択一式で行われ解答はコンピュータ処理されるので，これらの試験では受験生のその能力・知識を見ることができない。そこで論作文試験が課せられるわけで，これが第2の目的といえよう。

（2）「論作文試験」の内容

　公務員採用試験における論作文試験では，一般的に課題が与えられる。つまり論作文のテーマである。これを決められた字数と時間内にまとめる。国家・地方公務員の別によって多少の違いがあるが，おおよそ1,000～1,200字，60～90分というのが普通だ。

　公務員採用試験の場合，テーマは身近なものから出される。これまでの例では，次のようなものだ。

① 自分自身について	「自分を語る」「自分自身のPR」「私の生きがい」「私にとって大切なもの」
② 学校生活・友人について	「学校生活をかえりみて」「高校時代で楽しかったこと」「私の親友」「私の恩師」
③ 自分の趣味など	「写真の魅力」「本の魅力」「私と音楽」「私と絵画」「私の好きな歌」
④ 時事問題や社会風俗	「自然の保護について」「交通問題を考える」「現代の若者」
⑤ 随想，その他	「夢」「夏の1日」「秋の1日」「私の好きな季節」「若さについて」「私と旅」

　以上は一例で，地方公務員の場合など，実に多様なテーマが出されている。ただ，最近の一般的な傾向として，どういう切り口でもできるようなテーマ，たとえば「山」「海」などという出題のしかたが多くなっているようだ。この題で，紀行文を書いても，人生論を展開しても，遭難事故を時事問題風に扱ってもよいというわけである。一見，やさしいようだが，実際には逆で，それだけテーマのこなし方が難しくなっているともいえよう。

　次に，試験情報と自治体情報を見てみよう。

令和５年度

佐賀中部広域連合 消防職員採用試験案内
（消防Ａ・消防Ｂ）

【受付期間】　令和５年７月１０日（月）〜　７月３１日（月）

1　試験区分及び採用予定人員

試験区分	採用予定人員	職 務 内 容
消防Ａ	11名程度	佐賀広域消防局、消防署（分署及び出張所を含む。）に勤務し、消防業務全般（深夜勤務を含む。）に従事します。 ※女性については、法令上従事できる業務に制限があります。
消防Ｂ		

・試験の申込みは、上記試験区分のうちいずれか一つに限ります。
・採用予定人員は、変更になることがあります。

2　受験資格

試験区分	受 験 資 格	R6.4.1現在の満年齢
消防Ａ	平成７年４月２日から平成１４年４月１日までに生まれた人	２２〜２８歳
消防Ｂ	平成１４年４月２日から平成１８年４月１日までに生まれた人	１８〜２１歳
	平成７年４月２日から平成１６年４月１日までに生まれた人で、救急救命士の免許を有する人	２０〜２８歳

［平成７年４月２日から平成１４年４月１日までに生まれた人で、救急救命士の免許を有する人は消防Ａ
での受験も可能です。］
（1）次の条件をすべて満たす人に限ります。
　　ア　視力が矯正視力を含み両眼で０．７以上、かつ、一眼でそれぞれ０．３以上の人
　　イ　赤色、青色及び黄色の色彩が職別できる人
　　ウ　聴力その他消防の職務遂行に支障のない身体的状態である人
（2）次のいずれかに該当する人は受験することができません。
　　ア　日本国籍を有しない者
　　イ　禁こ以上の刑に処せられ、その執行を終わるまで又はその執行を受けることがなくなるまでの者
　　ウ　佐賀中部広域連合職員として懲戒免職の処分を受け、当該処分の日から２年を経過しない者
　　エ　日本国憲法又はその下に成立した政府を暴力で破壊することを主張する政党その他の団体を結成し、
　　　又はこれに加入した者

3 試験の方法

試　験		対象者	試　験　の　内　容	試験時間
第一次試験	基礎能力試験	全受験者	文書読解能力、数的能力、推理判断能力、人文・社会・自然に関する一般知識、基礎英語等についての択一式試験 ［消防Aは、大学卒業程度 消防Bは、高等学校卒業程度］	６０分
	総合適性検査	全受験者	適性試験	２０分
第二次試験	作文試験	第一次試験合格者	表現力、文書構成力等についての試験	６０分
	適性検査		職務に対する適性について検査	５０分
	体力試験		職務遂行に必要な体力について試験 　握力、立ち幅とび、上体起こし 　懸垂（女性：斜め懸垂） 　持久走（男性1,000m、女性750m）	
第三次試験	面接試験	第二次試験合格者	主として人物、識見等についての面接	

・第一次試験は、テストセンター方式で実施します。テストセンター方式とは、全国の試験会場でコンピューターを使用し、受験者が希望する会場・日時で受験できるテスト方式です。
・適性検査は第二次試験日に実施しますが、第二次試験合格者のみ採点を行い、第三次試験合格者の決定に使用します。
・体力試験については、天候により内容が変更となる場合があります。

4 試験の日時・会場・合格発表

試験	日　時	会　場	合格発表
第一次試験	８月１０日（木）から８月２３日（水）まで	各地に設置されたテストセンター会場※のうちから受験者が選択	９月上旬に ・全受験者に通知 ・ホームページに合格者の受験番号を掲載
第二次試験	９月中旬	第一次試験合格者に別途通知	１０月上旬に ・合格者のみ通知 ・ホームページに合格者の受験番号を掲載
第三次試験	１０月中旬	第二次試験合格者に別途通知	１１月上旬までに ・合否にかかわらず全受験者に通知 ・ホームページに合格者の受験番号を掲載

※テストセンター会場は、４７都道府県に約３５０か所設定されています。会場については、次のURL
https://cbt-s.com/testcenterをご確認ください。
佐賀中部広域連合消防職員採用試験期間中には開設されない会場もありますので、利用可能な会場については、第一次試験予約時にご確認ください。　【参考】佐賀の会場：①佐賀駅前プライムテストセンター（佐賀市駅南本町5-5 サンシャインM 207）　②佐賀駅中央通りテストセンター（佐賀市唐人2-5-8佐賀中央通りビル2階）　※上記会場以外にも設置される可能性があります。

14

5　受験手続

（1）受験申込方法

申込手順の**本登録を受付期間中に完了した人のみ**が第一次試験を受験できます。

申込方法	インターネット申込み
事前準備	①登録環境準備 ・パソコン又はスマートフォン 　　スマートフォン以外の携帯電話には対応していません。 　　ウェブブラウザの推奨環境はGoogle Chrome、Microsoft Edge の最新版です。 　　JavaScript が使用できる設定であること。 ・一部の機能はPDFを閲覧できる環境が必要です。 ・「chubu.saga.saga.jp」「cbt-s.com」「bsmrt.biz」のドメインから送付される電子メールが受信できるように設定してください。 　　スマートフォンの設定方法については、各自で確認してください。 　　電子メールの設定不備や通信障害等については、本広域連合では一切の責任を負いませんのでご注意ください。 ②顔写真のデータ ・令和5年5月以降に背景を無地で撮影したもので、上半身、脱帽、正面向きの本人と確認できるものが必要です。 　　写真サイズの縦横比は4：3 　　登録可能なデータ形式は「.gif」「.jpeg」、サイズは最大2MB 　　顔写真は本人確認のために使用する重要な資料ですので、明瞭な写真を準備してください。
申込手順	①以下のホームページから申込専用サイトへ接続しメールアドレス等を仮登録 ・佐賀中部広域連合のホームページ内（https://www.chubu.saga.saga.jp）の『広域消防』⇒『職員募集』⇒『令和5年度消防職員採用試験』 ②仮登録完了のメールを受信した後、メールに記載されたURLにアクセスし、マイページ内で「エントリー」から受験者情報（顔写真データの登録を含む）を本登録 ③本登録完了メールを受信し受験申込完了 ・本登録後24時間を経過しても完了メールが届かない場合は受付期間の終了までに、佐賀広域消防局総務課にお問い合わせください。 ・本登録完了後に内容の不備等があればメールにて連絡します。
受付期間	**令和5年7月10日（月）午前9時～7月31日（月）午後5時** ・申込締め切り直前は、サーバーが混み合うため申込に時間がかかる恐れがあります。余裕をもって早めに申込手続きを行ってください。 ・受付期間中は、24時間いつでも申込みができますが、システムの保守・点検等を行う必要がある場合や、重大な障害その他やむを得ない理由が生じた場合は、事前の通知を行うことなく、本システムの運用の停止、休止、中断、または制限を行うことがあります。あらかじめご了承ください。また、このために生じた申込みの遅延等には一切の責任を負いませんのでご注意ください。

（2）第一次試験予約方法

受験申込受付期間終了後、別途試験案内を通知します。試験案内メールに記載しているURLから予約サイトにログインし、第一次試験の日時と会場を予約してください。予約サイトにログインするためのログインIDとパスワードについても、試験案内メールに記載し送信します。また、受験予約完了後、業務委託業者（help@cbt-s.com）から受験予約完了のメールが配信されますので、予約内容をご確認ください。

※一度行った受験予約は、受験日の前日の午後2時まで変更することができます。また、予約した受験日に受験できない場合は欠席となり、再予約はできませんのでご了承ください。

6 合格から採用まで

（1）最終合格者（「補欠合格者」を含む。）は、採用候補者名簿に登録されます。
　　なお、この名簿からの採用は、原則として令和6年4月1日付となりますが、名簿に登録されても採用されない場合があります。
（2）採用候補者名簿の有効期間は、登録の日から1年間となります。
（3）採用されると佐賀県消防学校に入校し、全寮制により消防吏員として必要な教育・訓練を受けます。（約8か月間）
（4）最終合格者は、採用までに普通自動車運転免許（オートマチック車限定不可）を取得する必要があります。
（5）採用後は、職務遂行上の必要性から佐賀中部広域連合区域内（佐賀市、多久市、小城市、神埼市及び神埼郡吉野ヶ里町）に居住することを原則とします。
（6）受験資格がないことが判明した場合は、合格を取り消します。
（7）受験申込書の内容及び面接試験の口述内容に虚偽があることが判明した場合は、合格を取り消すことがあります。
（8）最終合格から採用までの間に、地方公務員法第16条（欠格事項）の規定に該当するに至った場合、心身の故障のため職務の遂行に支障があり、又はこれに堪えないことが明らかであると認められる場合、その他佐賀中部広域連合職員として適格性を欠くこととなった場合は、合格を取り消すことがあります。

7 試験結果の開示

　基礎能力試験の結果については、全受験者に送信する第一次試験合格発表通知に得点のみ記載します。（適性試験及び二次試験以降の結果は開示できません。）

8 給与その他勤務条件 （令和5年4月1日現在）

初任給月額	消防A	185,900円
	消防B	154,700円（救急救命士の免許を有しない人）
		164,400円（救急救命士の免許を有する人）
諸　手　当		扶養手当、住居手当、通勤手当、期末勤勉手当（ボーナス：年2回）、時間外勤務手当などが支給要件に応じて支給されます。
勤務時間		週38時間45分 （交代制勤務の場合、4週間を平均して38時間45分）
休　暇		年次休暇、特別休暇、病気休暇、育児休業などを取得できます。

・初任給については、経歴に応じて一定の基準で加算される場合があります。

9 問い合わせ先

佐賀広域消防局総務課
〒849−0919
佐賀市兵庫北3丁目5番1号
TEL（0952）30−0111
FAX（0952）31−2119
E-mail： sjinji@chubu.saga.saga.jp

佐賀中部広域連合ホームページ
https://www.chubu.saga.saga.jp

佐賀中部広域の自治体情報

消防年報

令和5年版

佐賀広域消防局指令センター

佐賀広域消防局

消防局の管内一目統計

令和5年4月1日現在(火災・救急、救助・通信は令和4年中)

面積・人口・世帯	面 積	人 口	人口密度	世 帯 数
	793.31km² 佐賀市　431.82 km² 多久市　96.56 km² 小城市　95.81 km² 神埼市　125.13 km² 吉野ヶ里町　43.99 km²	337,755人 佐賀市　228,553 人 多久市　18,076 人 小城市　44,193 人 神埼市　30,792 人 吉野ヶ里町　16,141 人	426人／km²	147,279世帯 佐賀市　103,284 世帯 多久市　7,892 世帯 小城市　17,203 世帯 神埼市　12,213 世帯 吉野ヶ里町　6,687 世帯

予算・機構・人事	消防予算	局・署・所	職 員 数	消防団員数
	54億4014万円 住民1人当り 16,107円 1世帯当り 36,938円	消 防 局　1 消 防 署　6 分　　署　3 出 張 所　5	定数　425 人 実員　425 人 (定数外職員25人除く)	定員　6,269人 実員　5,780人 (内女性団員160人)

機械・施設	ポンプ・タンク車	特殊車両	救 急 車	水 利
	ポンプ車 17台 (救助ポンプ車4台含む) タンク車 9台	はしご車　3台 救助工作車　3台 化 学 車　3台 災害支援車　2台 水難救助車　1台	高規格救急車 20台 (非常用救急自動車含む)	消火栓 4,245基 防火水槽 1,032基

火災・救急	火災件数	出火原因	救急件数	救急事故種別
	108件 3.4日に1件の 割合で発生	① 火入れ　15件 ② たき火　9件 ③ こんろ　7件 ④ 排気管　6件	17,928件 1日当り49.1件の 割合で発生	① 急病　10,618件 ② 転院搬送　2,478件 ③ 一般負傷　2,259件 ④ 交通事故　1,163件

救助・通信	救助件数	救助事故種別	119番受信件数	災害別119番受信状況
	332件 1日に0.9件の 割合で発生	① その他の事故　136件 ② 交通事故　95件 ③ 建物等による事故　69件 ④ 水難事故　14件	28,563件 1日当り78.3件 (問合わせ、試験等含む)	火災　149件 救急　15,506件 救助　219件 警戒　1,581件

予防	防火対象物	中高層建築物(4階以上)	危険物施設	市民防火
	消防用設備設置対象 13,759件	4階〜9階　942件 10階以上　94件	製造所　9件 貯蔵所　661件 取扱所　346件	幼年消防クラブ 76クラブ　4,580人 少年消防クラブ 4クラブ　189人 女性防火クラブ 1クラブ　7人

位 置 図

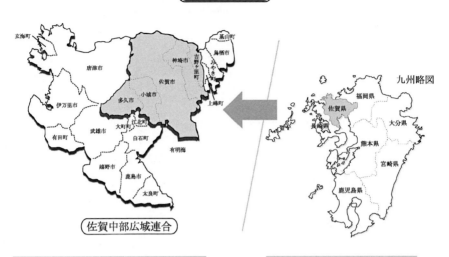

九州略図

佐賀中部広域連合

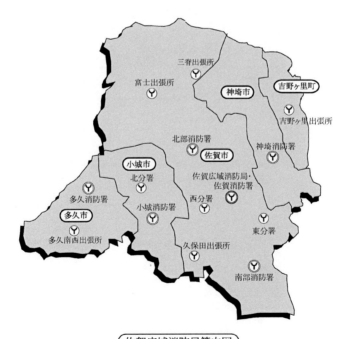

佐賀広域消防局管内図

佐賀広域消防局管内の人口等推移

令和5年4月1日現在

令 和 5 年					
市	人口(人)	世　帯	面積(km²)	人口比率	面積比率
佐 賀 市	228,553	103,284	431.82	67.67%	54.43%
多 久 市	18,076	7,892	96.56	5.35%	12.17%
小 城 市	44,193	17,203	95.81	13.08%	12.08%
神 埼 市	30,792	12,213	125.13	9.12%	15.77%
吉野ヶ里町	16,141	6,687	43.99	4.78%	5.55%
合　　計	337,755	147,279	793.31	100.0%	100.0%

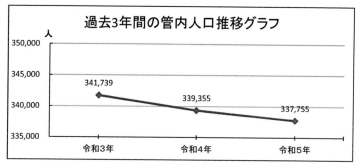

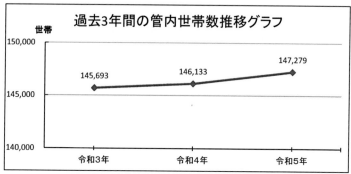

佐賀広域消防局組織図

令和5年4月1日現在

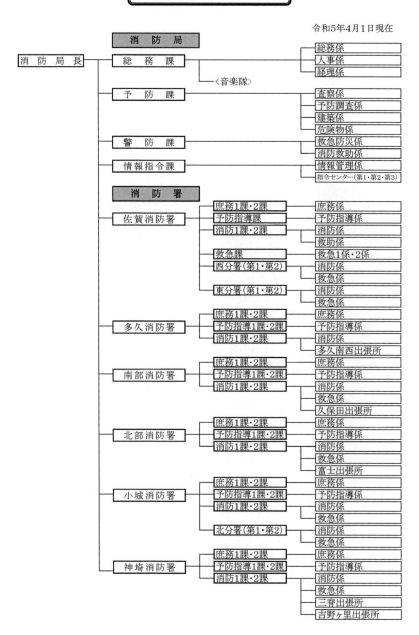

21

○ 統 計

Ⅰ　火災

火　災　の　種　別

火　災　種　別	摘　　　　　　要
建　物　火　災	建物又はその収容物が焼損した火災をいう。
林　野　火　災	森林、原野又は牧野が焼損した火災をいう。
車　両　火　災	自動車車両、鉄道車両及び被けん引車又はこれらの積載物が焼損した火災をいう。
船　舶　火　災	船舶又はその積載物が焼損した火災をいう。
航　空　機　火　災	航空機又はその積載物が焼損した火災をいう。
その他の火災	上記火災以外の火災をいう。

令和4年中の火災概要

　佐賀広域消防局管内における令和4年中の火災発生件数は108件で、前年より6件増加しています。

　火災種別ごとにみると、建物火災が50件(前年比;-2)、林野火災3件(前年比;±0)、車両火災11件(前年比;-1)、船舶火災1件（前年比；+1）、航空機火災0件(前年比;±0)、その他の火災43件(前年比;＋8)となっています。

　出火原因の第1位は「火入れ」で15件(13.88%)、次に「たき火」が9件(8.33%)、次いで「こんろ」が7件（6.48%）、「排気管」が6件（5.55%）、「電気機器」が5件（4.62%）となっています。

　火災による死者は3名で前年より3名増加しており、負傷者は25名で前年より2名増加しています。

火災発生状況

令和4年中

区分		市町	佐賀市	多久市	小城市	神埼市	吉野ヶ里町	計
火災件数	火災種別	建物	32	4	9	2	3	50
		林野	1		1	1		3
		車両	4	2	1	2	2	11
		船舶	1					1
		航空機						0
		その他	30	1	3	5	4	43
		爆発						0
		計	68	7	14	10	9	108
焼損棟数	火元	全焼	10	2	2		2	16
		半焼	2		1			3
		部分焼	9	1	2			12
		ぼや	11	1	4	2	1	19
	類焼	全焼	5	1				6
		半焼	1					1
		部分焼	10					10
		ぼや	5		1			6
		計	53	5	10	2	3	73
罹災世帯		全損	13	2	1		2	18
		半損	2		3			5
		小損	23	2	5			30
		計	38	4	9	0	2	53
罹災人員		人員	91	6	20		7	124
		死者		3				3
		負傷者	19	3	2		1	25

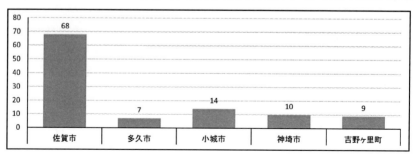

月別用途別火災発生状況

（令和4年1月1日〜12月31日）

用途 ＼ 月	1月	2月	3月	4月	5月	6月	7月	8月	9月	10月	11月	12月	計
住　　　　宅	1	5	2		4	2	1	2		3	5	3	28
併　用　住　宅													
共　同　住　宅	1	2	1									1	5
劇　　　　場													
公　会　堂													
キ ャ バ レ ー													
遊　技　場													
性　風　俗													
カラオケボックス													
飲　食　店								1					1
物 品 販 売 業													
旅館・ホテル													
病　　　　院													
グ ル ー プ ホ ー ム													
社 会 福 祉 施 設													
幼　稚　園													
学　　　　校													
図　書　館													
特　殊　浴　場													
公　衆　浴　場													
停　車　場													
神　社　・　寺　院													
工　場　・　作　業　場		1			1	1			1			1	5
ス　タ　ジ　オ													
駐　車　場													
倉　　　　庫						1							1
事　務　所													
複合用途（特定）												1	1
複合用途（非特定）													
地　下　街													
準　地　下　街													
文　化　財													
そ　の　他		1	1	1	2						1	3	9
小　　　計	2	9	4	1	7	4	1	3	1	3	6	9	50
林　　　　野		1	1		1								3
車　両　（自動車）		1	1		1			2	1	2		2	11
船　　　　舶							1						1
航　空　機													
そ　の　他	2	7	4	4	10	1	4	2	1	5	2	1	43
小　　　計	2	9	6	5	12	5	5	4	2	7	2	3	58
計	4	18	10	6	19	5	6	7	3	10	8	12	108

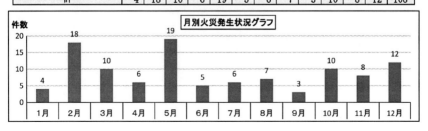

25

月別原因別火災発生状況

令和4年中

原因 \ 月	1月	2月	3月	4月	5月	6月	7月	8月	9月	10月	11月	12月	計
た　ば　こ		1	1					1					3
こ　ん　ろ	1	1			1			1		1		2	7
か　ま　ど													
風呂かまど													
炉						1							1
焼　却　炉							1					1	2
ス　ト　ー　ブ		2											2
こ　た　つ													
ボ　イ　ラ　ー													
煙　突　・　煙　道													
排　気　管		1	1	1	2			1					6
電　気　機　器		1			1		1	1			1		5
電　気　装　置													
電灯・電話配線											1		1
内　燃　機　関													
配　線　器　具			1								1	1	3
火　遊　び													
マッチ・ライター													
た　き　火	1	2	3	1	1						1		9
溶接機・切断機		1	1									1	3
灯　火		2								1			3
衝　突　の　火　花													
取　灰												1	1
火　入　れ		3		1	5	1	1		1		1	2	15
放　火			1										1
放　火　の　疑　い				3									3
そ　の　他		3			5	3	3	3	2	6	3	2	30
不　明	2	1	2		4					2		2	13
計	4	18	10	6	19	5	6	7	3	10	8	12	108

※「その他」には、雷、自然発火及び輻射熱によるものが含まれる。

過去3年間の火災発生状況

年・種別			佐賀市	多久市	小城市	神埼市	吉野ヶ里町	計
令和2年	火災種別	建物	37	4	10	5	2	58
		林野						
		車両	6	3	3		2	14
		船舶						
		航空機						
		その他	24	7	6	7	3	47
		爆発						
計	火災発生件数		67	14	19	12	7	119
	死者の数		3	2	1			6
令和3年	火災種別	建物	27	5	8	8	4	52
		林野	2			1		3
		車両	7		3		2	12
		船舶						
		航空機						
		その他	22	5	1	3	4	35
		爆発						
計	火災発生件数		58	10	12	12	10	102
	死者の数							
令和4年	火災種別	建物	32	4	9	2	3	50
		林野	1		1	1		3
		車両	4	2	1	2	2	11
		船舶	1					1
		航空機						
		その他	30	1	3	5	4	43
		爆発						
計	火災発生件数		68	7	14	10	9	108
	死者の数			3				3

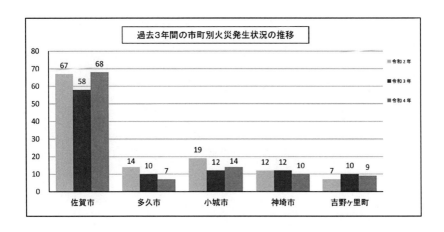

過去3年間の市町別火災発生状況の推移

過去3年の火災原因

年	第 1 位		第 2 位		第 3 位		第 4 位		第 5 位	
令 和 2 年	火入れ	20	放火	9	こんろ	6	たばこ	5	ストーブ 電気機器 配線器具	4
令 和 3 年	たき火	12	たばこ	11	火入れ 放火	6	電灯・ 電話配線	5	排気管 配線器具	4
令 和 4 年	火入れ	15	たき火	9	こんろ	7	排気管	6	電気機器	5

※「たき火」、「火入れ」について
　屋外における焼却行為のうち、ゴミや枯草などを一箇所に集めて焼却することを「たき火」、
地面に生えたままの下草などを焼却すること(野焼き)を「火入れ」として区分している。
令和2年の「火入れ」には、「たき火」によるものを含んでいる。

Ⅱ 救急		救急事故の種別

事　故　種　別	摘　　　　　　　　　要
火　災　事　故	火災現場において直接火災に起因して生じた事故をいう。
自　然　災　害　事　故	暴風、豪雨、豪雪、洪水、高潮、地震、津波、噴火、雪崩、地すべり、その他の異常な自然現象に起因する災害による事故をいう。
水　難　事　故	水泳中（運動競技によるものを除く）の溺者又は水中転落等による事故をいう。
交　通　事　故	すべての交通機関相互の衝突及び接触又は単一事故若しくは歩行者等が交通機関に接触したこと等による事故をいう。
労　働　災　害　事　故	各種工場、事業所、作業所、工事現場等において就業中発生した事故をいう。
運　動　競　技　事　故	運動競技の実施中に発生した事故で直接運動競技を実施している者。審判員及び関係者等の事故（ただし観覧中のものが直接に運動競技用具等によって負傷した場合は含み、競技場の混乱による事故等は含まない）をいう。
一　般　負　傷　事　故	他に分類されない不慮の事故をいう。
加　害　事　故	故意に他人によって傷害等を加えられた事故をいう。
自　損　行　為　事　故	故意に自分自身に傷害等を加えた事故をいう。
急　病　事　故	疾病によるもので救急業務として行ったものをいう。
そ　　の　　他	転院搬送、医師、看護師搬送、医療資器材等の輸送、その他のものをいう。

令和4年中の救急出動概要

　令和4年中における救急出場件数は、17,928件（前年14,891件）、搬送人員は、16,557人（前年13,814人）で、前年に比べ出場件数が3,037増、搬送人員は2,743人増となっています。
　事故種別でみると、「急病」が10,618件（59.2%）、次いで「その他（転院搬送）」2,478件（13.8%）、「一般負傷」2,259件（12.6%）、「交通事故」1,163件（6.5%）となっています。

事故種別救急出場件数・搬送人員

令和4年中

種別 ＼ 市町	佐賀市	多久市	小城市	神埼市	吉野ヶ里町	左記以外	計
火災	77	11	25	12	11		136
自然災害	2	1					3
水難	11						11
交通	785	50	120	128	72	8	1,163
労働災害	69	7	17	14	10		117
運動競技	145	9	14	12	3		183
一般負傷	1,525	169	274	224	67		2,259
加害	31	1	2	4			38
自損行為	80	10	14	18	14		136
急病	7,330	640	1,247	929	471	1	10,618
その他 転院	1,841	80	320	162	75		2,478
その他 医師	3						3
その他 資器材							0
その他 その他	599	28	79	53	24		783
出場件数（計）	12,498	1,006	2,112	1,556	747	9	17,928
傷病程度 死	207	29	34	29	14		313
傷病程度 重	1,235	87	198	152	72		1,744
傷病程度 中	5,531	464	878	704	318	3	7,898
傷病程度 軽	4,549	349	825	585	287	6	6,601
傷病程度 その他	1						1
搬送人員（計）	11,523	929	1,935	1,470	691	9	16,557
不搬送	975	77	177	86	56	0	1,371

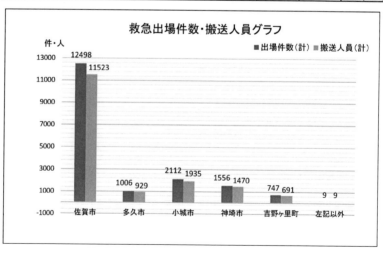

救急出場件数・搬送人員グラフ

30

月別救急出場件数・搬送人員

令和4年中

市町／月	佐賀市	多久市	小城市	神埼市	吉野ヶ里町	左記以外	計
1 月	963	78	160	113	54		1,368
	903	73	153	107	50		1,286
2 月	913	69	165	123	62		1,332
	824	65	159	111	51		1,210
3 月	918	57	171	93	58	2	1,299
	836	48	159	89	59	2	1,193
4 月	944	77	129	115	51		1,316
	893	74	121	108	49		1,245
5 月	978	74	156	124	61		1,393
	905	68	147	117	60		1,297
6 月	945	85	136	139	54		1,359
	869	79	124	138	49		1,259
7 月	1,220	87	226	138	70	1	1,742
	1,136	79	207	133	67	1	1,623
8 月	1,256	104	229	158	58	2	1,807
	1,150	96	207	146	51	2	1,652
9 月	1,029	81	191	134	70		1,505
	958	80	181	125	65		1,409
10 月	1,001	96	154	125	59		1,435
	926	90	142	120	52		1,330
11 月	1,015	88	163	129	59	4	1,462
	940	80	132	118	58	4	1,332
12 月	1,316	110	232	165	87		1,910
	1,183	97	203	158	80		1,721
計	12,498	1,006	2,112	1,556	747	9	17,928
	11,523	929	1,935	1,470	691	9	16,557

※上段は出場件数、下段は搬送人員を示す。

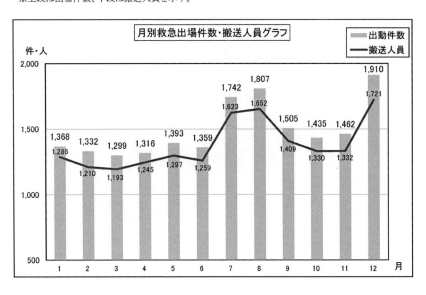

月別救急出場件数・搬送人員グラフ

31

年齢別搬送人員

令和4年中

市町＼年齢	佐賀市	多久市	小城市	神埼市	吉野ヶ里町	左記以外	計
新生児 生後28日以内	12	1					13
乳幼児 29日以上7歳未満	407	28	77	55	41		608
少年 7歳以上18歳未満	470	40	81	57	29		677
成人 18歳以上65歳未満	3,410	215	561	400	223	9	4,818
老人 （65歳以上）	7,224	645	1,216	958	398		10,441
計	11,523	929	1,935	1,470	691	9	16,557

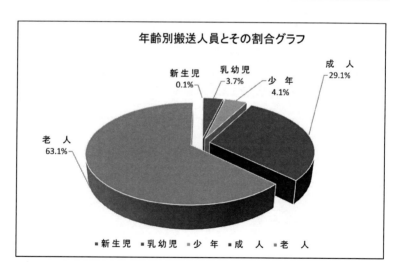

年齢別搬送人員とその割合グラフ

新生児 0.1%　乳幼児 3.7%　少年 4.1%　成人 29.1%　老人 63.1%

■新生児　■乳幼児　■少年　■成人　■老人

曜日別救急出場件数

令和4年中

市町 曜日	佐賀市	多久市	小城市	神埼市	吉野ヶ里町	左記以外	計
日	1,752	141	291	203	115	1	2,503
月	1,878	153	312	255	103	1	2,702
火	1,736	148	300	226	94	5	2,509
水	1,719	147	311	215	106	1	2,499
木	1,711	136	312	195	108		2,462
金	1,873	147	293	223	99	1	2,636
土	1,829	134	293	239	122		2,617
計	12,498	1,006	2,112	1,556	747	9	17,928

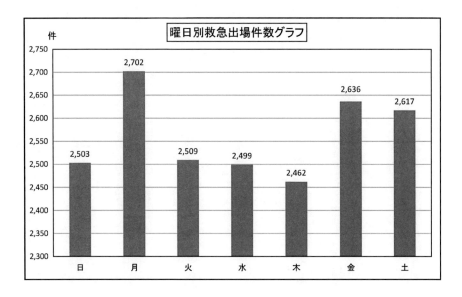

過去3年間の救急出場件数

年・種別		佐賀市	多久市	小城市	神埼市	吉野ヶ里町	左記以外	計
令和2年	火災	53	10	13	8	5		89
	自然災害	8			2			10
	水難	7	1	2	1	1		12
	交通	756	44	111	130	58	1	1,100
	労働災害	81	12	18	9	12		132
	運動競技	94	5	4	11	3		117
	一般負傷	1,248	123	246	166	85	2	1,870
	加害	37	1	5	3	1		47
	自損行為	93	7	16	7	5		128
	急病	5,275	510	945	710	334	1	7,775
	その他	1,888	115	315	225	109	2	2,654
計	出場件数	9,540	828	1,675	1,272	613	6	13,934
	搬送人員	8,854	758	1,561	1,164	576	3	12,916
令和3年	火災	61	16	17	14	11		119
	自然災害	15	6	3	4	1		29
	水難	7	2			1		10
	交通	815	51	140	116	63	2	1,187
	労働災害	62	10	16	10	11		109
	運動競技	99	9	4	6	2		120
	一般負傷	1,334	138	236	189	99		1,996
	加害	23	5	9	6	4		47
	自損行為	99	5	13	14	12	1	144
	急病	5,628	517	947	780	355		8,227
	その他	2,105	127	332	235	104		2,903
計	出場件数	10,248	886	1,717	1,375	662	3	14,891
	搬送人員	9,540	794	1,601	1,253	625	1	13,814
令和4年	火災	77	11	25	12	11		136
	自然災害	2	1					3
	水難	11						11
	交通	785	50	120	128	72	8	1,163
	労働災害	69	7	17	14	10		117
	運動競技	145	9	14	12	3		183
	一般負傷	1,525	169	274	224	67		2,259
	加害	31	1	2	4			38
	自損行為	80	10	14	18	14		136
	急病	7,330	640	1,247	929	471	1	10,618
	その他	2,443	108	399	215	99		3,264
計	出場件数	12,498	1,006	2,112	1,556	747	9	17,928
	搬送人員	11,523	929	1,935	1,470	691	9	16,557

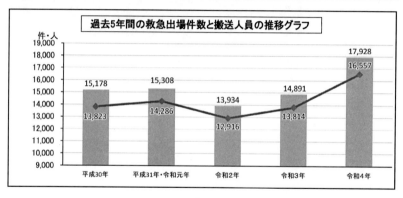

過去5年間の救急出場件数と搬送人員の推移グラフ

件・人

	平成30年	平成31年・令和元年	令和2年	令和3年	令和4年
出場件数	15,178	15,308	13,934	14,891	17,928
搬送人員	13,823	14,286	12,916	13,814	16,557

Ⅲ 救助		救助事故の種別

事　故　種　別	摘　　　　要
建　物　火　災	火災現場において、直接火災に起因して生じた事故をいう。
建　物　火　災　以　外	林野、車両、航空機その他の火災において、直接火災に起因して生じた事故をいう。
交　通　事　故	すべての交通機関相互の衝突及び接触又は単一事故若しくは歩行者等が交通機関に接触したこと等による事故をいう。
水　難　事　故	水泳中の溺者又は水中転落等による事故をいう。
風水害等自然災害事故	暴風、豪雨、豪雪、洪水、高潮、地震、津波、噴火、雪崩、地すべりその他の異常な自然現象に起因する災害による事故をいう。
機　械　に　よ　る　事　故	エレベーター、プレス機械、ベルトコンベアその他の建設機械、工作機械等による事故をいう。
建　物　等　に　よ　る　事　故	建物、門、柵、塀等建物に付帯する施設又はこれらに類する工作物の倒壊による事故、建物等内に閉じ込められる事故、建物等に挟まれる事故等をいう。
ガ　ス　及　び　酸　欠　事　故	一酸化炭素中毒その他のガス中毒事故、酸素欠乏による事故等をいう。
破　裂　事　故	火災事故以外のボイラー、ボンベ等の物理的破裂による事故をいう。ただし、瞬間的な燃焼現象である混合ガス爆発、ガスの分解燃焼、粉塵爆発などの化学的変化による爆発は、火災として扱う。
そ　の　他　の　事　故	前に掲げる事故以外の事故で、消防機関による救助を必要としたものをいう。（出動したが誤報、いたずらであった場合も該当する。）

令和4年中の救助出動概要

○令和4年中の救助出動件数：332件（前年比：－34件）
○事故種別ごとの主な内訳
　① 「その他の事故」：136件（40.96％）
　② 「交通事故」：95件（28.61％）
　③ 「建物等による事故」：70件（20.83％）

市町別事故種別救助出動件数・救助人員

令和4年中

事故種別＼市町		佐賀市	多久市	小城市	神埼市	吉野ヶ里町	左記以外	合計
火　災	出動件数	10	1	1		1		13
	救助人員	2	1					3
交　通　事　故	出動件数	51	6	8	12	4	14	95
	救助人員	28	5	2	7	2	11	55
水　難　事　故	出動件数	14						14
	救助人員	10						10
風　水　害 自　然　災　害	出動件数							0
	救助人員							0
機械による 事　　　　故	出動件数	2	1			1		4
	救助人員	2	1			1		4
建物等による 事　　　　故	出動件数	57	4	6	1	2		70
	救助人員	36	4	2	1	2		45
ガ　ス　及　び 酸　欠　事　故	出動件数							0
	救助人員							0
破　裂　事　故	出動件数							0
	救助人員							0
そ　の　他	出動件数	82	14	10	19	8	3	136
	救助人員	43	5	6	14	3	0	71
合　　　計	出動件数	216	26	25	32	16	17	332
	救助人員	121	16	10	22	8	11	188

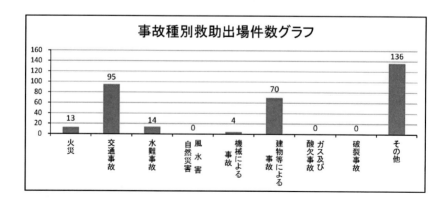

事故種別救助出場件数グラフ

過去3年間の事故種別救助出動件数

事故種別 ＼ 年		令和2年							令和3年							令和4年						
市　町		佐賀市	多久市	小城市	神埼市	吉野ヶ里町	左記以外	合計	佐賀市	多久市	小城市	神埼市	吉野ヶ里町	左記以外	合計	佐賀市	多久市	小城市	神埼市	吉野ヶ里町	左記以外	合計
火　災	出動件数	8	1	1		1		11	9	1	1	1	1		13	10	1	1			1	13
	救助人員	7						7	1						1	2	1					3
交通事故	出動件数	34	5	9	13	7	10	78	61	7	18	14	3	5	108	51	6	8	12	4	14	95
	救助人員	24	8	8	13	2	3	58	20	5	16	6	1	2	50	28	5	2	7	2	11	55
水難事故	出動件数	13	1	1	4	1		20	12	1	3	5	1		22	14						14
	救助人員	8	1	1	2	1		13	5	1	2	2	1		11	10						10
風水害自然災害	出動件数	1			1			2	12	4	3	10			29							0
	救助人員				1			1	51		3	14			68							0
機械による事故	出動件数	4	1		4			9	3	1	1	1	2		8	2	1			1		4
	救助人員	3			2			5			1	1	1		5	2	1			1		4
建物等による事故	出動件数	33	2	6	2	1		44	26	2	5	2			35	57	4	6	1	2		70
	救助人員	29	1	4	1	2		37	18	1	3	1			23	36	4	2	1	2		45
ガス及び酸欠事故	出動件数	3		1				4	2						2							0
	救助人員	2		1				3	0						0							0
破裂事故	出動件数							0							0							0
	救助人員							0							0							0
その他	出動件数	87	12	16	8	7	5	135	90	15	26	11	3	4	149	82	14	10	19	8	3	136
	救助人員	51	6	7	4	2		70	49	7	11	5	1	1	74	43	5	6	14	3		71
計	出動件数	183	22	34	32	17	15	303	215	31	57	44	10	9	366	216	26	25	32	16	17	332
	救助人員	124	16	21	23	7	3	194	146	14	36	29	4	3	232	121	16	10	22	8	11	188

※ 上段は出動件数、下段は救助人員を示す。

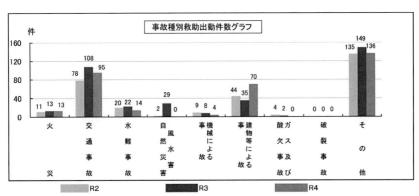

37

IV 警戒

警戒出動の種別

災 害 種 別	摘 要
油 漏 え い	交通事故等により、ガソリンなどの油類の危険物質が漏れたことを覚知した場合の出動をいう。
ガ ス 漏 え い	都市ガス、プロパンガス、その他の引火性又は有毒性のガスが漏れたことを覚知した場合の出動をいう。
火災警報器等発報	火災等の発生により、火災警報器等が発報したことを覚知した場合の出動をいう。
救 急 活 動 支 援	救急車出動時の消防隊による活動支援のための出動をいう。
そ の 他	前に掲げるもののほか、次の出動をいう。 ・台風、大雨等の自然災害により人命に危険が予想される場合の出動 ・ドクターヘリ等の場外離発着時における危険排除のための出動 ・火災と紛らわしい発煙を覚知した場合の出動

令和4年中の警戒出動概要

○令和4年中の警戒出動件数：2,723件（前年比：＋518件）
○災害種別ごとの主な内訳
　①　救急活動支援：2,147件（78.85%）
　②　その他：324件（11.90%）
　③　火災警報器等発報：187件（6.87%）

事故種別警戒出動状況

令和4年中

事故種別＼市町	佐賀市	多久市	小城市	神埼市	吉野ヶ里町	左記以外	計
油 漏 え い	41	8	3	5	5		62
ガ ス 漏 え い	3						3
火災警報器等発報	150	9	12	12	4		187
救 急 活 動 支 援	1,530	135	209	188	85		2,147
そ の 他	166	38	38	65	17		324
計	1,890	190	262	270	111	0	2,723

V　通信

119番受信状況

令和4年中

月\種別	1月	2月	3月	4月	5月	6月	7月	8月	9月	10月	11月	12月	計(回)	比率
火災	4	26	13	6	21	6	9	8	11	15	12	18	149	0.5%
救急	1,167	1,148	1,115	1,145	1,226	1,182	1,530	1,549	1,290	1,229	1,280	1,645	15,506	54.3%
救助	26	10	28	15	10	25	14	17	12	13	24	25	219	0.8%
警戒	139	141	124	108	99	121	124	149	144	117	126	189	1,581	5.5%
テスト・訓練	169	376	369	227	305	277	192	185	212	326	390	392	3,420	12.0%
間違い・悪戯	75	67	68	88	106	94	126	141	119	124	103	143	1,254	4.4%
各種問合せ	96	83	102	98	89	94	155	148	105	117	106	121	1,314	4.6%
その他	356	323	417	425	416	404	459	432	499	471	384	534	5,120	17.9%
計　(回)	2,032	2,174	2,236	2,112	2,272	2,203	2,609	2,629	2,392	2,412	2,425	3,067	28,563	100.0%

※「その他」には、「他消防本部等への転送」および、「一般業務問い合わせ」、「消防機関の電話番号問い合わせ」などの各種問い合せが含まれます。

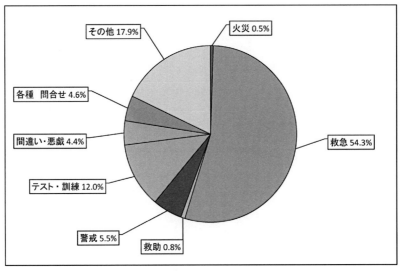

「消防年報　令和4年版」より抜粋

第2部

教養試験
社会科学・人文科学

- 政治・経済・社会
- 歴　史
- 地　理

社会科学　政治・経済・社会

||||||||||||||||||||||||||| P O I N T |||||||||||||||||||||||||||

政治：学習法としては，まず，出題傾向をしっかり把握すること。出題形式や出題内容は当然変わっていくが，数年単位で見ると類似した内容を繰り返していることが多い（後述の「狙われやすい！重要事項」参照）。そのような分野を集中的に学習すれば効果的である。学習の中心となるのは基礎・基本の問題であるが，要点がまとまっているという点で，まずは本書の問題にしっかり取り組むとよい。そしてその学習の中で問題点や疑問点が出てきた場合に，教科書・学習参考書・辞典・専門書で学習内容をさらに高めていこう。

経済：まず高等学校の「政治・経済」の教科書で，次の項目のような主要な要点をまとめてみよう。

(1) 国内経済…金融政策・財政政策・景気変動・国民所得・GNIとGDP・三面等価の原則・国家予算・独占禁止法・公正取引委員会など

(2) 第二次世界大戦後の国際経済の歩み…OECD・EEC→EC→EU・GATT→WTO

(3) 国際経済機構…IMF・IBRD・IDA・UNCTAD・OPEC・OAPEC・ケネディラウンド → ウルグアイラウンド → ドーハラウンド・FTA → EPA → TPP

最新の動向については，ニュースや時事問題の問題集で確認しておこう。

社会：社会の学習法は，問題を解くことと合わせて，新聞等を精読するに尽きる。記事をスクラップするなどして，系統的に理解を深めていくことが大切である。新聞などに掲載されている社会問題は，別の様々な問題と関連していることが多い。一つのテーマを掘り下げて理解することにより，社会で起きている時事的な問題をより横断的に結びつけてとらえることが可能となる。そのためにも，様々なメディアを通じて日々新しい情報をチェックし，政治・経済・社会・環境など，網羅的にニュースを把握しておくようにしておきたい。

👉 狙われやすい! 重要事項

☑ 国会や選挙の制度

☑ 国際的な機構や国際政治

☑ 基本的人権 (各論まで)

☑ 金融政策や財政政策の制度と実情

☑ 少子高齢化や社会保障

☑ 日本経済の実情

☑ 日本と世界の国際関係

☑ 科学技術や医療などの進歩

☑ 社会的な課題

《 演 習 問 題 》

1 日本の地方自治に関する記述として, 妥当なものはどれか。

1 大日本帝国憲法には, 法律の留保が付されていたものの, 地方自治についての規定があった。

2 日本国憲法が制定されるまで, 府県知事や町村長は官選とされており, 首長の人事に住民の意向は反映されなかった。

3 地方自治の本旨のうち, 住民自治とは, 国からの一定の独立性を確保した上で自治体の運営を行うという趣旨である。

4 地方公共団体の首長は, 議会による不信任に対抗して議会を解散することができるが, 議員選挙の後再び不信任決議がなされると, 失職する。

5 住民が, 議会の解散を求めるときには, 選挙管理委員会に有権者の3分の1の署名を提出し, その有効性が確認されると, 直ちに議会は解散される。

2　**世界経済の動向に関する記述として，妥当なものはどれか。**

1　世界の物価に大きな影響を与える国際商品市況は，2022年夏頃にかけて，経済活動の再開があったものの，ウクライナをめぐる情勢の不透明化を反映して暴落した。

2　アメリカでは，2015年から2022年にかけて，労働コストが大幅に減少したため，景気への悪影響が懸念される事態が続いた。

3　2022年以降，欧米では，各国の中央銀行による金融引き締めが進展し，そのことが経済に大きな影響を与えた。

4　2022年後半の世界経済は，物価や金利の急激な変動に関する不安が影を落とし，アメリカやユーロ圏においてマイナス成長となった。

5　世界貿易の中で，ASEAN（東南アジア諸国連合）各国の比重が高まりつつあるが，その輸出品目は一次産品・軽工業が中心であり，機械製品等の比重は低迷している。

3　**各国の政治制度に関する記述として，妥当なものはどれか。**

1　アメリカの大統領は，国民による直接選挙によって選出される。大統領は，下院の解散権を含む強力な権限を持つ。

2　イギリスの首相は，国王によって任命される。歴史的には，国王が任意に人事を決定していた時代もあったが，今日では，上院において多数を占める政党の党首が任命される。

3　フランスの大統領は，国民による直接選挙によって選出され，大統領は，法律や条約について，議会を介さず，国民投票に付託することができる。一方，国民議会は，大統領に対する不信任権を持つ。

4　ドイツの大統領は，強力な政治的な権限を数多く持つ。そのために，首相との役割の分担が流動化し，政治が停滞する場面が度々みられた。

5　イタリアにおいて，度々，政権が不安定化する状況に陥った。その原因の一つとして，上院と下院の両院に，内閣不信任権が認められている点が挙げられる。

4　**国際機関に関する記述として，妥当なものはどれか。**

1　UNDP（国連開発計画）は，国連人間環境会議を踏まえて設立された機関であり，専ら開発に伴って生じる環境問題について，調査や報告，勧告などを行っている。

2 EU（欧州連合）において，審議や意思決定機関として，欧州理事会，閣僚理事会，欧州議会が挙げられるが，その議会の議員は，各国政府の指名によって決定される。

3 「開かれた地域主義」を理念として掲げて発足したAPEC（アジア太平洋経済協力）を提唱したのは，当時のオーストラリア首相であった。

4 南北問題の解決をはかるUNCTAD（国連貿易開発会議）の第1回の会議において，公正な貿易秩序の構築により，経済援助の増額を求める方針が確認された。

5 IFC（国際金融公社）は，開発途上国の政府に対して，緩やかな条件で融資を行う金融機関として発足した。

5 日本の内閣と国会に関する記述として，妥当なものはどれか。

1 内閣総理大臣が任命する国務大臣の人数には上限が設けられていないものの，内閣総理大臣には，国会に対し，その人員を必要とする理由の説明義務が課されている。

2 衆議院において内閣信任案が否決された場合には，10日以内に衆議院が解散されない限り，内閣は総辞職しなければならない。

3 在任中の国務大臣は，在任中訴追されない旨が憲法に定められているため，検察等が国務大臣の訴追手続を進める唯一の方法は，大臣の任期が切れるのを待つことである。

4 国会の会期中，国会議員には不逮捕特権が認められており，たとえ現行犯の場合であっても，その特権は有効である。

5 臨時会は，衆議院総選挙が行われた後に開かれる国会であり，議長や各委員などを決定した後，他の案件に先立って内閣総理大臣の指名が行われる。

6 日本の裁判に関する記述として，妥当なものはどれか。

1 裁判官としてふさわしくない行為に及んだ裁判官は，内閣によって設置された裁判官訴追委員会および弾劾裁判所の決定を経て，罷免されることがある。

2 最高裁判所および下級裁判所の裁判官は，任命後初めて行われる衆議院議員選挙の際に国民による審査に付され，罷免すべきとの投票が過半数に達した際には罷免される。

3　知的財産高等裁判所は，知的財産権に関する事件を専門的に取り扱う裁判所であり，東京高等裁判所の支部として設置されている。

4　行政機関が被告となる裁判は，法律によって設置された行政裁判所で行われ，その裁判所には，終審としての判決を下す権限が与えられている。

5　重大な刑事事件および民事事件は裁判員裁判の対象となるが，審理が著しく長期にわたると想定される事件は対象外とすることができる。

7　欧州連合（EU）に関する記述として，妥当なものはどれか。

1　政策決定において最も大きな権限を持つ機関は，加盟各国の国民によって選挙された議員で構成される欧州議会である。

2　加盟各国には，各国の通貨を廃止し，欧州中央銀行（ECB）が統一通貨ユーロの導入が義務付けられる。

3　イギリスは，国民投票の結果を踏まえて脱退したが，発足以来加盟国が減少する初めての例となった。

4　発足した際の最初の基本法は，リスボン条約であり，この条約の規定には，常任議長を置くことなどが含まれていた。

5　理事会における各国の権限は対等であり，加盟国数の過半数の賛成により決定がなされる。

8　国家論に関する記述として，妥当なものはどれか。

1　アリストテレスは，国家について，防衛者と生産者を哲学者が統治する計画的な身分社会を構想した。

2　ヘーゲルは，階級支配の道具としての国家の死滅を予見し，労働者階級が主体となった革命による搾取の廃止の必要性と必然性を説いた。

3　マルクスは，国家を人倫の最高形態ととらえ，愛情や感覚といった形式に関わる家族と欲望の体系としての市民社会を止揚したものであるとした。

4　アダム・スミスは，自由放任主義を重視する観点から，国家による経済活動への介入は最小限にすべきであるとした。

5　マキャベリは，国家は多くの社会集団の1つであるとの立場から，多元的国家論を提唱した。

9 日本国憲法に関する記述として，正しいものはどれか。

1 判例上，平和的生存権の規定などを含む憲法前文は，条文と同等に，裁判上の規範とすべきであるとする原則が確立している。

2 日本国憲法は，形式的には，帝国議会，枢密院，天皇による大日本帝国憲法の改正手続を経て成立している。

3 判例上，憲法に定められた諸権利について，専ら国の責務を規定すると位置付けたり，具体的な権利性を否定したりすることを禁じている。

4 日本国憲法は，戦争放棄などを定める一方，他国に脅威を与えない限り，必要最小限の戦力を保持することができる旨を定めている。

5 日本国憲法の規定によれば，国会は，唯一の立法機関と位置付けられる一方，大規模災害などの非常時には，政府が法律と同等の効力を有する政令を制定することができる。

10 日本国憲法に定められた国民の義務と権利に関する記述として，妥当なものはどれか。

1 日本国民の三大義務として憲法に定められているのは，「納税の義務」「勤労の義務」「保護する子どもに普通教育を受けさせる義務」である。これらいずれの義務についても，それを果たさない場合には，罰則が課される。

2 社会権は，「健康で文化的な最低限度の生活を営む権利」などとして具体化されている。この権利は，人類の歴史の中で，比較的早期に主張され，実現した権利である。

3 請求権は，受益権とも呼ばれ，権利侵害を予防したり，侵害された状況を除去したりすることを柱とする権利である。その1つである請願権については，請願を行ったことにより，差別的待遇を受けることはないものと規定されている。

4 検閲は，憲法の規定によって禁止されている。ただし，教科書検定や税関検査における書籍のチェックに関しては，例外的に認められる検閲として位置付けられている。

5 新しい人権は，憲法に規定された幸福追求権などに基づいて主張されることが多い。これらの人権の多くは，日本国憲法の制定時において，重要性が乏しいなどの理由で，帝国議会に提出された案から削除されたものである。

11 **近年改正された法律に関する記述として，妥当なものはどれか。**
1　個人情報保護法の改正により，各自の情報の利用停止や消去を求める個人の請求権の要件が厳格化された。
2　著作権法の改正により，法に適合しない状態でアップロードされた著作物のダウンロードについては，その認識に関わらず一律に違法とされた。
3　会社法の改正により，株主総会に供される資料について，電子提供制度が廃止された。
4　児童福祉法等の改正により，親権者や児童福祉施設の長等がしつけに際して児童に体罰を加えることが禁止された。
5　民事執行法等の改正により，債務者財産に関する情報を第三者から取得することができなくなった。

12 **国民所得計算に関する記述として，妥当なものはどれか。**
1　国内総生産（GDP）には，海外にある日系企業から送金された利益や，一時的に海外に滞在した日本人からの送金分が含まれる。
2　国内純生産から，固定資本減耗分と間接税を控除し，補助金を加えると，国内所得（DI）が求められる。
3　デフレーションが継続すると，名目国内総生産が実質国内総生産を上回る状況が続く。
4　国民所得計算には，農家の自家消費や持家の帰属家賃は含まれないが，一方で，家事労働などは含まれる。
5　国際機関において国民所得や国内総生産を国ごとに比較する際，米ドルで表示されることが多いが，円安が進行すると日本の水準は高めに示される。

13 **市場機構をより効果的に機能させる政策として，最も適当なものはどれか。**
1　規制緩和により新規参入を促進する。
2　大規模な民間企業を公的な経営に転換する。
3　独占禁止法の適用を大幅に縮小する。
4　適正な価格を政府が提示し，それ以外での売買を禁止する。
5　需要量や供給量について制限を課す。

[14] 日本における**電力事情やエネルギー事情に関する記述**として，妥当なものはどれか。

1　2021年10月に閣議決定した第6次エネルギー基本計画によれば，野心的見通しとして，2030年度における再生可能エネルギーの電源構成に占める比率について，3分の1を上回る水準を掲げている。

2　カーボンニュートラルとは，温室効果ガスの排出量と吸収量を均衡させることを意味し，政府はこれを2100年までに達成することを目標として掲げている。

3　2012年にFIT制度（固定価格買取制度）が開始されたものの，再生可能エネルギーによる発電の全発電量に占める割合については，太陽光発電の導入が停滞したことなどを背景として低迷した。

4　日本で使用される電気のうち，最も多くを占める発電方法が火力発電であり，2022年の使用割合は9割を上回った。

5　水力発電は，ダム等を活用し，水が高いところから低いところへ流れ落ちる位置エネルギーを活用して電気を作る発電方法であり，2022年における使用割合は1割を上回った。

[15] **経済学説に関する記述**として，妥当なものどれか。

1　セイの法則によれば，供給は，それに対応する需要を速やかに創出するので，市場における不均衡は速やかに調整される。

2　マルクスは，再生産表式の詳細な分析を行い，利潤率が傾向的に上昇していく必然性を論じた。

3　マルサスによれば，人口の増加は，食料や財の生産の増加に比べると極めて緩慢であるから，人口の増加と貧困の関連性は極めて限定的である。

4　ヒックスは，流動性選好説を否定し，貨幣供給量の増加は，物価の上昇をもたらすものの，財市場には何ら影響を与えないことを指摘した。

5　キチンは，景気変動の要因として設備投資の変動を挙げ，約10年周期の循環を定式化した。

16 **国際経済に関する記述として，最も適当なものはどれか。**

1　ある国における金利の上昇がその国の通貨に与える影響をみると，その通貨への需要を減少させるとともに，相対的な価値を減価させる。

2　有価証券の購入や企業の買収などを通じて，ある国への投資が国境を越えて急増すると，その国の通貨は増価する。

3　1944年に合意されたブレトンウッズ協定は，変動為替相場制を柱とする今日の外国為替市場のルールの設立に重要な影響を及ぼした。

4　1971年に合意されたスミソニアン合意により，それまでのポンド中心の国際秩序が改められ，ドルを基軸通貨とする体制が構築された。

5　EU（欧州連合）の構成国には，ECB（欧州中央銀行）への加盟と統一通貨ユーロの導入が義務付けられる。

17 **日本の金融政策に関する記述として，妥当なものはどれか。**

1　金融政策は，日本銀行政策委員会金融政策決定会合において決定される。委員は，総裁，副総裁，審議委員，政府委員によって構成され，議決の要件は，全会一致とされている。

2　日本銀行は，原則として，政府が発行した国債を引き受けることはできない。一方，一定の要件の下，公開市場操作の一環として，金融機関が保有している国債を買い取ることはできる。

3　金融政策の目的の一つとして，物価の安定が挙げられる。これは，高騰する物価を鎮静化させるために行われるものであり，物価上昇率の目標を設定し，意図的に物価を上昇させることは認められていない。

4　不況やデフレが進んでいるときには，金融を緩和し，市場における金利を引き下げる政策が実施される。ただし，日本銀行が金融機関から資金を預かる際に，手数料等を徴収することはできない。

5　民間の銀行は，預金者から預かった資金のすべてを企業等に貸し付けることが義務づけられている。このルールについては，不良債権を増加させる根源であるとして，見直しが進められている。

18 **経済政策に関する記述として，妥当なものはどれか。**

1　マスグレイブの説によれば，財政政策は，主に市場金利や資金量の調整，所得再分配，経済安定化を目的に実施される。

2　ケインズの説によれば，減税よりも，同規模の公共投資の方が，国民所

得を増加させる効果は大きい。

3 政策決定にかかる時間を比較すると，日本を含め，財政政策の方が金融政策よりも迅速な決定が行われる。

4 大規模な買いオペレーションの実施は，金融引き締めの代表的な例である。

5 フリードマンの説によれば，裁量的な財政政策の効果は，ルールに基づく金融政策の効果よりも経済成長に寄与する効果が大きい。

19 日本の国債に関する記述として，妥当なものはどれか。

1 国債は，国の発行する債券であり，日本銀行がこれを保有することはできない。

2 近年，一般会計における歳出項目において，国債費は，社会保障関係費，地方交付税交付金等に次ぐ3番目に大きな割合を占める状態が続いている。

3 特例法の制定がなければ，公共事業の財源として国債を発行することは認められていない。

4 プライマリー・バランスの赤字が続くと，国債の残高が増加するため，将来的に財政の硬直化が進むことが懸念される。

5 一般に，国債の発行は，民間における資金需要を緩和させ，利子率の低下をもたらし，民間の投資を増加させる効果がある。

20 外国為替相場制に関する記述として，妥当なものはどれか。

1 1944年に締結されたブレトンウッズ協定は，米ドルを基軸通貨とする固定為替相場制と国際金本位制について定めていた。

2 1960年代には，諸外国から多額の米ドルと金がアメリカに流入する現象が生じ，混乱を与えた。

3 1971年，レーガン大統領は，金とドルの交換停止を一方的に宣言し，これにより世界経済は大きな打撃を受けた。

4 1971年，混乱した世界経済の収束をはかるため，ドルの切り上げを柱とするスミソニアン協定が合意された。

5 1976年，固定相場制の維持を柱とするキングストン協定が合意され，それにより，各国の外国為替相場は長期にわたって安定した。

[21] **日本の社会事情に関する記述として，妥当なものはどれか。**

1　近年，人口減少が続いており，令和3年（2021年）10月1日時点の総人口は1億2千万人を割り込んだ。

2　高齢化が急速に進んだ結果，令和3年（2021年）10月1日時点において，65歳以上人口の総人口に占める割合は3割を超えた。

3　少子化が大きな問題となっており，合計特殊出生率は，令和2年（2020年）に過去最低となる1.33を記録した。

4　令和2年（2020年）における少年による刑法犯，危険運転致死傷及び過失運転致死傷等の検挙人員は，前年と比較して10％を超える減少となった。

5　令和4（2022年）年に施行された改正少年法により，16歳以上19歳以下の者は特定少年と位置付けられ，原則として大人と同じ裁判を受ける対象が拡大された。

[22] **日本で起きた災害とその対策に関する記述として，妥当なものはどれか。**

1　平成7年（1995年）に発生した阪神・淡路大震災は，マグニチュード7.3を記録し，死者は約6,400人にのぼったが，ライフラインへの被害は比較的軽微であった。

2　平成16年（2004年）に発生した新潟県中越地震のマグニチュードは6.8であったが，その救援活動では，他の地域に比べ，比較的都市化が進んだ地域での救援活動に困難を伴った。

3　平成23年（2011年）に発生した東日本大震災は，マグニチュード9.0を記録し，死者・行方不明者は1万人を大きく上回った。

4　災害対策基本法は，阪神・淡路大震災を契機に制定された比較的新しい法律であり，災害予防，災害応急対策，災害復旧という段階ごと，各実施責任主体の果たすべき役割や権限などを規定している。

5　東日本大震災を契機に導入された復興特別所得税は，一般会計の歳入に繰り入れられ，復興のための事業に関連する歳出に充てられる税である。

[23] **社会学の諸学説に関する記述として，妥当なものはどれか。**

1 コントは，社会学を創設したことで知られる。彼によれば，人間の精神は，神学的，形而上学的，実証的といった段階を経て発達し，それに応じて，社会は，軍事的，法律的，産業的というプロセスで発展するとした。

2 ウェーバーは，宗教の影響を受ける価値観と，経済発展の関連性を論じた。それによれば，キリスト教におけるカトリシズムの精神は，資本主義の発展に大きく貢献したとされた。

3 社会集団については，多くの社会学者によって分類が試みられた。そのうち，結合に関する意思に着目した高田保馬は，ゲマインシャフトとゲゼルシャフトの概念を提示した。

4 スペンサーは，社会進化論の提唱者として知られている。彼によれば，進化の法則は生命体だけではなく社会についても貫徹されるとするとともに，社会は産業型社会から軍事型社会に進化すると指摘した。

5 リースマンは，主著『孤独な群衆』の中で，社会的性格の類型化を試みた。それによれば，社会的性格は生産的性格と非生産的性格に分類される。

[24] **日本の農業及び工業に関する記述として，妥当なものはどれか。**

1 2022年の農林水産物・食品の輸出額は，前年と比較して10％を上回る伸びとなり，1兆円を超えて過去最高を更新した。

2 2021年度における供給熱量ベースの総合食料自給率は，前年度からわずかに低下し，4割台を維持した。

3 2021年の農業産出額は，前年に比べて1.1％増加して8.8兆円となり，都道府県別では，北海道が最大であった。

4 製造業の業況は，2022年上半期から原材料価格の高騰等の影響で悪化し，企業の景況感が低調となっていることから，営業利益も減少傾向が続いている。

5 2023年3月に公表された「我が国ものづくり産業の課題と対応の方向性に関する調査」によれば，生産拠点の移転は特に中国・ASEAN諸国との間で多く，中国については新規移転が国内への回帰を上回った。

25 **障害者福祉と公的扶助に関する記述として，妥当なものはどれか。**

1　障害者福祉の前提となる考え方の1つとして，障害者を特別視せず，社会の中で普通の生活を送れるような条件を整え，共に生きる社会こそが求められるというものがある。このような考え方は，ノーマライゼーションと呼ばれる。

2　雇用分野における差別の解消は，日本において労働に関して解決すべき課題の1つである。障害者に対する差別の解消のために，障害者総合支援法により，一定以上の規模の事業者には，あらかじめ定められた割合で労働者を雇用することが義務付けられている。

3　今日，障害の有無や年齢，性別，人種などにかかわらず，あらゆる人々が利用しやすいように都市や生活環境をあらかじめ設計などの段階で整備すべきとする考え方が広がっている。このような考え方は，ソーシャル・インクルージョンと呼ばれる。

4　福祉事務所を設置する自治体が主体となり，民間団体とともに，生活困窮者の自立に向けた相談や支援を実施することなどを柱とする法律が，生活困窮者自立支援法である。この法律は，ソーシャル・エクスクルージョンの考え方を理念としている。

5　生活保護法は，最後のセーフティネットと呼ばれる公的扶助についての内容を定めた法律である。同法に定められた扶助の種類は，生活・教育・住宅・医療の4つである。

26 **日本の労働事情に関する記述として，妥当なものはどれか。**

1　年齢を横軸に，就業率を縦軸にとってグラフを描くと，女性については，いわゆる「M字カーブ」を描く。近年ではそのくぼみが浅くなり，また，その位置が後方に移動する傾向がみられた。

2　21世紀における日本の労働事情を特徴づける点として，非正規雇用の増加が挙げられる。なお，いわゆるリーマンショックの時期をピークとして，その後は急速に減少した。

3　近年，厳しい雇用情勢を背景に労働条件を守るため，労働組合を結成したり，加入したりする例が増加している。それに伴い，労働組合の組織率は上昇し，約4分の1を上回る水準に回復した。

4　障害者の雇用については，それに関連する法律の条文が努力義務にとどまっていることが問題となっていた。近年，法定雇用率を下回る企業名

を公開し，罰則を課す法改正がなされた。

5 高齢化に伴い，高齢者の雇用の拡大が課題となっている。そのため，事業主には定年制の廃止が義務づけられ，健康上の問題がない限り，本人の希望に応じて雇用を継続する制度が確立された。

27 日本の社会保障に関する記述として，妥当なものはどれか。

1 日本の救貧政策については，長らく自助と共助に委ねられてきており，公的な制度は戦後に初めて確立された。

2 大日本帝国憲法にも，不十分ながら，国民に社会権を認める旨の規定が含まれていた。

3 公的扶助，社会保険，社会福祉，公立学校設置は，社会保障の4つの柱と位置付けられている。

4 日本の社会保障制度の多くは，制度を必要とする者からの申請ではなく，市区町村の調査に基づき，自動的に給付等を開始する制度が柱となっている。

5 日本では，国民皆年金が確立しているため，20歳に達すると，原則としていずれかの年金に加入し，一定の負担をすることが義務付けられている。

28 労働組合に関する記述として，妥当なものはどれか。

1 はじめに組合員としての地位を得ることが雇用の要件とされる制度は，ユニオンショップに分類される。

2 労働組合に加入しないことを条件に雇用関係を結ぶことは黄犬契約と呼ばれ，日本の労働組合法において，認められている。

3 日本の労働組合法では，労働組合に使用者が財政援助を行うことを不当労働行為として禁じている。

4 労働関係調整法によれば，仲裁が行われた場合でも，労働者側と使用者側に従う義務はない。

5 労働関係調整法に基づく緊急調整が行われる場合，労働委員会はこれに介入することができない。

29 マスメディアに関する記述として，妥当なものはどれか。

1　マスメディアの特徴として，情報が双方向に流れるため，受け手と送り手の位置付けがあいまいであることが挙げられる。

2　マートンは，大量の情報を消化できない者が政治に無関心になり，それが政治への消極的な態度につながることを麻酔的逆機能と呼んだ。

3　マコームズとショーは，自らの意見が少数であることを自覚した者がそれを表明することをためらい，ますます少数派となることを促すことを指摘した。

4　ノイマンは，マスメディアの報道が話題や争点の優先順位に大きな影響を与えていることを指摘した。

5　選挙報道において，優勢と伝えられた候補に投票を増やす働きは，アンダードッグ効果と呼ばれる。

30 環境問題に関連する条約および議定書に関する記述として，妥当なものはどれか。

1　水銀に関する水俣条約により，水銀，及び，それを利用した製品について，その製造と輸出入は厳しく制限されている。

2　急速に減少する世界の森林を保護するため，その基本的な枠組みが，ウィーン条約とその条約を具体化したモントリオール議定書に示されている。

3　生物多様性条約は，生物の多様性を保全し，遺伝資源を守ることを目的とした条約であり，2010年（平成22年）に日本においてそれを具体化する議定書を起草する会議が開かれたが，各国の利害対立から議定書の採択には至らなかった。

4　パリ協定は，地球温暖化対策の国際的な枠組みであり，同協定には，温室効果ガスの自主目標を作成する内容を含んでいるものの，それを国際機関に提出することについての合意は得られなかった。

5　2019年（平成21年）に開かれたG20大阪サミットでは，海洋プラスチックごみについての諸問題が議題になり，それを受けて日本では，容器包装リサイクル法が初めて制定された。

31 日本の情報通信に関する記述として，妥当なものはどれか。

1 Society 5.0は工業社会を意味するSociety 4.0に続く情報社会を意味する語であり，2016年に政府が策定した第5期科学技術基本計画によって提唱された。

2 ICTの市場規模は拡大傾向にあり，2022年における規模は，前年比5%を超える増加となった。

3 テレワークを導入する企業は拡大傾向にあり，特に，2021年から2022年にかけて，その割合は10%以上増加した。

4 日本におけるICT関連の財やサービスの貿易の構造については，2021年時点において，輸出額が輸入額を大きく上回る水準が続いている。

5 世界各国においてパーソナルデータが整備されたことに伴い，日本においても急速な利用の拡大が続き，欧米各国と比較するとその活用が急速に進んだ。

32 日本の医療の動向に関する記述として，妥当なものはどれか。

1 令和3年度の概算医療費は44.2兆円であり，新型コロナ禍における受診抑制の影響で，対前年比で4.6%の減少となった。

2 令和3年度の概算医療費を診療種類別にみると，「入院外」が最大であり，「調剤」，「入院」がそれに続く。

3 医師数については，地域偏在による深刻な医師不足に対応するため，2008年以降医学部臨時定員を増加させたことなどの要因により，毎年約3,500～4,000人増加している。

4 看護職員の就業者数は，新規養成・離職防止・復職支援の取組にも関わらず，減少を続けている。

5 後期高齢者医療制度は，原則70歳以上，一定の障害がある者は65歳以上の者が加入する独立した医療制度であり，従来の老人保健制度に代わり，2008年4月より開始された。

33 日本の観光に関する記述として，妥当なものはどれか。

1　観光庁は，「観光立国」の推進体制を強化するため，2008年に経済産業省の外局として発足した。

2　UNWTO（国連世界観光機関）の調査によれば，コロナ禍による影響からの回復を受け，2021年における日本の外国人旅行者受入数のランクは他国と比較して向上した。

3　観光産業において，新型コロナ禍による悪影響は2020年頃から国内旅行に大きな影響を及ぼしたものの，インバウンド需要が悪影響を軽減することに貢献した。

4　2022年の訪日外国人の国・地域別の内訳は，アメリカが最も多く，アジア各国を大きく上回った。

5　UNWTO（国連世界観光機関）の調査によれば，2021年における日本の観光収入は47億ドルであり，順位は下げたものの上位30位以内のランキング内の地位を確保した。

《 解 答 ・ 解 説 》

1 4

解説 1．誤り。大日本帝国憲法に地方自治に関する規定はなかった。2．誤り。府県知事は官選であったが，町村長は住民によって選挙された町村会議員からなる町村会において選出された。　3．誤り。選択肢の文は，団体自治についての説明である。住民自治は，住民の意思に基づいて運営するという趣旨である。　4．正しい。地方自治法に定められている内容である。5．誤り。議会の解散を求めて住民が有権者の3分の1以上の署名を選挙管理委員会に提出するという点は正しいが，その後，住民投票が行われ，そこで過半数の賛成が得られれば，議会は解散される。なお，「3分の1」という要件は，有権者数が一定以上の大都市では緩和されている。

2 3

解説 1．誤り。ロシアのウクライナ侵攻以降，穀物，原油，ガスなどの価格の上昇が懸念される事態が続いた。選択肢に示された「国際商品市況（ロ

イター・コアコモディティCRB指数）」とは，アメリカならびにイギリスの商品取引所に上場されている19品目にわたる素材，原料（一次産品）価格を適切にウエイト付けた上で，ある一時期（1967年）の値を100として指数化して表したものであり，世界の物価に大きな影響を与える。2022年夏頃にかけて，この指数は，経済活動の再開にウクライナ情勢が加わり高騰した。その後，2023年初にかけて，ヨーロッパでの天然ガス調達の目途がついたことや，景気減速懸念により下落した。以上より，「暴落した」との記述は誤りである。2．誤り。アメリカでの労働コストは，2015年から2022年にかけて概ね上昇する傾向を示したため，「労働コストが大幅に減少した」との記述は誤りである。　3．正しい。物価上昇に対応するため，欧米では金融引き締めが進展した。なお，そのペースは過去と比較して急速なものであった。　4．誤り。2022年後半の世界経済は，物価上昇や金融引き締めの影響が懸念材料であるが，アメリカやユーロ圏では10−12月期までプラス成長となるなど，総じてみれば底堅い動きがみられた。よって，「アメリカやユーロ圏においてマイナス成長となった」との記述は誤りである。　5．誤り。世界貿易の中で，ASEAN（東南アジア諸国連合）各国の存在感が上昇しつつあり，その輸出品目は一次産品・軽工業から機械製品等に重点がシフトしている。よって，「機械製品等の比重は低迷している」との記述は誤りである。

3 5

解説 1．誤り。アメリカの大統領は，大統領選挙人を介した間接選挙によって選出される。また，大統領は，上院，下院に対する解散権を持たない。2．誤り。イギリスの首相は，下院において多数を占める政党の党首が国王によって任命される。　3．誤り。第1文は正しい。第2文については，国民議会が不信任権を持つのは大統領ではなく，大統領が任命した内閣に対してである。　4．誤り。ドイツの大統領の権限の多くは，儀礼的なものにとどまる。ドイツの政治は，議院内閣制によって運営されている。　5．正しい。イタリアでは，上院の権限を縮小させることなどを柱とした憲法改正についての国民投票が2016年に実施されたが，否決された。

4 3

解説　1. UNDP（国連開発計画）は，開発途上国の経済・社会的発展のために，計画の策定や管理を行う国際機関である。なお，その活動内容には，環境問題も含まれる。国連人間環境会議を踏まえて設立されたのは，国連環境計画（UNEP）である。　2. EU（欧州連合）議会の議員は，有権者の直接選挙によって決定される。　3. 正しい。APEC（アジア太平洋経済協力）は，1989年，オーストラリアのホーク首相の提唱によって発足した。　4. UNCTAD（国連貿易開発会議）の第1回の会議において強調されたのは，「援助より貿易を」という方針であった。つまり，途上国側の交易条件の改善により，貿易による自立的な発展を支援する方針が確認された。なお，この会議の報告書は，責任者の名にちなんで「プレビッシュ報告」と呼ばれている。　5. 選択肢の説明は，IDA（国際開発協会）についてのものである。IFC（国際金融公社）は，開発途上国の民間企業に対して融資を行うことを目的としている。

5 2

解説　1. 誤り。内閣総理大臣が任命する国務大臣の人数には14名以内という上限が課されている。なお，事情により3名以内の増員が認められるとともに，法律によってさらに増員することが可能である。例えば，復興担当大臣やオリンピック担当大臣はこれらと別の枠で任命されている。　2. 正しい。内閣不信任案が可決された場合，または内閣信任案が否決された場合，10日以内に衆議院が解散されない限り，内閣は総辞職しなければならない。3. 誤り。在任中の国務大臣は，内閣総理大臣の同意がなければ訴追されない。逆にいえば，内閣総理大臣の同意があれば国務大臣を訴追できることになるので，任期が切れるのを待つことが「唯一の方法」とはいえない。　4. 誤り。国会の会期中であっても，所属する議院の許諾を得た場合や現行犯の場合には，逮捕されることがある。　5. 誤り。臨時会を特別会（特別国会）と置き換えると正しい記述になる。臨時会（臨時国会）は内閣が召集を決定することによって開かれる国会である。ただし，衆議院，参議院のいずれかにおいて，総議員の4分の1以上の議員の要求があれば，内閣は召集を決定しなければならない。

6 3

解説 1. 誤り。「内閣」を「国会」とすると正しい記述となる。その身分に
ふさわしくない行為や義務に反した裁判官は，弾劾裁判所の決定により，罷
免されることがある。　2. 誤り。国民審査の対象となるのは長官を含む最高
裁判所の裁判官であり，下級裁判所の裁判官は対象外である。なお，国民審
査に付される時期については，任命後初めて行われる衆議院議員選挙の際，
その審査から10年を経過した後に初めて行われる衆議院議員選挙の際とされ
ている。　3. 正しい。知的財産高等裁判所は，原則として知的財産権に関す
る裁判の第二審を担当する裁判所であり，2005年に設立された。　4. 誤り。
大日本帝国憲法の下では特別裁判所として行政裁判所が設置されていたが，
日本国憲法および裁判所法施行に伴い廃止された。　5. 誤り。民事事件は裁
判員裁判の対象とならない。なお，2015年には，初公判から判決まで著しく
長期に及ぶことが想定される事件の裁判については，裁判員裁判の対象から外
し，裁判官のみで審理できるようにするよう裁判員法が改正・施行された。

7 3

解説 1. 誤り。欧州議会の議員が加盟各国の国民によって選挙されると
いう点は正しいが，その権限は限定されている。具体的には，諮問への答申
のまとめ，諸問題や政策についての提案などにとどまる。　2. 誤り。加盟国
にユーロ導入が義務付けられるわけではない。　3. 正しい。キャメロン首相
の下で行われた国民投票により，脱退を求める票が多数を占め，手続が進め
られた。曲折はあったが，ジョンソン首相の下で脱退が実現した。　4. 誤り。
発足した際の最初の基本法は，マーストリヒト条約である。なお，2009年に
発効したリスボン条約には，常任議長職（EU大統領）についての規定が初め
て盛り込まれた。　5. 誤り。理事会における決定には，「55％以上の加盟国
の賛成」「賛成した国の人口がEUの総人口の65％以上であること」という要
件を満たさなければならない。この仕組みは，二重多数決と呼ばれる。

8 4

解説 1. 誤り。アリストテレスではなく，プラトンの思想である。プラト
ンは，知恵を持つ哲学者（哲人王）が勇気の徳を体現する防衛者と節制の徳を
実践する生産者を統治することにより，正義が実現するとした。　2. 誤り。

ヘーゲルではなく，マルクスについての記述である。　3．誤り。マルクスではなく，ヘーゲルについての記述である。なお，止揚とは，ヘーゲルらによって用いられた用語で，高い次元で統合することを意味する。　4．正しい。アダム・スミスは，自由放任主義（レッセ・フェール）を重視する立場から，国家の役割は，国防や治安維持などの役割に限定すべきであると説いた。5．誤り。ラスキの国家論についての記述である。マキァベリは，『君主論』の中で，「ライオンの見せかけ」と「狐の見せかけ」を持つ統治の必要性を説いた。

9　2

解説　1．憲法前文には裁判規範性が無いとされている。　2．正しい。形式的には，大日本帝国憲法を改正する形で日本国憲法が成立した。　3．判例上，「健康で文化的な最低限度の生活を営む権利」を定めた生存権については，具体的な権利ではなく国の責務を定めたプログラム規定であるとされている。　4．日本国憲法第9条に「陸海空軍その他の戦力は，これを保持しない」と定められている。　5．政令について，選択肢のような規定は存在しない。国会が唯一の立法機関とされている点は正しい。

10　3

解説　1．誤り。例えば，勤労の義務については，それを果たさない場合にも，特に罰則はない。　2．誤り。社会権の歴史は，平等権，自由権に比べれば浅く，「20世紀的人権」などと呼ばれる。なお，選択肢に引用されているのは，日本国憲法第25条の条文の一部である。　3．正しい。憲法第16条において，「何人も，損害の救済，公務員の罷免，法律，命令又は規則の制定，廃止又は改正その他の事項に関し，平穏に請願する権利を有し，何人も，かかる請願をしたためにいかなる差別待遇も受けない」と規定されている。4．誤り。検閲は，憲法第21条の規定によって禁止されている。教科書検定や，税関検査における書籍のチェックは，検閲にあたらないとされている。5．誤り。新しい人権は，社会の変化や発展によって，重要性が認められるようになったものである。具体的には，環境権，プライバシーの権利，知る権利，アクセス権などが挙げられる。

⑪ 4

解説 1. 誤り。個人情報の利用停止や消去等を求める個人の請求権の要件は緩和された。　2. 誤り。ダウンロードが違法とされたのは，アップロードが違法にアップロードされたものと知っていた場合である。　3. 誤り。株主総会資料の電子提供制度が新設された。　4. 正しい。児童福祉法，児童虐待防止法等の改正により，児童に体罰を加えることが禁止された。　5. 誤り。民事執行法の改正により，債務者財産に関する情報を第三者から取得する手続が新設された。

⑫ 2

解説 1. 誤り。国内総生産に，海外からの配当・利子・報酬は含まれない。一方，国民総所得（GNI）には含まれる。なお，国民総所得は，旧統計の国民総生産（GNP）に相当する。　2. 正しい。なお，国内総生産から固定資本減耗分を控除して求められるのは，国内純生産（NDP）である。　3. 誤り。デフレーションの時には，実質国民総生産が名目国民総生産を下回る。　4. 誤り。国民所得計算には，農家の自家消費や持家の帰属家賃は含まれる。一方で，家事労働などは含まれない。　5. 誤り。日本の国民所得や国内総生産を米ドルで表示する場合，円安が進むと低めに，円高が進むと高めに示される。

⑬ 1

解説 1. 正しい。規制緩和は，市場機構を効果的に機能させる。　2. 市場機構を機能させるのは，むしろ公営企業の民営化である。　3. 独占禁止法は，公正な競争の促進を目的の一つとしている。同法の適用範囲の縮小は過剰な競争の原因となり，むしろ市場機構の機能を低下させる可能性が高いと考えられている。　4. 価格統制は，市場機構の機能を低下させる。5. 数量統制についても，市場機構の機能を低下させる。

⑭ 1

解説 1. 正しい。第6次エネルギー基本計画に掲げられた野心的見通しによれば，2030年度における再生可能エネルギーの電源構成に示す比率は36～38％である。なお，エネルギー基本計画は，エネルギー政策の基本的な方向性を示すために，エネルギー政策基本法に基づき政府が3年ごとに策定する計

画である。また，野心的見通しとは，省エネルギーの推進など，諸施策を強力に進めることを前提として示される見通しである。　2．誤り。選択肢において，カーボンニュートラルについての説明は正しいが，日本の政府はこれを2050年までに達成することを目標としているため，「政府はこれを2100年までに達成することを目標として掲げている」との記述は誤りである。　3．誤り。2012年7月のFIT制度（固定価格買取制度）開始により，再エネの導入は大幅に増加し，発電量全体に占める各発電の割合は，比較的設置しやすい太陽光発電が2011年度の0.4％から2019年度の6.7％に増加するとともに，再生可能エネルギーについてみると，2011年度の10.4％から2020年度の19.8％に拡大した。よって，「太陽光発電の導入が停滞したことなどを背景として低迷した」との記述は誤りである。　4．誤り。日本で使用される電気のうち，最も多くを占める発電方法は火力発電であるが，2022年の使用割合は83.4％であるから，「9割を上回った」との記述は誤りである。　5．誤り。水力発電についての説明は正しいが，2022年の使用割合は6.4％であるから，「1割を上回った」との記述は誤りである。

[15] 1

解説 1．正しい。セイの法則は，古典派経済学の立場を示す代表的な法則である。　2．誤り。マルクスは，利潤率が傾向的に低下していくことを予見した。　3．誤り。マルサスは，人口が幾何級数（等比数列）的に増えるのに対して，食料や財は算術級数（等差数列）的にしか増加させることができないので，貧困の対策のためには人口の抑制が必要であるとした。　4．誤り。選択肢の文は，古典派の貨幣数量説や貨幣ヴェール観についての説明である。ヒックスは，公共投資などの増加が利子率を上昇させ，政策の効果が減殺されることを指摘した。なお，彼は，流動性選好説を否定していない。　5．誤り。選択肢の説明は，キチンではなく，ジュグラーについてのものである。キチンは，在庫投資の変動による40ヵ月周期の景気循環の存在を指摘した。

[16] 2

解説 1．金利の上昇は，その国の通貨への需要を増加させるとともに，相対的な価値を増価させる。たとえば，アメリカの金利が相対的に高い場合には，ドル高をもたらす。　2．正しい。例えば，日本への投資が急増すると，

円への需要が増え，円高をもたらす。　3．ブレトンウッズ協定は，ドルを基軸通貨とし，固定為替相場制と国際金本位制の採用を主な柱としていた。4．戦後，イギリスのポンドが基軸通貨になった例はない。スミソニアン合意は，ドルの切り下げと容認される変動幅を拡大した上で固定為替相場制を維持しようとしたものである。　5．EU（欧州連合）に加盟した国にユーロの導入が義務付けられるわけではない。例えば，スウェーデンでは通貨としてクローナが使用されている。

17 2

解説　1．誤り。まず，政府からは財務大臣及び経済財政政策担当大臣（または指名された代理）が必要に応じ出席し，議案の提出や意見を述べることはできるが，議決権はない。また，議決の要件は，総裁，副総裁，審議委員による過半数とされている。　2．正しい。第2文は，公開市場操作における買いオペレーションについての記述である。　3．誤り。日本銀行が，物価上昇率の目標を示して，金融緩和を進めることは，インフレターゲットと呼ばれ，実際に行われている。2013年には，物価上昇率を2％の水準で安定することを柱とする方針が示された。　4．誤り。2016年には，市中銀行が日本銀行に資金を預ける際に，金利を受け取るのではなく，一定の要件の下，原則として預けた資金の0.1％分を日本銀行に支払うマイナス金利が導入された。5．誤り。民間の銀行は，預金の一部を法定準備金として日本銀行に預けなければならない。この割合は，法定準備率と呼ばれる。

18 2

解説　1．誤り。「市場金利や資金量の調整」は，金融政策の役割である。これを「資源配分の最適化」とすると正しい記述になる。　2．正しい。ケインズの乗数理論によれば，減税はその一部が貯蓄に回り，効果の一部を減殺してしまうのに対して，公共投資は全額が有効需要の増加に寄与するので，国民所得を増加させる効果が大きい。　3．誤り。財政政策の決定については，行政部による立案，議会における審議と議決というプロセスが必要なのに対して，金融政策は，金融当局（日本では日本銀行政策委員会）において迅速に決定される。　4．誤り。買いオペレーションは，有価証券の購入により市場に資金が供給されるため，金融緩和の代表的な例である。　5．誤り。

フリードマンの説によれば，裁量的な政策の効果は一時的なものであり，長期的には無効である。彼は，ルールに基づく金融政策の意義を強調した。

[19] 4

解説 1．誤り。国債を日本銀行が直接的に引き受けることは禁止されているが，公開市場操作の一環として金融市場から買い入れることは行われている。　2．誤り。国債費は，地方交付税交付金等を上回っている。　3．誤り。財政法第4条の規定により，公共事業，出資金，貸付金の原資として国債を発行することが認められている。　4．正しい。プライマリー・バランスとは，税収・税外収入と国債費を除く歳出の収支を表し，社会保障などの政策的経費を税収でどのくらい賄えているかを示す指標である。これが赤字であれば，国債残高は増大する。「財政の硬直化」とは，歳出に占める借金返済の割合が高くなり，必要な政策のための経費が圧縮されてしまうことである。5．誤り。国債の発行は，民間で貸し付け可能な資金を逼迫させるため，利子率を上昇させ，民間の投資を減少させる。この現象は，クラウディング・アウトと呼ばれる。

[20] 1

解説 1．正しい。当初，国際金本位制について，金1オンス＝35ドルのレートが設定されていた。　2．誤り。1960年代には，多額の米ドルと金がアメリカから流出した。　3．誤り。「レーガン大統領」を「ニクソン大統領」とすると正しい記述になる。　4．誤り。スミソニアン協定は，ドルの切り下げと容認する変動幅を拡大しながら，固定相場制の維持や復活をはかる内容を柱としていた。　5．誤り。キングストン合意は，変動相場制の導入を正式に決定する内容を柱としていた。ただし，この時期にはすでに固定相場制が機能していなかったため，現実の動きを「追認」するものであった。また，その後徐々に変動幅が大きくなったため，「長期にわたって安定」という記述も誤りである。

[21] 4

解説 1．誤り。近年，人口減少が続いている点は正しいが，令和3年（2021年）10月1日時点の日本の総人口は1億2,550万人であるから，「1億2

千万人を割り込んだ」との記述は誤りである。　2.　誤り。令和4年版高齢社会白書によれば，令和3年（2021年）10月1日時点の65歳以上人口は3,621万人であり，総人口に占める65歳以上人口の割合（高齢化率）は28.9%であった。よって，「3割を超えた」との記述は誤りである。令和3年時点の高齢化率が3割弱であることを押さえておきたい。　3.　誤り。令和2年の合計特出生率が1.33であった点は正しいが，過去最低を記録したのは平成17年であり，その時の値は1.26であった。　4.　正しい。少年による刑法犯，危険運転致死傷及び過失運転致死傷等の検挙人員は，長期的にみて減少傾向にあり，令和2年（2020年）は戦後最少を更新する3万2,063人（前年比13.8%減）であった。なお，少年犯罪の件数については，長期的に減少傾向にあることに注意を要する。　5.　誤り。「16歳以上」を「18歳以上」とすると正しい記述になる。まず，改正少年法において，成人年齢の引き下げにより新たに成人となった18歳と19歳が「特定少年」と位置づけられた。また，これにより，家庭裁判所から検察に送り返す「逆送」という手続の対象となる事件が拡大された。つまり，18歳と19歳の者が一定の重さの罪を犯した場合は原則として大人と同じ裁判を受けることになる。具体的には，改正前は故意に人を死亡させた事件のみが逆送される手続の対象であったのに対し，改正後はその範囲が拡大し，法定刑の下限が1年以上の罪も対象となった。

22 3

解説 1.　誤り。阪神・淡路大震災のマグニチュードと死者数についての記述は正しいが，この地震は，道路，水道，電気，ガスなどのライフラインに多大な被害をもたらしたので，「ライフラインへの被害は比較的軽微」との記述は誤りである。　2.　誤り。新潟県中越地震における被災地の多くは，孤立を余儀なくされた農山村であり，そのことが救援活動を困難にした。3.　正しい。東日本大震災について，警察庁が令和4年（2022年）3月に発表したデータによれば，死者は12都道県で計1万5,900人，行方不明者は6県で計2,523人である。　4.　誤り。災害対策基本法は，昭和34年（1959年）に愛知県，岐阜県，三重県及び紀伊半島一帯を中心として全国に大きな被害をもたらした伊勢湾台風を契機に制定された。なお，法律に規定された内容についての記述は正しい。　5.　誤り。復興特別所得税は，東日本大震災復興特別会計に繰り入れられる。なお，「特別会計」とは，「一般会計」と異なり，

特定の事業の推進などを目的として特定の税を課すしくみである。つまり，「一般会計の歳入に繰り入れられる税」とする記述は誤りである。

23 1

解説 1．正しい。選択肢の文は，「3段階の法則」についての記述である。
2．誤り。カトリシズムをプロテスタンティズムとすると正しい記述になる。彼によれば，「禁欲」「勤勉」などの価値観が，資本主義の発展に大きく貢献した。　3．誤り。高田保馬をテンニースと置き換えると，正しい文章になる。高田氏が提示したのは，社会的紐帯による社会集団の分類としての「基礎社会」と「派生社会」である。　4．誤り。産業型社会と軍事型社会の順番が逆になっている。それ以外の記述は正しい。　5．誤り。社会的性格を生産的性格と非生産的性格に分類したのは，フロムである。一方，リースマンは，伝統志向型，内部指向型，他人（外部）指向型に分類した。

24 1

解説 1．正しい。2022年の農林水産物・食品の輸出額は，前年比と比較して14.3％増加し，1兆4,148億円となり，過去最高を更新した。　2．誤り。2021年度における供給熱量ベースの総合食料自給率は，前年度から1ポイント上昇し，38％であった。よって，「前年度からわずかに低下し，4割台を維持した」との記述は誤りである。　3．誤り。「1.1％増加」を「1.1％減少」とすると正しい記述になる。畜産が増加する一方，コメや野菜が減少傾向にある。都道府県別では，北海道が1位で，鹿児島県が2位，茨城県が3位である。　4．誤り。製造業の業況に関する記述は正しいが，営業利益は2021年から回復に転じ，2022年も増加傾向を示していることから，「営業利益も減少傾向が続いている」との記述は誤りである。なお，「業況（業況判断指数）」とは，日本銀行が年4回実施，発表している日銀短観の調査項目の1つで，企業の景況感を示す指数で表すことができるる。　5．誤り。生産拠点の移転は，特に中国・ASEAN諸国との間で多い点は正しいが，中国については国内への回帰が新規移転を上回ったので，「新規移転が国内への回帰を上回った」との記述は誤りである。なお，ASEANの参加国は，インドネシア，カンボジア，シンガポール，タイ，フィリピン，ブルネイ，ベトナム，マレーシア，ミャンマー，ラオスである。

25 1

解説 1. 正しい。この考え方はデンマークから広がり，障害者福祉や社会福祉一般の理念を表すものとして，広く用いられている。 2. 誤り。障害者を一定以上の割合で雇用することを義務付けているのは，障害者総合支援法ではなく，障害者雇用促進法である。 3. 誤り。選択肢の説明は，ユニバーサルデザインについてのものである。ソーシャル・インクルージョンは，あらゆる人々を排除から救済し，包摂すべきであるとする考え方である。 4. 誤り。ソーシャル・エクスクルージョンは，社会的排除を意味することばであり，福祉政策の理念には合致しない。 5. 誤り。生活保護法に定められた扶助の種類は，選択肢に示したものの他に，介護・出産・生業・葬祭がある。

26 1

解説 1. 正しい。M字カーブのくぼみが浅くなり，後方に移動している要因として，非婚化，晩婚化のほか，子育て支援などにより，家事や子育てと仕事の両立がはかりやすくなっている点などが挙げられる。 2. 誤り。非正規雇用は上昇傾向にあり，リーマンショック後に急速に減少したという事実はない。 3. 誤り。労働組合の組織率は低下傾向にあり，近年の組織率は18％を割り込んでいる。 4. 誤り。要件を満たす規模の企業では，障害者を一定以上雇用することが義務づけられており，それを達成しないと納付金を課される。ただしそれは，罰則として位置づけられておらず，企業名が公表されるわけでもない。 5. 誤り。事業主に義務づけられているのは，定年の廃止，定年の延長，継続雇用のいずれかにより，希望する者に65歳までの雇用を継続することである。なお，2021年4月の高年齢者雇用安定法の改正により，70歳までの就業確保措置が努力義務として追加された。

27 5

解説 1. 誤り。戦前にも，公的制度としての恤救規則があった。ただし，公的支援を受けるためには厳しい要件が課せられていた。 2. 誤り。大日本帝国憲法には，社会権に関する規定はなかった。 3. 誤り。「公立学校設置」を「公衆衛生」とすると正しい記述になる。 4. 誤り。日本の社会保障制度の多くは，制度を必要とする者からの申請に基づく申請主義が柱となっている。 5. 正しい。20歳になると，国民年金（基礎年金）に加入すること

が義務付けられ，負担を求められる。なお，企業等に雇用されている者は，厚生年金に加入し，年金の掛金は事業主と本人が負担する。

28　3

解説　1．誤り。選択肢の文は，クローズドショップについての説明である。ユニオンショップは，雇用されてから一定期間内に組合員となることが義務付けられた制度である。　2．誤り。組合に加入しないことを条件に雇用関係を結ぶことは不当労働行為の1つであり，労働組合法によって禁じられている。　3．正しい。使用者側からの一定の独立を確保する等の趣旨から，使用者による労働組合への財政援助は禁じられている。　4．誤り。労働関係調整法による仲裁が行われた場合，労働者・使用者の双方は原則としてそれに従わなければならない。　5．誤り。緊急調整の開始を決定するのは内閣総理大臣であり，中央労働委員会は，他の案件に先立って調整を行う旨が労働関係調整法に定められている。

29　2

解説　1．誤り。マスメディアによる情報の流れは，送り手から受け手に一方的に流れることが多い。　2．正しい。マートンは，大量の情報提供がかえって無関心を助長することを指摘した。　3．誤り。選択肢の指摘は，ノイマンによる「沈黙の螺旋」モデルについての記述である。　4．誤り。ノイマンではなく，マコームズとショーについての記述である。　5．誤り。「アンダードッグ効果」とは，劣勢と報じられた方が，同情などから票を伸ばすはたらきを意味する。選択肢の説明は，「バンドワゴン効果」についてのものである。

30　1

解説　1．正しい。水銀に関する水俣条約は，水銀による被害を防止するための条約である。具体的には，地球規模の水銀および水銀化合物による汚染，それによって引き起こされる環境被害を防ぐため，国際的に水銀を管理することなどを目的としている。この条約は，平成25年（2013）年に合意され，平成29年（2017年）に発効した。　2．誤り。選択肢に示した「ウィーン条約とモントリオール議定書」は，森林保護ではなく，オゾン層の保護を目的としている。森林保護についての国際的な合意としては，1992年（平成4

年）の地球サミットで採択された森林原則声明が挙げられる。なお，オゾン層保護については，まず，1985年（昭和60年）に国際協力のための基本的枠組を設定する「オゾン層の保護のためのウィーン条約」が採択され，1988年（昭和63年）に発効した。また，それを具体化するため，1987年（昭和62年）には，オゾン層を破壊するおそれのある物質を特定し，当該物質の生産，消費及び貿易を規制し，人の健康及び環境を保護するための「オゾン層を破壊する物質に関するモントリオール議定書」が採択され，1989年（昭和64年・平成元年）に発効した。　3．誤り。生物多様性条約は，生物多様性の保全や遺伝資源の保護を目的とし，1992年（平成4年）に採択され，1993年（平成5年）に発効した。同条約を具体化した名古屋議定書は，「遺伝資源の利用から生ずる利益を公正かつ衡平に配分」などを目的の柱とする内容であり，2010年（平成22年）に採択され，2014年（平成26年）に発効した。つまり，「議定書の採択には至らなかった」との記述は誤りである。　4．誤り。地球温暖化対策の国際的な枠組みであるパリ協定は，2015年（平成27年）に採択され，翌年に発効した。参加国には，自主目標の作成，国連への提出，国内対策を実施することなどが義務付けられているので，「それを国際機関に提出することについての合意は得られなかった」との記述は誤りである。　5．誤り。2019年に開かれたG20大阪サミットにおいて海洋プラスチックごみについての諸問題が議題になったことについては正しい。一方，日本では，容器包装リサイクル法が初めて制定されたのは平成7年（1995年）であるから，「それ（のG20大阪サミット）を受けて……初めて制定」との記述は誤りである。なお，この法律が本格的に施行されたのは平成9年（1997年）であり，その後改正が重ねられた。

31 2

解説　1．誤り。Society 4.0が情報社会であり，Society 5.0はサイバー空間（仮想空間）とフィジカル空間（現実空間）を高度に融合させたシステムにより，経済発展と社会的課題の解決を両立する，人間中心の社会（Society）である。よって，「工業社会を意味するSociety 4.0に続く情報社会を意味する」との記述は誤りである。　2．正しい。2022年におけるICTの市場規模は，支出額ベースで27.2兆円であり，前年比5.2％の増加であった。なお，ICTとは，「Information and Communication Technology」の略であり，通

信技術を活用したコミュニケーションを意味する。　3．誤り。テレワークを導入している企業は，2021年51.9％，2022年51.7％であり，ほぼ横ばいであった。よって，「2021年から2022年にかけて，その割合は10％以上増加した」との記述は誤りである。　4．誤り。ICT関連の財・サービスの貿易額は2021年の名目値で，輸入が19.2兆円，輸出が12兆円であるから，「輸出額が輸入額を大きく上回る」との記述は誤りである。　5．誤り。令和5年版の情報通信白書には，パーソナルデータの活用について，「我が国の企業でもデータの活用が進展する一方，諸外国の企業と比較するとその活用状況は低調」などとしている。よって，「欧米各国と比較するとその活用が急速に進んだ」との記述は誤りである。

32　3

解説　1．誤り。令和3年度の概算医療費は44.2兆円であり，対前年比で4.6％増加した。なお，概算医療費とは，医療費の動向を迅速に把握するために，医療機関からの診療報酬の請求（レセプト）に基づいて，医療保険・公費負担医療分の医療費を集計したものであり，労災・全額自費等の費用を含まず，国民医療費の約98％に相当する。　2．誤り。令和3年度の概算医療費の内訳を診療種類別にみると，「入院」17.6兆円（構成割合 39.8％）が最大であり，「入院外」15.3兆円（34.6％），「調剤」7.8兆円（17.5％），「歯科」3.1兆円（7.1％）が続く。よって，「『入院外』が最大であり，『調剤』，『入院』がそれに続く」との記述は誤りである。　3．正しい。「令和4年版厚生労働白書」に示された記述の一部である。なお，ここに示された推計によれば，2029年頃に需給が均衡する。　4．誤り。看護職員の就業者数は，新規養成・離職防止・復職支援の取組により増加しており，1989年12月時点で80万2,299人であったのに対し，2019年12月時点では168万3,295人であった。5．誤り。「原則70歳以上」を「原則75歳以上」とすると正しい記述になる。後期高齢者医療制度の対象となる高齢者は，個人単位で保険料を支払う。

33　5

解説　1．誤り。「経済産業省」を「国土交通省」とすると正しい記述になる。　2．誤り。UNWTO（国連世界観光機関）によると，2021年の外国人旅行者受入数については，日本は25万人でランキング（30位まで）外となり，

2020 年の世界21位（アジアで5位）から順位を下げた。　3.　誤り。2023年版の「観光白書」によれば，「2020 年からインバウンド需要はほぼ蒸発」とされており，「インバウンド需要が悪影響を軽減することに貢献した」との記述は誤りである。なお，インバウンド（Inbound）とは，外国人が訪れてくる旅行のことである。この時期，度重なる緊急事態宣言やまん延防止等重点措置による行動制限に伴い国内旅行も大きく減少となるなど，新型コロナウイルス感染拡大は，観光関連産業に甚大な影響を与えた。　4.　誤り。2022年の訪日外国人旅行者数を国・地域別にみると，アジア主要市場からの訪日外国人旅行者数は279.1万人となり，全体の72.8％を占めた。その中でも，韓国は101.3万人であり，全体の26.4％を占めた。それに対し，アメリカからの訪日人数は32.4万人であり，8.4％である。なお，アジア主要市場は，2023年時点において，韓国，中国，台湾，香港，タイ，シンガポール，マレーシア，インドネシア，フィリピン，ベトナム及びインドを指す。　5.　正しい。2021年の各国・地域の国際観光収入は，日本は47億ドルで29位（アジアで6位）となり，2020年の15位（アジアで4位）から順位を下げた。なお，トップ3は，米国が702億ドルで1位，フランスが406億ドルで2位，スペインが345億ドルで3位である。

社会科学　　歴 史

||||||||||||||||||||||||||　POINT　||||||||||||||||||||||||||

日本史：日本史の対策としては以下の3点が挙げられる。

　　まず，高校時代に使用した日本史の教科書を何度も読み返すことが必要となってくる。その際，各時代の特色や歴史の流れを大まかにつかむようにする。その上で，枝葉にあたる部分へと学習を進めていってもらいたい。なぜなら，時代の特色や時代の流れを理解することで，それぞれの歴史事象における，重要性の軽重を判断できるようになるからである。闇雲に全てを暗記しようと思っても，なかなか思うようにはいかないのが実情であろう。

　　次に，テーマ別に整理し直すという学習をすすめる。高校時代の教科書はある時代について政治・社会・文化などを一通り記述した後に，次の時代に移るという構成になっている。そこで各時代のあるテーマだけを順にみてその流れを整理することで，分野別にみた歴史の変化をとらえやすくなる。そうすることで，分野別に焦点化した歴史理解が可能となろう。

　　最後に，出題形式からみて，空欄補充や記述問題にきちんと答えられるようになってもらいたい。空欄補充問題や記述問題に答えられるようになっていれば，選択問題に答えることが容易となる。難易度の高い問題形式に慣れていくためにも，まずは土台となる基礎用語の理解が不可欠となってくる。

世界史：世界の歴史の流れを理解し，歴史的な考え方を身につけることが「世界史」を学習する上で最も重要となってくる。しかし，広範囲にわたる個々ばらばらの細かい歴史的事項を学習するだけでは，「世界史」が理解できたとは言えない。それぞれの歴史的事項が，どのような背景や原因で起こり，どのような結果や影響を与え，また他地域との結びつきはどうだったのかなど，世界の歴史の大まかな流れと全体のメカニズムについて理解するよう努めたい。そうすることが，世界史の試験対策となる。

　　特に，日本と世界の結びつきについては，各々の時代背景を比較しながら理解することが必要である。また，近現代が重視されるのは，現代の社会の形成に直接的に影響を与えているからである。その観点から考えると，

近現代の出来事を理解するとともにその影響についても考察し，現在の社会といかなるかかわりを持つのか，把握することも必要となってこよう。

狙われやすい! 重要事項

☑ 江戸時代の幕藩体制～現代までの日本の変遷
☑ 産業革命
☑ 市民革命
☑ 第一次世界大戦～現代までの世界の変遷
☑ 中国王朝の変遷

《 演 習 問 題 》

1 日本の歴史上の著名な人物に関する記述として，妥当なものはどれか。

1 藤原不比等の功績として，平城京の建設への参加，大宝律令の編纂への尽力などが挙げられ，その時期は律令国家の形成時期に一致する。彼の娘の光明子は聖武天皇の皇后となり，彼自身は人臣としては初の太政大臣になり，後の摂関政治の基礎を築いた。

2 承久の乱で実質的な指揮を執った北条泰時は，初代の六波羅探題となるなど，北条氏の権力確立に尽力した。後に執権として御成敗式目を制定して武家に法の概念を導入し，執権政治を確立させた。

3 徳川家光は，江戸幕府の三代将軍として禁教令を出すことなどを通じて，鎖国政策を完成に導いた。武家諸法度の寛永令の中で参勤交代を制度化し諸大名の負担を増加させて武断政治を推し進めていった。

4 明治政府の初代内務卿であった大久保利通は，殖産興業を推進させるなど，日本の経済の近代化を担った。一方，政治的には，廃藩置県を急速に進めることを主張し，藩の存続を前提とした改革を提唱した木戸孝允の路線と対立した。

5 吉田茂は，太平洋戦争後の保守政権の政治家として，日本の民主化に大きな貢献をした政治家である。サンフランシスコ平和条約を締結して再独立を果たし，日ソ共同宣言に調印してソビエト連邦との戦争状態を終結に導いた。

2 **日本の古代から飛鳥時代にかけての記述として，妥当なものはどれか。**

1　邪馬台国は，小国家の連合体であった。女王卑弥呼は，魏に遣いを送り，対等な外交関係の構築を求めたことが魏の怒りを買い，それ以前に与えられていた親魏倭王の金印を剥奪された。

2　ヤマト政権の政治制度を構築する際，中央と地方の豪族を大王中心の支配下に置くために導入された制度が氏姓制度であった。氏とは家柄や地位を示す称号として大王が与えたものであり，姓とは血縁を中心に構成された集団を指した。

3　聖徳太子は，十七条の憲法において，日本古来の清明心，仏教や儒教の理想などを盛り込みながら，役人の心構えを示した。一方，外交では，小野妹子を隋に派遣し，対等な関係を求めたことが相手側の怒りを買った。

4　大化の改新は，律令制度を整備する重要な契機となった。その急進的な改革に反発した者らによって企てられたのが，乙巳の変であった。

5　天智天皇が死去すると，大友皇子と大海人皇子の間で皇位をめぐる争いが生じ，壬申の乱が起こった。ここで勝利した大友皇子は，飛鳥浄御原宮に遷都した。

3 **平安時代から鎌倉時代にかけての情勢に関する記述として，妥当なものはどれか。**

1　平安時代において，大きな力を発揮したのは藤原氏であった。一族の内外での争いに勝利した藤原道長は，3人の天皇の外戚の地位を利用して，勢力をふるった。

2　平安時代の後期において，退位した天皇が法皇や上皇として権力を誇示する院政がみられた。特に，崇徳上皇は，平清盛や源義朝らと結託し，後白河天皇の勢力を破った。

3　源平の合戦に勝利した源氏は，京都における公家政権を武力によって打ち倒し，武家政権の基礎を築いた。その後，源頼朝が征夷大将軍に任命され，鎌倉幕府を開いた。

4　最初の武家政権である鎌倉幕府は，効果的な統治の仕組みを模索していた。幕府が開かれた当初から，訴訟を担当する雑訴決断所，京都の治安維持を担当する武者所が置かれた。

　5　元寇は，鎌倉幕府後期の基盤を盤石なものとした。一方，御家人の多くがそれを契機に経済力を急速に伸ばし，そのことが幕府の権威を揺るがし，情勢を不安定化させた。

南北朝の争乱及びその前後の歴史に関する記述として，妥当なものはどれか。

　1　後醍醐天皇が始めた建武の新政は，武士の協力なしには成し遂げられなかったため，武士への恩賞を重視する一方，軽視された公家側の不満が一気に高まり，失敗に終わった。

　2　建武の新政の後，後醍醐天皇側が吉野に，足利尊氏側が京都にそれぞれ朝廷を立て，約60年間にわたり南北朝の争乱が続いた。

　3　南朝と北朝が対立している間に，混乱に巻き込まれた多くの守護が没落を余儀なくされた。

　4　南北朝の争乱と前後して，身分が低い者が上位にある者を武力で倒す下剋上の風潮が顕著になったが，このような動きは応仁の乱以降に急速に下火になった。

　5　鎌倉幕府において，本来の将軍の補佐役であった執権が強大な力を発揮したことを教訓として，室町幕府にはそれに類似した役職を置くことは厳禁とされた。

5　**江戸時代の政治に関する記述として，妥当なものはどれか。**

　1　元和の一国一城令は，大名が住む城以外の城は原則として破却させることを定めた法令であり，諸大名を統制する目的を持っていた。

　2　武家諸法度は，江戸幕府の大名に対する基本的な法典であり，徳川家康によって初めて発せられて以来，将軍の代替わりごとに新たに定められた。

　3　幕府の政務全般を担う常設の最高職は大老であり，非常時にはそれと別に老中が置かれた。

　4　寺請制度は，武家の間でキリスト教が広がるのを防ぐために，一定以上の地位を持つ武士を寺に所属させる制度であった。

　5　幕府の統制は学問にも及び，寛政異学の禁により，官学とされた陽明学以外は講義することが禁じられた。

6 **日本の土地制度史に関する記述として，妥当なものはどれか。**

1　新たに開墾した田地についての私有を認めた墾田永年私財法により，資
力のある貴族や豪族らの土地の私有が進み，荘園が成立した。

2　三世一身法は，元正天皇の在位時に出された法であり，既存の灌漑施
設を利用して開墾した田地について，その私有を3代に渡って認めるも
のであった。

3　公地公民は，豪族らの私有地や私有民について朝廷が直接支配とする制
度であり，聖徳太子による憲法十七条においてその導入が明記された。

4　荘園制度の発展に伴い，貴族や有力な寺社は様々な特権を得たが，その
うち，租税を免れる特権は「不入」と呼ばれた。

5　江戸時代の幕藩体制が確立すると，登録した農民に田畑や屋敷の所有を
認め，年貢を納入する責任を負わせる一地一作人の原則が確立された。

7 **明治・大正・昭和初期の恐慌に関する記述として，妥当なものはどれか。**

1　1927年の戦後恐慌では，震災手形の処理をめぐって一部銀行の不良経
営が発覚し，中小銀行の破産，休業が続出した結果，若槻礼次郎内閣
の総辞職の後に，田中義一内閣によるモラトリアムと日本銀行による融
資が大規模に行われた。

2　世界恐慌の時期である1930年に，浜口雄幸内閣が金解禁を断行したこ
とにより，正貨の海外流出や企業の操業短縮と倒産，さらには賃金引
き下げなどを招いて，深刻な恐慌状態を引き起こし，労働争議が頻発す
ることとなった。

3　第一次世界大戦後，ヨーロッパの復興が進み，アジア市場への輸出が伸
び始めたことにより，日本の貿易は輸入超過に転じ，そのことにより国
内の株式市場が大暴落を起こした。

4　1907年に始まった恐慌は，株式会社の設立などにより銀行が企業に会
社設立の資金を融資したものの，大量の資金が回収できないことにより
発生し，株価の暴落，新興企業の解散などが起こった。

5　20世紀初頭から1930年代に度々みられた恐慌の背景には，経済の実勢
を踏まえることなく，アメリカのドルを基軸通貨とする固定為替相場制
や国際金本位制の導入を強行したことの歪みがあった。

8　日本の昭和時代における情勢に関する記述として，妥当なものはどれか。

1　1929年，アメリカの株式市場における株価暴落をきっかけにして，世界恐慌と呼ばれる混乱が広がった。当時の日本は，経済における統制が進んでいたため，その影響は軽微なものであった。

2　陸軍内部の対立は，日本の政治を揺るがす大きな事件のきっかけになった。皇道派と統制派の対立は，1936年に起こった二・二六事件の契機となり，この事件によって，近衛文麿が暗殺された。

3　ポツダム宣言の受諾によって，日本は無条件降伏した。日本の独立を回復したサンフランシスコ講和条約は，ソビエト連邦などとの講和を含まず，アメリカなどとの関係の構築を優先する単独講和を柱とするものであった。

4　1950年に勃発した朝鮮戦争は，日本の政治と経済にも大きな影響を及ぼした。日本は，アメリカの指令の下で警察予備隊を発足させ，部隊を朝鮮半島に派遣した。

5　日本を経済大国に押し上げたのは，高度経済成長であった。その成長に特に貢献したのは，変動為替相場制の下，日本の輸出が飛躍的に拡大したことであった。

9　清朝に関する記述として，妥当なものはどれか。

1　清朝の成立に大きな役割を果たしたのは李自成であり，彼が率いる反乱軍によって明が滅ぼされると，その功績をたたえられて清朝の高官として迎えられた。

2　清朝は安定した体制を構築するために，漢民族に対して一定の地位を与えつつ辮髪を免除するなど，融和的な姿勢を堅持した。

3　18世紀末，農民の貧困化などの社会不安を背景に，四川を中心とした新開地において白蓮教徒の乱が起こり，清朝の体制を大きく揺るがした。

4　清朝は早くからアヘンの吸引や輸入に寛容であったため，そこに着目したイギリスがインド産のアヘンを中国に運ぶ戦略を選び，そのことがアヘン戦争の原因となった。

5　辛亥革命は清側によって速やかに鎮圧され，各省への広がりは避けられたものの，袁世凱が中華民国の建国を宣言し，同氏が初代の臨時大総統に就任した。

10 **19世紀の欧州各国に関する記述として，妥当なものはどれか。**

1　ロシアではアレクサンドル二世により1861年に農奴解放令が発布されたものの，土地の分与が有償であったことなどから，徹底されたものとはならなかった。

2　イギリスでは保守党のグラッドストーンと自由党のディズレイリの二大政治家の下，選挙法が改正されるなど，民主化が進んだ。

3　イタリアではサルデーニャ王国による統一の過程で，ローマ教皇やベネチアも領土を差し出し，平和裏にイタリア王国が成立した。

4　プロイセンではビスマルクの鉄血政策の下，急速に工業化が進み，社会主義者鎮圧法が廃止され，ドイツ帝国の統一が進んだ。

5　アメリカでは自由貿易を求める北部と保護貿易を求める南部の対立が激化し，南北戦争が勃発したために，海外への進出が遅れた。

11 **市民革命に関する記述として，妥当なものはどれか。**

1　イギリスにおいて，国王の持つ権利を制限する内容を含む「権利の請願」は，国王に対して議会が可決した要求である。

2　ピューリタン革命により，王党派と議会派の内戦が終結したことに伴い，国王チャールズ1世は自主的に退位した。

3　アメリカ独立革命は，レキシントンでの衝突が発端となって勃発し，その翌年の1776年，トマス＝ジェファソンらは人権宣言を発表した。

4　フランス革命の直前，シェイエスは，聖職者こそがフランスの担い手たる国民の中心であると述べ，革命の動きに反発した。

5　市民革命とその前後の動きは，身分制を残存させながらも各国で議会の発展を促し，フランスでは模範議会が，イギリスでは三部会が成立した。

12 **朝鮮半島の歴史に関する記述として，妥当なものはどれか。**

1　紀元前1世紀から7世紀にかけて高句麗，百済，新羅の三国が並列した時代を三国時代と呼ぶ。当時の日本のヤマト政権は，高句麗を一貫して支援していた。

2　新羅は，隋との連合に力を注ぎ，白村江の戦いにおいては，両国の連合軍が相手を打ち破った。7世紀には，新羅が朝鮮半島を統一した。

3　10世紀には，高麗が新羅の混乱に乗じて朝鮮半島を統一した。この王朝の下では，官僚体制が整備されたものの，13世紀には元の属国となった。

4　14世紀末には，李舜臣が高麗を滅ぼし，李氏朝鮮を建国した。ハングルの制定などは，この時期に行われた。

5　19世紀の末には，李氏朝鮮において，甲午戦争と呼ばれる反乱がおきた。これは，強権的な王朝に不満を高めた官僚達が中心となった戦いであった。

13　**第一次世界大戦に関する記述として，妥当なものはどれか。**

1　1914年にオーストラリアの皇太子夫妻がセルビアの青年に暗殺されたサラエボ事件をきっかけに，第一次世界大戦が勃発した。この背景には，バルカン半島をめぐるドイツとイギリスの対立などの複雑な要因があった。

2　第一次世界大戦において，開戦時から積極的に参戦していたのはイタリアであった。同国は，当初は三国同盟側に属していたが，1915年にそこから離脱した後は三国協商側として参戦した。

3　第一次世界大戦において，アメリカは，当初，中立の立場をとって参戦しなかった。しかしながら，アメリカ人が多く乗船した船舶がドイツから攻撃されたことなどを受けて参戦し，三国協商側の勝利に貢献した。

4　第一次世界大戦において，日本は日英同盟をもとに参戦した。一方，戦況が複雑化する中で，イギリスは日本に対し，その破棄を通告した。

5　1919年にパリ講和会議が開かれ，ベルサイユ講和条約が締結された。一方，この条約によって成立した国際連盟において，集団安全保障の理念は，時期尚早として採用には至らなかった。

14　**ソビエト連邦の歴史に関する記述として，妥当なものはどれか。**

1　ロシア社会民主労働党は，1903年から実質的な活動を開始するが，プレハーノフらが結成に関わったものの，ソビエト連邦の建国に大きな役割を果たしたレーニンは同党の結党に参加しなかった。

2　第1次ロシア革命は，1905年に起きた運動を指し，労働者による暴動や軍隊の反乱などの発展を受け，当時の政府は，日露戦争において日本との講和を進める一方，勅令によって議会の開設などを約束した。

3　1917年に開かれた憲法制定評議会に先立つ普通選挙において，レーニンが率いるボリシェビキは圧倒的な多数を占め，第2位の社会革命党の議席数を大きく上回った。

4 1933年にアメリカはソビエト連邦を承認したが，これは，他の列強諸国に先立つものであった。

5 第二次世界大戦の終戦直後，ソビエト連邦は，エストニア，ラトビア，リトアニアのバルト三国に対して相互援助条約の締結を強要し，軍を進駐させて占領するとともに，正式にこれらの国を併合した。

《 解 答 ・ 解 説 》

1 2

解説 1. 藤原不比等は7世紀末から8世紀初頭にかけて活躍し，律令国家の建設に重要な役割を果たした政治家である。その意味では平城京への遷都や大宝律令，養老律令の制定に関係したという点は正しい。また，娘の宮子を文武天皇へ，光明子を聖武天皇へと嫁がせたことも事実である。しかし，太政大臣や摂政，関白には就任しておらず摂関政治の基礎を築いたとはいえない。　2. 正しい。北条泰時は13世紀前半に父・北条義時の後を受けて執権政治を確立した武家政治家である。　3. 徳川家光は，祖父・家康，父・秀忠の後を受けて幕藩体制が完成した時期の将軍である。鎖国の完成や参勤交代制の完成など様々な政策が実行されたが，鎖国令とキリスト教の禁止（禁教令）は別物であり，時期的にも区別される。鎖国の完成は家光によるものであり，また，禁教令は秀忠により下された。　4. 大久保利通は薩摩出身で，明治維新初期に日本の近代化に最も貢献した人物の一人である。選択肢の中で，廃藩置県については，木戸孝允が藩の存続を主張して彼と対立した事実はない。　5. 吉田茂は，戦前・戦中には外交官として，戦後は政治家として活躍した。戦後は首相として，日本国憲法の制定，サンフランシスコ平和条約の締結，日米安全保障条約の締結などを行った。しかし，日ソ共同宣言は吉田の後を継いだ鳩山一郎の業績である。

2 3

解説 1. 誤り。女王卑弥呼は，魏に朝貢し，親魏倭王の金印を授かった。2. 誤り。「氏」と「姓」の説明が逆になっている。　3. 正しい。聖徳太子（厩戸王・厩戸皇子）は，推古天皇の摂政になり，当時の政治や外交に多大な功

績を残したとされる。 4．誤り。中大兄皇子と中臣鎌足らによって，蘇我
蝦夷，蘇我入鹿が滅ぼされたのが乙巳の変であり，これに続く一連の改革が
大化の改新である。 5．誤り。壬申の乱で勝利し，飛鳥浄御原宮に遷都し
たのは，大海人皇子であり，673年に天武天皇として即位した。

3 1
解説 1．正しい。藤原氏による摂関政治は，藤原道長，藤原頼道の頃に
最盛期を迎えた。 2．誤り。鳥羽法皇の没後，後白河天皇の勢力が平清盛
や源義朝らと結託し，崇徳上皇の勢力に勝利した。 3．誤り。鎌倉幕府が
成立した当時，京都には公家による政権が存在していた。 4．誤り。武者所
や雑訴決断所は，後醍醐天皇による建武の新政によって置かれたものである。
5．誤り。元寇により，鎌倉幕府の基盤は大きく揺らいだ。特に御家人の窮乏
は深刻なものであり，所領を手放す例も相次いだ。

4 2
解説 1．建武の新政が失敗に終わった主要な要因は，公家を重視する姿
勢に対して武士が反発したことにある。 2．正しい。吉野と京都の朝廷が激
しい政争を繰り広げた。 3．南北朝の争乱時に，守護は地頭や荘官などを従
えながら力を急速に付けて，守護大名化していった。 4．下剋上の風潮はむ
しろ応仁の乱以降に顕著になった。 5．室町幕府には，将軍の補佐役とし
て，鎌倉幕府の執権にあたる「管領」の役職が置かれた。

5 1
解説 1．正しい。原則として，大名の居城以外の城はすべて破却させられ
た。 2．誤り。最初の武家諸法度は，徳川秀忠による元和令である。 3．誤
り。政務を担う常置の最高職は老中であり，非常時にはその上に大老が置かれ
た。 4．誤り。寺請制度が対象としていたのは，一般民衆であった。檀家と
して民衆を所属させ，キリシタンでないことを証明させた。 5．誤り。官学と
されたのは，陽明学ではなく朱子学である。

6 1

解説 1. 正しい。743年に出された墾田永年私財法についての記述である。　2. 誤り。723年に出された三世一身法についての記述であるが，「既存の灌漑施設を利用して」の部分を「新たに灌漑施設を作って」とすると正しい内容になる。選択肢のように既存の灌漑施設を利用して開墾した土地の私有が認められるのは1代限りである。　3. 誤り。公地公民の制度についての記述は正しいが，これが示されたのは，645年の「乙巳の変」の翌年に発布された「改新の詔」においてである。　4. 誤り。「不入」を「不輸」とすると正しい記述になる。「不入」とは，検田使などの役人の立ち入りを認めない権利である。租税を免れる「不輸」と合わせて，「不輸・不入の権」と呼ばれる。5. 誤り。一地一作人の制度についての説明は正しいが，これが確立したのは，豊臣秀吉が太閤検地を行った際である。

7 2

解説 1. 金融恐慌に関する記述である。　2. 正しい。昭和恐慌に関する記述である。　3. 戦後恐慌に関する記述である。　4. 選択肢の記述は1890年の恐慌に関するものである。1907年の恐慌は日露戦争の反動によって起きた恐慌である。　5. アメリカのドルを基軸通貨とする固定為替相場制と，国際金本位制の導入が行われたのは，1944年のブレトンウッズ協定である。

8 3

解説 1. 誤り。世界恐慌による混乱は，日本経済にも大きな影響を与えた。　2. 誤り。二・二六事件で暗殺されたのは高橋是清などである。他の記述については正しい。　3. 正しい。日本国内では，戦争当事国のすべてと講和すべきとする全面講和と，アメリカなどとの講和を優先する単独講和・片面講和の路線対立がみられたが，サンフランシスコ講和条約は，後者の立場に立つ条約であった。　4. 誤り。朝鮮戦争を契機に警察予備隊が結成されたが，朝鮮半島に派遣されたという事実はない。　5. 誤り。輸出の伸びが高度経済成長に一定の貢献をした点は正しい。ただし，固定為替相場制の下，1971年まで為替レートは，1ドル＝360円に固定されていた。

9 3

解説 1．誤り。李自成が明を滅ぼしたという点は正しいが，彼は呉三桂と清軍に討たれ，自殺に追い込まれた。 2．誤り。清朝は，漢民族に対して中央管制の要職を一定数あたえつつも辮髪を強制し，清王朝に反するとみなす思想を取り締まるなど，厳しい統制を堅持した。 3．正しい。約8年続いた白蓮教徒の乱は，清朝の財政を悪化させた。 4．誤り。清朝では，早くからアヘンの吸引や輸入を禁止していた。 5．誤り。1911年に始まった辛亥革命は各省に広がり，革命軍は孫文を臨時大総統に選出し，中華民国の建国を宣言した。袁世凱は，当初清側から起用されたものの，やがて清を見限り，臨時大総統の地位を譲り受けた。

10 1

解説 1．正しい。農奴解放がロシアの近代化の第一歩となったのは確かである。ただし，土地の分与が有償であり，ミールという農村共同体に土地が引き渡されることが多く，農民は長い間ここに拘束された。つまり，実際の解放が進んだとは言い難い。 2．グラッドストーンが自由党，ディズレイリが保守党の代表的政治家である。前者は植民地放棄主義に立ち，後者は帝国主義を目指していた。 3．サルデーニャの統一は決して平和的に進んだわけではなく，時に戦争，時に国民投票などさまざまな方法がとられた。とくにローマ教皇は抵抗し，「バチカンの囚人」と自称して王国政府と対立した。 4．鉄血政策の結果，工業化も進んだが，その過程で貧富の差も拡大した。そこで，社会主義が広まったために，ビスマルクは社会主義者鎮圧法を制定したのである。しかしこの法律は，ビスマルクと対立したヴィルヘルム二世により廃止される。 5．北部は，遅れた工業を発展させるために保護貿易を求め，南部は，綿花を中心とする農業における労働力を確保するために奴隷制が拡大された。

11 1

解説 1．正しい。「権利の請願」には，課税を含む国王の権利を制限する内容を含み，1628年に可決された。 2．誤り。国王チャールズ1世は処刑されたので，自主的に退位したとの記述は誤りである。ピューリタン革命の際，クロムウェルは王党派と議会派の内戦を終結させるとともに，国王を処刑し

て共和政を樹立した。　3. 誤り。「人権宣言」を「(アメリカ) 独立宣言」とすると正しい記述になる。「(フランス) 人権宣言」は，フランス革命の際，ラファイエットらによって起草された。　4. 誤り。シェイエスは，フランス革命の直前に『第三身分とは何か』を著し，第三身分たる平民こそが真の国民であることを主張し，革命に大きな影響を与えた。　5. 誤り。「模範議会」と「三部会」を入れ替えると正しい記述になる。なお，1789年，フランスの三部会では，平民の議員らは，平民による議会こそが国民議会であると宣言した。

12　3

解説　1. 誤り。ヤマト政権が支援したのは，百済である。　2. 誤り。隋を唐とすると正しい記述になる。なお，ここでいう「相手」とは，当時の日本である。　3. 正しい。高麗は，元の属国になるのに先立ち，五代・宋・遼・金に服属した。　4. 誤り。李舜臣を李成桂とすると正しい記述になる。李舜臣は，豊臣秀吉の出兵の際に活躍した将軍である。　5. 誤り。19世紀末に李氏朝鮮において勃発したのは甲午農民戦争であり，これはその名の通り農民による反乱であった。

13　3

解説　1. 誤り。第1文については正しい。第2文については，バルカン半島を勢力圏に組み入れようとして対立していたのはドイツとロシアである。2. 誤り。イタリアは，開戦当初中立を宣言し参戦しなかったので，「開戦時から積極的に参加」という記述は誤りである。一方，第2文については正しい。3. 正しい。第一次世界大戦は，三国協商と三国同盟の対立を特徴としていた。なお，三国協商はイギリス，ロシア，フランスによる陣営であり，三国同盟はドイツ，オーストリア，イタリアによる同盟であった。ただし，イタリアは，三国同盟を離脱し，三国協商側に参戦した。この大戦において勝利したのは三国協商側であった。なお，戦争中，ウィルソン大統領が提唱した「14ヵ条の平和原則」は，その後の国際社会に大きな影響を与えた。　4. 誤り。第1文については正しい。第2文については，第一次世界大戦時にイギリスが日英同盟の破棄を通告したという事実はない。第一次世界大戦の終戦は1918年であるが，この同盟が事実上失効したのは1923年である。　5. 誤り。第1文については正しい。第2文については，国際連盟において，集団安全保障が採用

されたので誤りである。集団安全保障とは，侵略等の行為を違法とし，違反した国に共同で制裁を加えることによって，平和の回復や維持をはかる理念である。

14 2

解説 1．誤り。ロシア革命への動きにおいて，重要な役割を果たしたのがロシア社会民主労働党であった。その結成において，プレハーノフらに加えて，ソビエト連邦の成立にあたり，重要な役割を果たした人物であるレーニンも参加していた。　2．正しい。1905年1〜9月に第1次ロシア革命が起こり，同年，政府は日本と講和するとともに，「十月宣言」によって議会を開設する旨を約束した。　3．誤り。1917年に開かれた憲法制定評議会に先立つ普通選挙において，第1党となったのは社会革命党であり，レーニンが率いるボリシェビキは第2位の議席数にとどまった。　4．誤り。1933年にアメリカがソビエト連邦を承認した点は正しいが，他の列強諸国の中で最も遅いものであった。　5．誤り。ソビエト連邦が，エストニア，ラトビア，リトアニアのバルト三国に対して相互援助条約の締結を強要し，軍を進駐させて占領したのは1939年であり，正式に併合したのは翌1940年であった。一方，第二次世界大戦の終戦は1945年であるから，これらの動きを「第二次世界大戦の終戦直後」とする記述は誤りである。

社会科学　地　理

||||||||||||||||||||||||||||||||| POINT |||||||||||||||||||||||||||||||||

地図と地形図：地理において地図と地形図は，頻出事項の分野である。まず地図の図法は，用途と特徴を確実に把握し，地形図は，土地利用や距離などを読み取ることができるようになる必要がある。

世界の地形：地形に関する問題は，かなり多く取り上げられる。地形の特色・土地利用・その代表例は押さえておきたい。また，大地形・沈水海岸・海岸地形なども，よく理解しておくこと。試験対策としては，地形図と関連させながら，農業・工業とのかかわりを整理しておくとよい。

世界の気候：気候に関しては，ケッペンの気候区分が最頻出問題となる。次いで農業とのかかわりで，土壌や植生の問題も出題される。気候区の特徴とその位置は明確に把握しておこう。気候区とあわせて土壌・植生なども確認しておくことも大切である。

世界の地域：アメリカ合衆国は，最大の工業国・農業国であり，南米やカナダとのかかわりを問う問題も多い。また，東南アジア，特にASEAN諸国での工業・鉱物資源などは広範に出題される。EU主要国に関しては，できるだけ広く深く学習しておく必要がある。資源・農業・工業・交通・貿易など総合的に見ておこう。

日本の自然：地形・気候を中心とした自然環境は頻出である。地形や山地・平野などの特徴は理解しておきたい。

日本の現状：農業・工業などに関する問題は，今日本が抱えている問題を中心に整理するとよい。農産物の自由化が進み，労働生産性の低い日本の農業は，苦しい状況に追い込まれている。工業においては，競争力を維持していく手段を選んでいかざるを得ない状況に陥っている。環境問題も大きな課題である。このような時事的な繋がりのある問題を取り上げた出題にも対処する必要がある。

☞ 狙われやすい！ **重要事項** ⋯⋯⋯⋯⋯⋯⋯⋯⋯⋯⋯⋯⋯⋯⋯⋯⋯⋯⋯

☑地図・地形
☑土壌・環境・気候
☑人種・民族
☑人口・交通
☑アジア・オセアニア
☑ヨーロッパ
☑南北アメリカ
☑アフリカ

《　**演 習 問 題**　》

1　次のⅠ，Ⅱ，Ⅲは，我が国にみられる海岸地形に関する記述であるが，A～Dに当てはまるものの組合せとして最も妥当なものはどれか。

Ⅰ：氾濫原とは，河川の氾濫で運ばれた堆積物によって形成された　A　のことであり，氾濫原の微高地を自然堤防といい，集落や畑地が立地しているのが特徴である。

Ⅱ：フィヨルドとは，氷河が流れ下るときに斜面を削り取って作った　B　に海水が入って形成された地形であり，ノルウェーやチリ南部などでみられる。

Ⅲ：　C　は石灰岩地域が雨水の溶食によって作られた地形のことであり，この溶食によってすり鉢状の凹地の　D　や，鍾乳洞などが形成される。

	A	B	C	D
1	高地で起伏に富む土地	デルタ	カルスト地形	ドリーネ
2	高地で起伏に富む土地	デルタ	フィヨルド	エスチュアリー
3	高地で起伏に富む土地	V字谷	後背湿地	カルデラ
4	平坦で低い土地	U字谷	カルスト地形	ドリーネ
5	平坦で低い土地	U字谷	フィヨルド	エスチュアリー

2 ケッペンの気候区分に関する記述として，正しいものはどれか。
1　高山気候（H）は，気温と気圧がともに低く，気温の日較差が大きい一方，年較差は小さい。
2　ツンドラ気候（ET）の特徴として，年間を通じて永久凍土のすべてが凍ったままの状態を維持することが挙げられる。
3　地中海性気候（Cs）は，夏に高温で多くの雨が降り，冬は温暖であるが偏西風の影響で乾燥した風が吹くことが多い。
4　砂漠気候区の周辺にみられるステップ気候（BS）には短い乾季と長い雨季があり，ステップと呼ばれる草原が広がる。
5　赤道付近にみられる熱帯雨林気候（Af）は，年中高温多雨であり，1日中ほぼ一定の高温を維持するため気温の日較差は小さい。

3 世界の河川に関する記述として，妥当なものはどれか。
1　アマゾン川は，アンデスの雪解け水などを水源とし，ブラジルと周辺の熱帯雨林を流れ，太平洋に注ぐ世界で最大規模を誇る河川である。
2　インダス川は，チベット高原の西部を源流とする南アジアの河川であり，パキスタンを流れてアラビア海に注いでいる。
3　チャオプラヤ川は，チベット高原の東部を源流とし，インドシナ半島を流れ，南シナ海に注ぐ河川であり，その長さは，東南アジア最長である。
4　ドナウ川は，ロシアを含む欧州における最も長い川であり，ドイツ南部に端を発し，黒海に注ぐ国際河川である。
5　長江は，中国において黄河に次ぐ大河であり，青海省を源流とし，山東省に大きなデルタ地帯をつくり，渤海に注いでいる。

4 日本の農業に関する記述として，妥当なものはどれか。
1　第二次世界大戦後に実施された農地改革において自作農が創設された際，政府は同時に農業の大規模化をはかったため，零細農家が激減した。
2　1994年まで，農業を本業としつつ世帯内に農業以外の仕事に従事する者がいない農家は専業農家と呼ばれ，近郊農業を営む関東地方に比較的多かった。
3　麦類の生産は全国的に減少傾向にあり，21世紀に入り，小麦の国内生産量が10万トンを下回る状況が続いた。
4　日本における果実の自給率については，半分を割り込む状況が続いているものの，1980年度には7割を上回っていた。

5　飼育している乳用牛の頭数については，北海道が多いものの，その差は縮小しつつあり，2位の県との差は，2倍を下回っている。

5　**アメリカの産業と貿易に関する記述として，妥当なものはどれか。**

1　アメリカは，豊富な資源と広大な国土を生かして，工業を大きく発展させてきた。一方で，農業生産物についても，国内消費の多くを輸入に頼る小麦やコメを除いて，多くの品目が輸出量において上位を占めている。

2　アメリカは，日本にとって重要な貿易相手国である。アメリカから日本への輸出品目をみると，機械類，航空機類，医薬品，科学光学機器の次に肉類が上位に入るなど，農産物についても一定の割合を占めている。

3　アメリカは，有数の工業国として知られる。そのため，機械類と自動車についてみると，ともに輸出額が輸入額を大きく上回っている。

4　アメリカ南東部に位置するフロリダ半島は，湖沼や低湿地が多い地域である。果実の栽培には適さないものの，小麦やコメなどの穀物の生産や，観光が大きな産業となっている。

5　アメリカには，農産物について，特定の作物の比重が高い地域がある。例えば，ミシシッピ州とジョージア州に広がるのはコーンベルト，中西部に広がるのはコットンベルトである。

6　**地図の図法と特徴に関する記述として，妥当なものはどれか。**

1　正距方位図法は，図の中心から見た方位と距離が正しく表された図法であり，地表における2点間の最短経路は弧状に描かれる。

2　モルワイデ図法は，緯線が楕円曲線で描かれる一方，経線が平行線で表現されることを特徴とする図法であり，他の図法では歪みを生じやすい高緯度にある陸地の形をより正しく表現できる。

3　ミラー図法は，低緯度と高緯度を異なる図法で描き，それらを組み合わせることによって作られることが特徴であるが，大陸のひずみを少なくするために，大洋部分についてはあえて断裂される。

4　ヴィンケル図法は，赤道を除き，緯線，経線ともに曲線で描かれる特徴があるものの，陸地の形状の歪みが大きくならざるを得ない特徴がある。

5　メルカトル図法は，経線と緯線が直角に交わるように描かれた図法であり，高緯度ほど面積や距離が拡大されるものの，等角航路が直線で示される特徴を生かし，海図として用いられている。

7 **東南アジアに関する記述として，正しいものはどれか。**

1　フィリピン共和国は，かつてスペイン，その後，アメリカの植民地になった経緯を持ち，アメリカの影響から主要な宗教はプロテスタントで，公用語は英語となっている。国民の多くが英語を使用できることから，外国企業の進出，フィリピン人の国外への出稼ぎがともに増加している。

2　ベトナム社会主義共和国は，かつてフランスの植民地となり，太平洋戦争直前には日本に占領された。戦後は，インドシナ戦争・ベトナム戦争を経て社会主義国として統一国家となり，21世紀に入ってもソビエト連邦型の計画経済を採用し，経済は順調に発展している。

3　シンガポール共和国は，かつてマレーシア連邦の構成国だったが，そこから独立して成立した。その地理的な条件から，中継貿易が盛んであり，アジアNIESの一員として発展を遂げ，現在ではアジアの金融センターとしての機能も持っている。

4　典型的な多民族国家であるマレーシアは，かつてイギリスの植民地となり，太平洋戦争時は日本に占領された。20世紀以降，政治的及び経済的に，各民族の平等を大原則とする政策を採っている。

5　タイ王国は，イギリスとフランスとの緩衝国として独立を維持した。周辺国が植民地化となり，宗主国からプランテーションを強制されたので，それらの地域に米を輸出するため稲作が盛んになったため，近年でもタイの総輸出額の第一位の品目は米である。

8 **南アフリカ諸国に関する記述として，正しいものはどれか。**

1　アンゴラ共和国は，ポルトガルから独立した後，東西冷戦に巻き込まれたため，激しい内戦が発生した。内戦終結の後は，石油を基幹産業として経済的に発展したが，2016年時点においてOPECには加盟していない。

2　ザンビア共和国は，アフリカ中南部に位置する内陸国で，隣国のコンゴ民主共和国との国境沿いにて鉄鉱石の大鉱脈が存在している。この鉄鉱石を輸出するために，インド洋に向けてタンザン鉄道が敷設されている。

3　ナミビア共和国は，第二次世界大戦後南アフリカが不法占拠していたが20世紀の末期に独立を達成した。その国土には沖合の暖流であるベンゲラ海流の影響により，広大なナミブ砂漠が広がっている。

4　ボツワナ共和国は，国土の大部分がカラハリ砂漠からなる内陸国である。

古くからの牧畜に加えニッケルやコバルトなどのレアメタルの産出も多く，さらに，ダイヤモンドに関しては世界有数の産出量を誇る。

5 南アフリカ共和国は，イギリス系やオランダ系に支配された国である。その支配者階級の白人が黒人などを様々な形で差別をするアパルトヘイトを行っていたが，20世紀の後半に廃止され，人種間の差別や格差は解消された。

9 **世界の貿易の動向に関する記述として，妥当なものはどれか。**

1 世界貿易機関（WTO）は，GATT（関税と貿易に関する一般協定）を格上げする形で発足した。発足当初，ルールの明確化や紛争処理能力の点で，大幅に後退したことが批判の対象となった。

2 21世紀に入り，世界の貿易の構図は大きく変化した。世界の輸出額に占める割合で比較すると，日本の相対的な地位が低下する一方で，中国の貿易額は著しく増加した。

3 日本の貿易相手国については，21世紀に入り大きく変化した。長い間アメリカが日本にとっての最大の貿易相手国であったが，近年では，輸出入ともに中国が1位となった。

4 貿易の動向は，各国の国民所得などに大きな影響を与える。貿易収支について比較すると，ドイツやイタリアが赤字なのに対して，イギリスやフランスは黒字が続いている。

5 貿易依存度を輸出の面からみると，比較的大きな国としてアメリカ，ブラジル，インドが挙げられる。逆に，比較的小さな国としてベルギー，オランダ，ドイツが挙げられる。

10 **世界遺産に関する記述として，妥当なものはどれか。**

1 世界遺産条約は，1972年に国際連合総会において採択され，1978年以降に登録が始まって以降，登録された遺産の数が増え続けている。

2 世界遺産は，自然遺産，文化遺産，複合遺産に分けられ，そのうち，文化遺産については，移動が可能な不動産も含まれている。

3 世界遺産として初めて登録が行われたのは，ガラパゴス諸島，アメリカのイエローストーン，エクアドルのキト市街地など，12件である。

4 南アフリカの人類化石遺跡群は，世界遺産の登録地の1つであり，クロマニョン人の化石が初めて発見されたことで知られている。

5　サン・シモンが理想とした社会を体現したものとしても知られるニューラナーク紡績工場と工業団地の跡は，21世紀の初頭に世界遺産に登録された。

|11|　**日本の地形に関する記述として，妥当なものはどれか。**

1　日本最大の湖である琵琶湖は，断層運動を原因とした陥没によって生じた凹地に水が溜まることによって形成された断層湖である。

2　海底において，比較的規模の大きな隆起が細長く続く地形はトラフと呼ばれ，日本の南海トラフは大地震の震源となる可能性が大きいことが指摘されている。

3　千葉県北部に広がる下総台地は，関東ローム層の上に更新世の浅海性堆積物が重なってできた台地である。

4　河床面が周囲の平野面より高い河川は天井川と呼ばれるが，日本の川ではみられない地形である。

5　起伏の規模が大きい山地が海面下に沈むことによってできる海岸がリアス式海岸であり，三陸海岸では，宮古より北側において典型的な地形である。

|12|　**日本の各地の産業についての説明A～Cとそれに対応する都市名の組み合わせとして，妥当なものはどれか。**

A　沿岸部の埋立地には鉄鋼所や石油コンビナートが見られ，内陸部において機械工業が発達している。形成された工業団地には，先端技術を担う産業や研究開発機関が立地している。

B　古くからの絹織物で知られ，繊維，化学，機械，食品工業などが発達している。

C　東アジアへの玄関口の一つとして重要な役割を果たし，印刷，電機，食品加工などの都市型の工業とともに，先端技術産業も立地している。

	A	B	C
1	福岡市	福井市	川崎市
2	福岡市	川崎市	福井市
3	福井市	福岡市	川崎市
4	福井市	川崎市	福岡市
5	川崎市	福井市	福岡市

13 **中国における各民族に関する記述として，妥当なものはどれか。**

1 漢民族は，人種的にはモンゴロイドに属し，早くから王朝を建て，漢字を発明し，独自の文化・制度を発展させた民族とされ，人口の約半数を占める。

2 ウイグル族は，トルコ系の民族であり，アラビア語をもとにした文字を用い，イスラーム教の信者が多い。

3 モンゴル族は，主に牧畜を中心とした生活を営んでおり，高地の山岳地帯においてゲルと呼ばれるテントに居住する者が多い。

4 チョワン族は，中国南東部のベトナムとの国境付近に多く住み，その宗教については，多くの者が祖霊信仰や祖先崇拝を基にした信仰を持つことから，仏教や道教など中国において比較的信者の多い宗教を頑なに拒んできた。

5 チベット族は，標高が低く湿潤を特徴とする地域に多く住み，仏教を信仰し，サンスクリット文字をもとにした表音文字を用いている。

《 解 答 ・ 解 説 》

1 4

解説 Ⅰ：氾濫原は，河川の流水が洪水などによって河道から流出し，一面に氾濫することで作られる低平地である。自然堤防の背後には，後背湿地が形成され，これは主に水田として利用される。 Ⅱ：フィヨルドは沈水海岸に分類される。沈水海岸の代表的なものとして，フィヨルドの他に，リアス式海岸，三角江（エスチュアリー）がある。デルタとは，河川が運搬してきた砂や粘土が河口付近に堆積して形成される低平地のことである。 Ⅲ：カルスト地形は，日本では主に山口県秋吉台に見られる。カルデラは，火山の爆発や陥没によって形成されるすり鉢状の窪地である。

2 1

解説 1．正しい。高山気候（H）の地域の例として，アンデス山脈が挙げられる。 2．ツンドラ気候（ET）は，永久凍土が全面的に凍ったままではなく，短い夏の間に永久凍土の表面が解け，コケ類などが生育する。 3．地中

海性気候（Cs）の特徴として，夏は高温で乾燥する一方，冬は偏西風の影響により温暖であり，かつ湿潤であることが挙げられる。　4．ステップ気候の乾季は長く，雨季は短い。　5．熱帯雨林気候（Af）は，年中高温多雨であるが，気温の日較差は大きい。

③ 2

解説　1．誤り。「太平洋」を「大西洋」とすると正しい記述になる。　2．正しい。インダス川は，南アジアを流れる大河であり，流域で古代の都市文明が発展したことでも知られる。　3．誤り。チャオプラヤ川ではなく，メコン川についての記述である。チャオプラヤ川は，バンコクなどを流れるタイ国内最大規模の河川である。　4．誤り。ヨーロッパ最長の河川はヴォルガ川である。　5．誤り。「長江」と「黄河」を入れ替えると正しい記述になる。

④ 4

解説　1．誤り。地主の土地を政府が買い上げ，小作農に売り渡したことによって，農業経営における零細性が固定化された。　2．誤り。専業農家は，北海道や九州地方に多かった。なお，1995年以降の分類では，農業からの収入が半分以上であり，65歳未満で農業に従事する日が60日以上の者がいる農家は，主業農家と呼ばれる。　3．誤り。2021年のデータによれば，小麦の生産量は約110万トン，麦類全体では130万トンを超えている。　4．正しい。果実の自給率は，2020年度は37％，1980年度は74％であった。　5．誤り。2021年のデータによれば，乳用牛の頭数の全体に占める割合は，1位の北海道が61.2％，2位の栃木が3.9％である。

⑤ 2

解説　1．誤り。アメリカの農産物の輸出については，小麦が2020/21年度時点で世界第2位，コメについては世界第5位である。なお，他に輸出量において上位を占める品目として，大豆やとうもろこしが挙げられる。　2．正しい。農産物の中で，アメリカからの輸入が多い品目の例として，肉類，とうもろこし，大豆などが挙げられる。　3．誤り。輸出品目の中で，機械類や自動車の割合が大きいが，いずれも輸入額の方が上回っている。　4．誤り。フロリダは，オレンジやグレープフルーツなどの果実の生産が盛んである。

5. 誤り。コーンベルトとコットンベルトの記述が逆である。なお，コーンベルトはトウモロコシ地帯であり，コットンベルトは綿花地帯である。

6 5

解説 1. 誤り。正距方位図法の地図において，2点間の最短経路は直線で描かれる。　2. 誤り。緯線と経線を入れ替えると，正しい記述になる。3. 誤り。ミラー図法ではなく，グード図法についての記述である。ミラー図法は，メルカトル図法を修正して南極・北極に近い地方を地図上に表せるようにした図法である。　4. 誤り。ヴィンケル図法は，陸地の形の歪みが比較的小さい特徴がある。　5. 正しい。

7 3

解説 1. フィリピンが米国の影響にあって英語を公用語としているのは正しい。しかし，16世紀の大航海時代以来スペインに支配されてきたため，米国に多いプロテスタントではなくカトリックが国民の多数を占めている。2. ベトナムは太平洋戦争以前からホー・チ・ミンの指導の下，社会主義を標榜する勢力が拡大し，それが戦後のベトナム戦争の遠因となったという点は正しい。ただし，20世紀の末からドイ・モイとよばれる市場経済を導入しており，この経済体制は，ソビエト連邦型の計画経済とはいえない。　3. 正しい。シンガポールは国土も狭く，資源もほとんどないことから建国当初から貿易・工業・金融を経済の要としてきた。結果，現在ではNIES諸国の中でも最も一人当たりの国民総所得が高くなっている。ちなみに，日本よりも一人当たりの国民総所得は高く，経済的には極めて豊かな国となっている。4. マレーシアは，もともとシンガポールと連邦を構成していた。マレーシアの連邦政府が，マレー人を優遇するブミプトラ政策を続けた結果，民族の対立が高まり，それがシンガポール独立の主要な原因の一つとなった。　5. タイは世界第2位の米輸出国であるが，他の新興国や途上国と同じく，輸出額の第1位は機械である。

8 4

解説 1. アフリカの産油国として，北アフリカ諸国やギニア湾諸国が挙げられる。アンゴラはナイジェリアとともにOPEC加盟国である。　2. 選択肢

に示した地域において大量に算出されているのは，鉄鉱石ではなく銅である。アフリカ大陸はその中央部に広大なコンゴ盆地が存在する。その盆地の南部をみると，コンゴ民主共和国南部のシャバ州からザンビア共和国にかけては「カッパーベルト」と呼ばれる銅鉱が広がり，銅の一大産地となっている。なお，タンザン鉄道は，タンザニアのダルエスサラームとザンビアのカピリムポシを結んでいる。　3．ナミビア共和国にはナミブ砂漠が広がるが，その生成の原因は沖合を流れるベンゲラ海流である。ベンゲラ海流は砂漠を形成する最も著名な寒流のひとつである。寒流は，上昇気流が発生しないことから大気が安定し，少雨となる。一方，暖流は，上昇気流により，雨をもたらす。4．正しい。ボツワナは，アフリカ南部のカラハリ砂漠を含む国であり，レアメタルを産出し，さらに，ダイヤモンドの産出については世界最大級である。5．南アフリカにおいて長く続いた黒人への差別は，民族差別ではなく，人種差別であった。また，アパルトヘイトは，黒人だけではなくあらゆる有色人種を差別する政策であった。制度上は廃止されたものの，実質的な差別や経済格差は残存している。

9　2

解説　1．誤り。WTOの特徴として，GATTと比較するとルールが明確化され，紛争処理能力が向上している点が挙げられる。　2．正しい。世界の輸出貿易に占める主要国の割合を比較すると，2001年は，アメリカ，ドイツ，日本，中国の順であったが，2015年については，中国，アメリカ，ドイツ，日本の順となっている。　3．誤り。日本の貿易相手国については，輸出についてはアメリカが1位，輸入については中国が1位である。　4．誤り。黒字と赤字が逆である。なお，多額の貿易黒字を抱える国としては，中国が挙げられ，貿易赤字が巨額である国としては，アメリカが挙げられる。　5．誤り。「大きな国」と「小さな国」の記述が逆である。ちなみに，ベルギーの貿易依存度を輸出の面からみると，8割を大きく上回っている。なお，貿易依存度は，国内総生産（GDP）に占める輸出入額の割合である。

10　3

解説　1．誤り。世界遺産条約は，国際連合総会ではなく，ユネスコ（国際連合教育科学文化機関）総会において採択された。登録の手続などは，ユ

ネスコにおいて行われる。　2．誤り。世界遺産の分類については正しいが，これらは，移動が不可能な不動産に限られている。　3．正しい。1978年には，他にゴレ島やアーヘン大聖堂などが登録された。　4．誤り。南アフリカにおいて初めて発見されたのは，クロマニョン人ではなく，アウストラロピテクスである。クロマニョン人の化石が発見されたのは南アフリカではなく，南フランスである。　5．誤り。サン・シモンではなく，ロバート・オーウェンとすると，正しい記述になる。イギリス・スコットランドのニューラナーク紡績工場は，2001年に世界遺産に登録された。

11 1

解説　1．正しい。選択肢に示された断層湖は，成因類，つまり形成された原因による分類の1つであり，地盤運動の結果地表に生じた断層盆地内に水がたまってできた湖である。日本における代表的な断層湖として，琵琶湖の他に，諏訪湖などが挙げられる。　2．誤り。海底にみられるトラフは，細長く続く海底の「くぼみ」であり，「隆起」ではない。なお，南海トラフが大地震の震源となる可能性が大きいことが指摘されているという記述は正しい。3．誤り。千葉県北部に広がる下総台地は，更新世の浅海性堆積物によって形成された台地であり，その上を関東ローム層が覆う構造となっている。なお，関東ローム層とは，関東平野の台地や丘陵を広く覆う赤褐色の土壌である。選択肢においては，形成の順序と上下が逆になっている。　4．誤り。天井川とは，河床面が周囲の平野面より高い河川であるという記述は正しいが，日本における天井川の例として，富山県の常願寺川などが挙げられるため，「日本の川では見られない」という記述は誤りである。なお，その形成過程については，堤防内への大量の土砂が堆積すること，扇状地や上流から大量の土砂が供給されることによって生じる。　5．誤り。リアス式海岸についての記述は正しいが，三陸海岸では，宮古より南側においてリアス式海岸が発達している。北側は隆起海岸であり，海岸段丘がみられる。

12 5

解説　日本の各都市における産業についての知識を問う問題である。A：川崎市についての記述である。東京湾に面する神奈川県東部の都市であり，沿岸部の鉄鋼所や石油コンビナート，内陸部の機械工業などから判断で

きる。なお，有数の住宅地としても知られ，東京都に通勤する者も多く住む。
B：福井市についての記述である。福井平野の中央部に位置する都市であり，絹織物や繊維工業などから判断できる。なお，機械工業や食品工業も盛んである。　C：福岡市についての記述である。福岡県北西部で，博多湾に面する都市であり，「東アジアへの玄関口」「都市型の工業とともに先端技術産業も立地」などの記述から判断できる。なお，伝統産業，漁業の拠点としての福岡港，水産加工業などでも知られる。

13 2

解説 1. 誤り。民族についての説明は正しいが，漢民族は人口の9割を超えていることから，「人口の約半数を占める」との記述は誤りである。
2. 正しい。ウイグル族は，新疆ウイグル自治区に住む者が多く，度々中国政府との対立がみられる。主たる居住地は，砂漠と草原が続く乾燥地帯である。
3. 誤り。「高地の山岳地帯において」の部分を「草原地帯において」とすると正しい記述になる。モンゴル族は，モンゴルや中国北部に居住している。
4. 誤り。チョワン族の居住や伝統的な信仰についての記述は正しいが，仏教や道教を受け入れてきたので「中国において比較的信者の多い宗教を頑なに拒んできた」との記述は誤りである。なお，チョワン族は，壮族とも呼ばれている。　5. 誤り。チベット族が住んでいるのは，標高が高く，乾燥したチベット高原であるので，「標高が低く湿潤を特徴とする地域に多く住み」との記述は誤りである。宗教や文字についての記述は正しい。

第3部

教養試験
自然科学

- 数　学
- 物　理
- 化　学
- 生　物
- 地　学

自然科学　　　　　数　学

||||||||||||||||||||||||||||||||||| P O I N T |||||||||||||||||||||||||||||||||||

　数学の分野では，高校までの学習内容が出題される。教科書に出てくる公式を覚えるだけではなく，応用問題への対応が必要となる。以下に示す単元ごとの最重要事項を確実に押さえ，本書でその利用法を習得しよう。

　「数と式」の内容では，一見何をしたらよいか分かりづらい問題が出てくるが，「因数分解」，「因数定理」，「剰余の定理」，「相加平均・相乗平均の関係」などを用いることが多い。その他にも，「分母の有理化」や根号，絶対値の扱い方などをしっかり確認しておこう。

　「方程式と不等式」の内容では，特に二次方程式や二次不等式を扱う問題が頻出である。「二次方程式の解と係数の関係」，「解の公式」，「判別式」を用いた実数解や虚数解の数を求める問題は確実にできるようにしたい。また，「二次不等式の解」，「連立不等式の解の範囲」については，不等号の向きを間違えないように注意しよう。余裕があれば，「三次方程式の解と係数の関係」や「円の方程式」なども知っておきたい。

　「関数」の内容でも，中心となるのは二次関数である。「二次関数のグラフの頂点」，「最大値と最小値」，「x軸との共有点」は確実に求められるようにしよう。また，グラフを「対称移動」や「平行移動」させたときの式の変形もできるようにしたい。その他にも，「点と直線の距離」，「三角関数」の基本的な公式なども知っておきたい。

　「数の性質」の内容では，「倍数と約数」，「剰余系」，「n進法」などの問題が出題される。これらについては，とにかく多くの問題を解いてパターンを覚えることが重要である。

　「微分・積分」の内容では，グラフのある点における「接線の方程式」，グラフに囲まれた「面積」が求められるようになっておきたい。

　「場合の数と確率」の内容では，まずは順列・組合せと確率計算が正しくできなければならない。その際，場合の数が多かったり抽象的であったりして考えにくいようであれば，樹形図の活用や問題の具体的な内容を書き出すことで，一般的な規則性が見つかり解法が分かることがある。余事象を利用することで，容易に解ける問題もある。「同じものを含む順列」，「円順列」など

もできるようにしたい。

「数列」の内容では，等差数列，等比数列，階差数列の一般項や和の公式を覚えよう。余裕があれば，群数列にも慣れておこう。

「図形」の内容では，三角形の合同条件・相似条件，平行線と角に関する性質，三角形・四角形・円などの基本的性質や，面積の計算方法などは必ずと言ってよいほど必要となるので，しっかりと整理しておくこと。

数学の知識は「判断推理」や「数的推理」の問題を解く際にも必要となるため，これらと並行して取り組むようにしたい。

👉 狙われやすい! 重要事項

☑ 二次方程式・不等式
☑ 二次関数の最大値・最小値
☑ 平面図形の面積

《 演 習 問 題 》

$\boxed{1}$ $x=\sqrt{3+\sqrt{5}}$, $y=\sqrt{3-\sqrt{5}}$ のとき，$\dfrac{\sqrt{x}+\sqrt{y}}{\sqrt{x}-\sqrt{y}}$ の値として正しいものはどれか。

  1 $\sqrt{10}+2$ 2 $\sqrt{10}-2$ 3 $\sqrt{10}+2\sqrt{2}$
  4 $\sqrt{5}+2$ 5 $\sqrt{5}-2$

$\boxed{2}$ 次の図のように，縦15m，横12mの土地に，同じ幅の道を作ると，道以外の部分の面積が全体の面積の $\dfrac{3}{5}$ になった。

このときの道幅として正しいものはどれか。

  1 2m
  2 3m
  3 4m
  4 5m
  5 6m

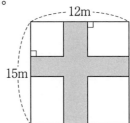

$\boxed{3}$ AB＝AC＝12，BC＝8の二等辺三角形ABCの内接円の半径は次の
うちのどれか。

　1　2　　　2　$2\sqrt{2}$　　　3　$3\sqrt{2}$　　　4　$4\sqrt{2}$　　　5　$5\sqrt{2}$

$\boxed{4}$　次のグラフによって表される式として，妥当なものはどれか。ただし，
境界線を含まないものとする。

　1　$(4x+2y-8)(2x-2y+2)<0$
　2　$(4x+2y-8)(2x-2y+2)>0$
　3　$(3x+2y-7)(4x-2y+8)<0$
　4　$(3x+2y-7)(4x-2y+8)>0$
　5　$x^2+y^2+4xy-3x-4y+10<0$

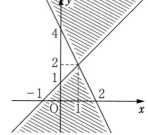

$\boxed{5}$　半径1cmと半径3cmの円が次の図のように接している。このとき，
図の扇形の部分の面積として正しいものはどれか。

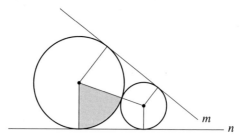

　1　$1.5\pi\,\mathrm{cm}^2$　　　2　$1.6\pi\,\mathrm{cm}^2$　　　3　$1.7\pi\,\mathrm{cm}^2$
　4　$1.8\pi\,\mathrm{cm}^2$　　　5　$1.9\pi\,\mathrm{cm}^2$

$\boxed{6}$　$a^2+b^2=4$を満たす実数a，bについて，$2a+b^2$の最大値として，正
しいものはどれか。

　1　3　　　　2　4　　　　3　5　　　　4　6　　　　5　7

7 CD＝10cm，AD＝30cmの長方形ABCDがある。点Pは辺AB上を点BからAまで1〔cm/s〕で動き，点Qは辺BC上をCからBまで2〔cm/s〕で動く。点P，Qが同時に出発するとき，△PBQの面積が初めて50cm²になってから2回目に50cm²になるまでに何秒かかるか。

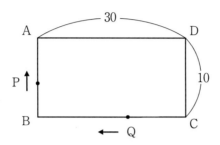

　1　3秒後　　　2　4秒後　　　3　5秒後　　　4　6秒後　　　5　7秒後

8 白玉6個と赤玉n個が入っている袋から玉を2個取り出すとき，取り出した2個の玉の色が異なる確率が$\dfrac{8}{15}$となるようなnの値として，正しいものはどれか。

　1　3　　　　2　4　　　　3　5　　　　4　6　　　　5　7

9 正八角形の頂点のうち，3つの頂点を結んでできる三角形の個数と，同様に4つの頂点を結んでできる四角形の個数の和として，正しいものはどれか。

　1　117個　　　2　120個　　　3　123個　　　4　126個　　　5　129個

10 3次方程式 $x^3＋6x－10＝0$ の3つの解をα，β，γとするとき，$\alpha^3＋\beta^3＋\gamma^3$の値として，正しいものはどれか。

　1　10　　　2　15　　　3　20　　　4　25　　　5　30

11 次のグラフの式が①$y=\dfrac{4}{3}x$, ②$y=\dfrac{48}{x}$,

③$y=ax$であるとき, △OABの面積として,

妥当なものはどれか。

1　12

2　24

3　36

4　48

5　60

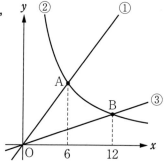

12 xの範囲が$0 \leqq x \leqq 2$のとき, 2次関数 $y=x^2-2bx+b^2-2b$の最小値

が11となるような整数bの値として, 妥当なものはどれか。

1　$b=-5$　　2　$b=5$　　3　$b=-7$　　4　$b=7$　　5　$b=9$

《 解 答 ・ 解 説 》

1 4

解説

$$x = \sqrt{3+\sqrt{5}} = \sqrt{\frac{6+2\sqrt{5}}{2}} = \sqrt{\frac{(\sqrt{5}+1)^2}{2}}$$

$$= \frac{\sqrt{5}+1}{\sqrt{2}} = \frac{\sqrt{10}+\sqrt{2}}{2}$$

$$y = \sqrt{3-\sqrt{5}} = \sqrt{\frac{6-2\sqrt{5}}{2}} = \sqrt{\frac{(\sqrt{5}-1)^2}{2}}$$

$$= \frac{\sqrt{5}-1}{\sqrt{2}} = \frac{\sqrt{10}-\sqrt{2}}{2}$$

$$xy = \frac{10-2}{4} = 2$$

したがって, $\dfrac{\sqrt{x}+\sqrt{y}}{\sqrt{x}-\sqrt{y}} = \dfrac{\sqrt{x}+\sqrt{y}}{\sqrt{x}-\sqrt{y}} \times \dfrac{\sqrt{x}+\sqrt{y}}{\sqrt{x}+\sqrt{y}} = \dfrac{(\sqrt{x}+\sqrt{y})^2}{x-y} = \dfrac{x+y+2\sqrt{xy}}{x-y}$

$= \dfrac{\sqrt{10}+2\sqrt{2}}{\sqrt{2}} = \sqrt{5}+2$

以上より, 正解は4。

解説 道幅を x〔m〕とすると，白い部分の面積について次の関係が成り立つ。

$$(15 - x)(12 - x) = 15 \times 12 \times \frac{3}{5}$$

$$180 - 27x + x^2 = 108$$

$$x^2 - 27x + 72 = 0$$

$$(x - 3)(x - 24) = 0$$

$x < 12$だから

$x = 3$〔m〕

以上より，正解は2。

3 2

解説 AからBCに垂線AHをひくと，△ABHにおいて三平方の定理より，

$$\begin{aligned}AH &= \sqrt{12^2 - 4^2} \\ &= \sqrt{128} \\ &= 8\sqrt{2}\end{aligned}$$

内接円の中心をI，半径を r とおくと，△ABCの面積は，△IBC，△ICA，△IABの面積の和と等しくなることから

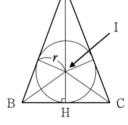

$$\frac{1}{2} \times 8 \times 8\sqrt{2} = \frac{1}{2} \times 8r + \frac{1}{2} \times 12r + \frac{1}{2} \times 12r$$

$$\therefore \quad r = 2\sqrt{2}$$

以上より，正解は2。

4 1

解説 それぞれの直線の式は，

y切片1，傾き1だから，$y = x + 1$……①

y切片4，傾き-2だから，$y = -2x + 4$……②

①，②に対応する因数があるのは，選択肢1，2だけある。

ここで，一般に，$y > f(x)$ の領域は $y = f(x)$ のグラフより上側であり，

$y < f(x)$ の領域は $y = f(x)$ のグラフより下側である。

また，実数A，Bについて，次のような関係がある。

$AB > 0 \Leftrightarrow (A > 0,\ B > 0)$ または $(A < 0,\ B < 0)$

$AB < 0 \Leftrightarrow (A > 0,\ B < 0)$ または $(A < 0,\ B > 0)$

斜線部分は，①と②の上側，および①と②の下側に対応している。

よって，不等号の向きは，

$$\begin{cases} y > x+1 & \to & 2x-2y+2 < 0 \\ y > -2x+4 & \to & 4x+2y-8 > 0 \end{cases}$$

または，

$$\begin{cases} y < x+1 & \to & 2x-2y+2 > 0 \\ y < -2x+4 & \to & 4x+2y-8 < 0 \end{cases}$$

これに合致するのは，選択肢1のみである。

以上より，正解は1。

5　1

解説　半径1cmの円の中心を
A，半径3cmの円の中心をBと
して，A，Bから直線nへひい
た垂線との交点をそれぞれC，
Dとする。

点Aから直線nに平行な線分
AEをひくと，

BD = 3cm，AC = ED = 1cm

∴　BE = BD − ED = 3 − 1 = 2〔cm〕となる。

また，AB = 4cmなので，辺の長さの比から△ABEは∠BAE = 30°，∠ABE
= 60°の直角三角形である。よって，斜線部は半径3cm，中心角60°の扇形な

ので，（扇形の面積）$= \pi r^2 \times \dfrac{中心角}{360°}$より$\pi \times 3^2 \times \dfrac{60°}{360°} = 1.5\pi$〔cm²〕

以上より，正解は1。

6　3

解説　$a^2 + b^2 = 4$より，$b^2 = 4 - a^2$……①

bは実数だから，$b^2 = 4 - a^2 \geqq 0$より，$a^2 - 4 \leqq 0$

よって，$(a-2)(a+2) \leqq 0$だから，$-2 \leqq a \leqq 2$

ここで，$2a + b^2$に①を代入して，$f(a)$とおくと，

$f(a) = 2a + 4 - a^2 = -(a-1)^2 + 5$であるから，

$a = 1$のとき，最大値5となる。なお，このaは$-2 \leqq a \leqq 2$に合致する。

以上より，正解は3。

$\boxed{7}$ 3

解説 x秒後に$\triangle$PBQの面積が
50cm^{2}になるとすると，BP $= x$〔cm〕，
BQ $= (30 - 2x)$〔cm〕だから

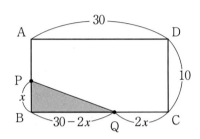

$\dfrac{1}{2}x(30 - 2x) = 50$

$x^2 - 15x + 50 = 0$

$(x - 5)(x - 10) = 0$

$\therefore \quad x = 5, \ 10$

したがって，求める時間は$10 - 5 = 5$〔秒後〕

以上より，正解は3。

$\boxed{8}$ 2

解説 取り出す2個の組合せは全部で${}_{n+6}\text{C}_2 = \dfrac{(n+6)(n+5)}{2}$〔通り〕であ
り，このうち異なる色の玉を取り出す組合せは${}_6\text{C}_1 \times {}_n\text{C}_1 = n$〔通り〕である。

よって，この確率は$\dfrac{6n \times 2}{(n+6)(n+5)} = \dfrac{12n}{n^2 + 11n + 30}$と表すことができる。

これが$\dfrac{8}{15}$となるときは，

$\dfrac{12n}{n^2 + 11n + 30} = \dfrac{8}{15}$

$\dfrac{8}{15} - \dfrac{12n}{n^2 + 11n + 30} = 0$

$\dfrac{8(n^2 + 11n + 30) - 12n \times 15}{15(n^2 + 11n + 30)} = 0$

$\dfrac{8n^2 + 92n + 240}{15(n^2 + 11n + 30)} = 0$

$2n^2 - 23n + 60 = 0$

$(2n - 15)(n - 4) = 0$

nは整数であるから，$n = 4$

以上より，正解は2。

9 4

解説 8個の中から3個を選ぶ組み合わせの数と，8個の中から4個を選ぶ組み合わせの数の和である。

$${}_8C_3 + {}_8C_4 = \frac{8 \times 7 \times 6}{3 \times 2 \times 1} + \frac{8 \times 7 \times 6 \times 5}{4 \times 3 \times 2 \times 1} = 56 + 70 = 126 \text{〔個〕}$$

以上より，正解は4。

10 5

解説 一般に，3次方程式 $ax^3 + bx^2 + cx + d = 0$（$a \neq 0$ とする）の3つの解を α，β，γ とするとき，解と係数の関係より，

$$\alpha + \beta + \gamma = -\frac{b}{a}, \quad \alpha\beta + \beta\gamma + \gamma\alpha = \frac{c}{a}, \quad \alpha\beta\gamma = -\frac{d}{a} \text{が成り立つ。}$$

ここでは，$\alpha + \beta + \gamma = 0$，$\alpha\beta + \beta\gamma + \gamma\alpha = 6$，$\alpha\beta\gamma = 10$ であるため，

$$\alpha^3 + \beta^3 + \gamma^3 = (\alpha + \beta + \gamma)(\alpha^2 + \beta^2 + \gamma^2 - \alpha\beta - \beta\gamma - \gamma\alpha) + 3\alpha\beta\gamma$$
$$= 0 + 3 \times 10 = 30$$

以上より，正解は5。

11 3

解説 A の y 座標は，①または②に $x = 6$ を代入することで求められ，

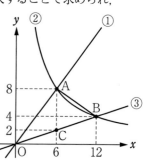

$y = \dfrac{48}{x} = \dfrac{48}{6} = 8$ となる。よって，A (6, 8) である。

B の y 座標は，②に $x = 12$ を代入することで求められ，$y = \dfrac{48}{12} = 4$ となり，B (12, 4) となる。

③については，B の座標を代入すると，$a = \dfrac{1}{3}$ となり，$y = \dfrac{1}{3}x$ となる。

よって，③の式で $x = 6$ のとき，$y = \dfrac{1}{3}x = \dfrac{1}{3} \times 6 = 2$。この点を C (6, 2) とする。

求める面積については，$\triangle OAB = \triangle OAC + \triangle ABC$ と表せるため，

$$\triangle OAB = \frac{1}{2} \times (8 - 2) \times 6 + \frac{1}{2} \times (8 - 2) \times (12 - 6) = 36$$

以上より，正解は3。

12 4

解説 $y = f(x)$ とおく。

$f(x) = x^2 - 2bx + b^2 - 2b = (x - b)^2 - 2b$ となる。

ここで，$b < 0$ のとき，$x = 0$ のとき最小値をとるので，

$f(0) = b^2 - 2b = 11$ ∴ $b = \dfrac{2 \pm 4\sqrt{3}}{2}$ となり，整数でないので不適。

$0 \leqq b \leqq 2$ のとき，$x = b$ のとき最小値をとるので，

$f(b) = -2b = 11$ ∴ $b = -\dfrac{11}{2} < 0$ となり，不適。

$2 < b$ のとき，$x = 2$ のとき最小値をとるので，

$f(2) = b^2 - 6b + 4 = 11$ これより，$(b + 1)(b - 7) = 0$

条件を満たすのは $b = 7$

以上より，正解は4。

自然科学　　物理

　物理の分野では，ほとんどが高校物理の内容を中心とした問題で，下記の
いずれの単元からも出題される可能性がある。しかし，出題パターンは限ら
れており，優先的に取り組むべきなのは「力学」で，「電磁気」，「波動」がこ
れに続く。ほとんどが計算問題であるが，正誤問題や穴埋め問題が出る場合
もある。

　「力学」では，「等速直線運動」や「等加速度直線運動」が基本となり，「落
体の運動」，「斜面をすべる物体の運動」などはこれらの知識を用いて解いてい
くことになる。また，覚えた公式をどの問題で，どういう形で利用するのか，
自身で判断できるようにならなければいけない。例えば，「落体の運動」では
自由落下，鉛直投げ下ろし，鉛直投げ上げ，水平投射，斜方投射といった
様々な運動形態が出てくる。その他にも，「糸の張力」，「ばねの弾性力」，「浮
力」といった力の種類や，「仕事とエネルギー」，「運動量」などを題材にした
問題も多い。

　「熱と気体」では，「熱量の保存」に関する計算問題や，「物質の三態と状態
変化」に関する正誤問題または穴埋め問題が頻出である。覚えることが少な
い単元なので，しっかりと練習しておけば得点源になりやすい。

　「波動」では，まずは波の基本公式を覚え，波長，振動数，速さ，周期と
いった物理量を用いて，式変形ができるようになっておくべきである。そし
て，最も重要なのが「ドップラー効果」を題材にした計算問題であり，基本公
式は確実に覚えておかなければならない。そのうえで，音源と観測者が静止
している場合，近づく場合，遠ざかる場合によって，基本公式の速度の符号
が変わることに気を付けてほしい。実際の試験問題では，問題文からいずれ
の場合であるか読み取り，自身の判断で公式を立てられるようにならなけれ
ばいけない。なお，この単元では波の性質（反射，屈折，回折，干渉など）
やその具体例，温度と音速の関係など，基本的性質を問う正誤問題が出題さ
れることが多いので注意しよう。

　「電磁気」では，コンデンサーや電気抵抗のある電気回路を題材にした計算
問題が非常に多い。公式としては，「オームの法則」，「合成抵抗」，「合成容

量」,「抵抗率」に関するものは確実に使えるようになっておきたい。余力があれば,「キルヒホッフの法則」も覚えておこう。計算パターンは限られているが,コンデンサーや抵抗の数,および接続方法を変えた多様な問題が出題されるので注意が必要である。接続方法には「直列接続」と「並列接続」があり,実際の試験問題では,与えられた電気回路のどこが直列（または並列）接続なのか自身で判断できなければならない。

「原子」では,まずは α 線, β 線, γ 線の基本的な性質や違いを理解しよう。そのうえで,「核分裂」や「核融合」の反応式が作れること,「放射性原子核の半減期」に関する計算問題ができるようになっておこう。この単元も,是非とも得点源にしたい。

学習方法としては,本書の例題に限らずできるだけ多くの問題を解くことである。公式を丸暗記するより,具体的な問題を解きながら考える力を養っていこう。難問が出題されることはほとんどないので,教科書の練習問題や章末問題レベルに集中して取り組むようにしたい。

👉 狙われやすい! 重要事項

- ☑ 力のつりあい
- ☑ 等加速度運動
- ☑ 音波の性質
- ☑ 電気回路

《 演 習 問 題 》

1 電気容量が同じである4個のコンデンサーを図のように接続すると,合成容量が1.6μFになった。コンデンサー1個あたりの電気容量として正しいのはどれか。

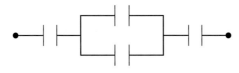

　1　2μF　　2　3μF　　3　4μF　　4　5μF　　5　6μF

2　50℃に温めた容器（熱容量90J/K）に10℃の水を100g入れ，一定の時間が経過すると，熱平衡に達し，容器と水は同じ温度になった。容器と水の間以外には熱のやり取りはなく，水の比熱を4.2J/（g・K）とすると，容器と水の温度の概数として正しいものはどれか。ただし，温度の概数は，小数第1位を四捨五入して求めるものとする。

　　1　11℃　　　2　13℃　　　3　15℃　　　4　17℃　　　5　19℃

3　電位差が300Vの2点間を，電界からの力に逆らって2.0×10^{-3}Cの正電荷を運ぶ。このとき必要な仕事は何Jか。

　　1　0.15J　　2　0.3J　　3　0.45J　　4　0.6J　　5　0.75J

4　一直線上を5m/sの速さで動いている自動車が，一定の割合で加速して，62.5m進んだ後に20m/sの速さになった。加速していた時間は何秒か。

　　1　3秒　　　2　4秒　　　3　5秒　　　4　6秒　　　5　7秒

5　長さ90cmの棒に重さが2，3，4，5，6，7Nの物体を，図に示したような間隔でつるす。A点とB点にロープをつけ，天井から棒が水平になるようにつり下げたとき，B点に固定したロープにかかる張力はどれか。ただし棒の質量は無視せよ。

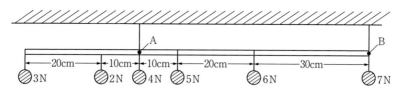

　　1　8N　　　2　9N　　　3　10N　　　4　11N　　　5　12N

6 下の図のように表される波において，波長$X = 2$m，振動数が400Hzである波の速さと周期の組み合わせとして，正しいものはどれか。

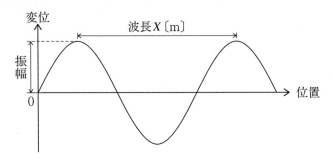

	速さ〔m/s〕	周期〔s〕
1	600	0.0025
2	600	0.002
3	800	0.0001
4	800	0.002
5	800	0.0025

7 次の文のA，Bに入ることばの組み合わせとして正しいのはどれか。

音源が振動数f_0〔Hz〕の音波を出しながら，速さv_s〔m/s〕で，静止している観測者に近づく場合，観測者が観測する音の振動数f〔Hz〕は音速をv〔m/s〕とすると，（　A　）で表され，実際の音より（　B　）聞こえる。

	A	B
1	$f = \dfrac{v}{v - v_s} f_0$	高く
2	$f = \dfrac{v}{v - v_s} f_0$	低く
3	$f = \dfrac{v}{v + v_s} f_0$	高く
4	$f = \dfrac{v}{v + v_s} f_0$	低く
5	$f = \dfrac{v}{v_s} f_0$	高く

8 焦点距離が15cmの凸レンズがあり，ろうそくを凸レンズから左側に10cm離れた位置に立てたとき，生じる像および生じる像の凸レンズからの位置の組合せとして，妥当なものはどれか。

	生じる像	凸レンズからの位置
1	実像	右側に20cm離れた位置
2	実像	右側に30cm離れた位置
3	虚像	右側に20cm離れた位置
4	虚像	左側に20cm離れた位置
5	虚像	左側に30cm離れた位置

9 傾斜角60°の滑らかな斜面を質量 m の小物体が滑るとき，小物体の加速度の大きさはいくらか。ただし，重力加速度の大きさを10m/s²とする。

1 $3\sqrt{3}$ m/s²
2 $5\sqrt{3}$ m/s²
3 $5\sqrt{6}$ m/s²
4 15 m/s²
5 $10\sqrt{3}$ m/s²

《 解 答 ・ 解 説 》

1 3

解説 コンデンサー1個の電気容量を C〔μF〕とすると，真ん中の2つだけ並列に接続されているので4個のコンデンサーの合成容量は

$$\frac{1}{C} + \frac{1}{2C} + \frac{1}{C} = \frac{1}{1.6}$$

$$\frac{5}{2C} = \frac{1}{1.6}$$

$$C = 4 〔μF〕$$

以上より，正解は3。

$\boxed{2}$ 4

解説 求める温度を t〔℃〕とすると，容器の温度変化は，$50 - t$〔℃〕，水の温度変化は，$t - 10$〔℃〕

(容器が失った熱量) = (熱容量) × (温度変化) = $90(50 - t)$ ……①

(水が得た熱量) = (水の質量) × (比熱) × (温度変化) = $100 \times 4.2 \times (t - 10)$
$= 420(t - 10)$ ……②

熱量保存の法則より，①と②は等しいから，

$90(50 - t) = 420(t - 10)$

∴ $t \fallingdotseq 17$〔℃〕

以上より，正解は4。

$\boxed{3}$ 4

解説 電界からの力に逆らい，電位の低い方から高い方へ正電荷を運ぶと，この電荷がもつ静電気力による位置エネルギーは，

$2.0 \times 10^{-3} \times 300 = 0.6$〔J〕

これが求める仕事となる。

以上より，正解は4。

$\boxed{4}$ 3

解説 加速した後の自動車は，等加速度直線運動をしている。このときの加速度を a〔m/s²〕，初速度を v_0〔m/s〕，ある時刻における速度を v〔m/s〕，そのときの変位を x〔m〕とすると，

$v^2 - v_0^2 = 2ax$

$v_0 = 5$，$v = 20$，$x = 62.5$ より，

$20^2 - 5^2 = 2a \times 62.5$

$a = 3$

ここで，時刻を t〔s〕とすると，

$v = v_0 + at$

$t = \dfrac{v - v_0}{a} = \dfrac{20 - 5}{3} = 5$

以上より，正解は3。

5 2

解説 剛体を回転させる性質を力のモーメントといい，（力のモーメント）＝（力）×（うでの長さ）で表す。剛体がつり合っているとき，剛体のまわりの力のモーメントの和が0となる。

求める張力をT〔N〕とすると，A点のまわりのモーメントが0になるので，

$$10 \times 2 + 30 \times 3 = 10 \times 5 + 30 \times 6 + 60 \times 7 - 60T$$
$$110 = 650 - 60T$$
$$T = 9 \text{〔N〕}$$

以上より，正解は2。

6 5

解説 速さをv〔m/s〕，振動数をf〔Hz〕，波長をλ〔m〕，周期をT〔s〕とすると，$v = f\lambda$，$f = \dfrac{1}{T}$となる。

ここで，$f = 400$〔Hz〕，$\lambda = 2$〔m〕だから，$v = 400 \times 2 = 800$〔m/s〕

また，周期については，$400 = \dfrac{1}{T}$　　∴　$T = 0.0025$〔s〕

以上より，正解は5。

7 1

解説 音源と観測者が近づくときは音が高くなって聞こえ，音源と観測者が遠ざかる時は音が低くなって聞こえる現象をドップラー効果という。
音源が観測者から遠ざかる場合，v_sの符号が逆になることに注意すること。

8 5

解説 物体が焦点と凸レンズの間にあるとき，虚像ができる。
レンズの公式より，凸レンズから物体までの距離をa，凸レンズから虚像までの距離をb，焦点距離をfとすると，

$$\dfrac{1}{a} - \dfrac{1}{b} = \dfrac{1}{f} \text{より，} \quad b = \dfrac{af}{f - a} = \dfrac{10 \times 15}{15 - 10} = 30 \text{〔cm〕}$$

よって，凸レンズから左に30cm離れた位置に虚像ができる。
以上より，正解は5。

9 2

解説 まず，物体に働く力の成分を斜面に平行な成分と垂直な成分に分解する。ここで，小物体の質量を m，重力加速度を g とすると，小物体にかかる重力の斜面に対して平行な成分の大きさは，「質量×重力加速度×斜面の角度における正弦 (sin)」であり，この場合，$mg\sin60°$ である。また，求める加速度を a とし，斜面に平行な成分について運動方程式を立てると，$ma = mg\sin60°$ となる。ここで，問題文より $g = 10$ 〔m/s²〕，また，$\sin60° = \dfrac{\sqrt{3}}{2}$ であるから，$a = g\sin60° = 10 \times \dfrac{\sqrt{3}}{2} = 5\sqrt{3}$ 〔m/s²〕となる。

以上より，正答は2である。

自然科学　　　　化学

||||||||||||||||||||||||　**POINT**　||||||||||||||||||||||||

　化学の分野では，ほとんどが高校化学の内容から出題される。「理論化学」，「無機化学」，「有機化学」に大別されるが，主に「理論化学」からの出題が多い。また，「無機化学」や「有機化学」の内容は，「理論化学」の内容が分かれば理解・暗記がしやすいので，まずは「理論化学」に優先的に取り組むとよい。

　「理論化学」では，計算問題とそれ以外の問題が同じぐらいの割合で出題される。計算問題としては，化学反応式をもとにした物質の質量，体積，物質量などの計算や，与えられた原子量から化合物の式量や分子量を求めることが必須である。そのうえで，気体の状態方程式（圧力，体積，絶対温度など），混合気体の分圧や全圧，溶解度を用いた物質の析出量，熱化学方程式を用いた反応熱，中和滴定に必要な酸や塩基の体積や濃度，酸や塩基のpH，電気分解で析出する物質の質量などが求められるようになっておきたい。その他には，化学理論（分圧の法則など），物質の分離法，化学結合，物質の状態変化，化学平衡，コロイド溶液，化学電池などについて，しっかり整理しておこう。

　「無機化学」では，計算問題はほとんど出題されず，大部分が物質の性質を問う正誤問題である。まずは，元素周期表の特徴をしっかりと理解し，性質の似た物質のグループがあることを把握すること。また，イオン化エネルギーや電気陰性度など，周期表と大きく関わる用語を覚えよう。無機物質は金属と非金属に大別される。金属では，1族の金属，2族の金属の他に，鉄，銅，銀，アルミニウム，チタンなどの代表的な金属の性質，化学反応，製法を覚えておくこと。非金属では，ハロゲン，希ガス，炭素やケイ素の性質，化学反応を覚えておくこと。そのうえで，代表的な気体（酸素，窒素，二酸化炭素，アンモニアなど），溶液（塩酸，硫酸，硝酸など）などについて，教科書レベルの知識を身に付けておきたい。

　「有機化学」では，計算問題としては有機化合物の元素分析の結果から分子量が求められるようになろう。その他には，教科書レベルの代表的な有機化

合物の性質や反応性を覚えること，高分子化合物については，樹脂，繊維，ゴムなどに利用される物質について整理しておこう。

　本書に限らず，できるだけ多くの公務員試験の問題に触れ，解いた問題を中心に知識を増やしていこう。出題傾向がつかめたら，大学入試センター試験や大学入学共通テストから類題を探すのもよい。

👉 狙われやすい！ **重要事項**

☑ **基礎的な化学理論**
☑ **物質の状態変化**
☑ **酸と塩基**
☑ **化学平衡**
☑ **無機物質の性質**

《 演 習 問 題 》

1 CH_2O，C_2H_4O，C_3H_6O は炭素数1から3までの同族の化合物である。次の記述のうち，これらの化合物に共通した性質として，正しくないものはどれか。

1　これらの化合物はアルデヒドとよばれる。
2　還元するとアルコールになる。
3　酸化するとカルボン酸になる。
4　水に溶けにくい。
5　フェーリング液を還元する。

2 濃度不明の塩酸15mLを，フェノールフタレインを指示薬として0.2mol/LのNaOH水溶液で滴定したら，9.3mLを要した。この塩酸の濃度はどれか。

1　0.124mol/L　　2　0.167mol/L　　3　0.244mol/L
4　0.286mol/L　　5　0.323mol/L

<hr>

3 水溶液の性質に関する記述として，妥当なものはどれか。

1　溶媒に不揮発性の物質を溶かすと，溶液の沸点が高くなる現象は，沸点上昇と呼ばれる。この上昇の幅は，どの溶質であるかにかかわりなく，溶液の重量パーセント濃度に比例する。

2　コロイド溶液に，少量の電解質を加えることによって沈殿が生じる現象は，凝析と呼ばれる。これが起こりにくいようにするために，保護コロイドと呼ばれる親水コロイドが加えられる。

3　溶解度は，溶媒100gに溶けることができる溶質の最大の質量である。固体，気体ともに，溶媒の温度が高くなると溶解度が大きくなる。

4　飽和溶液を冷却することにより，水溶液中に結晶が生じることがある。この現象は，透析と呼ばれる。

5　一定の溶媒に溶けることのできる気体の質量は，圧力に比例する。この法則は，シャルルの法則と呼ばれる。

4 次にあげた5種の気体について，各々1gずつを0℃，1気圧に隔離して保ったとき，最も小さい体積を占めるのはどれか。ただし，原子量はH＝1，C＝12，N＝14，O＝16，Cl＝35.5とすること。

1　水素　　　　2　窒素　　　　3　一酸化炭素
4　塩化水素　　5　アセチレン

5 物質やイオンの分離方法に関する記述として，妥当なものはどれか。

1　Fe, Al―希硫酸を加える。

2　Zn, Sn―水酸化ナトリウムを加える。

3　Hg^{2+}, Pb^{2+}―アンモニア水を加えてから硫化水素を通す。

4　Zn^{2+}, Cu^{2+}―アンモニア水を過剰に加える。

5　Na^+, Ba^{2+}, Ag^+―希塩酸を加えたのちろ過し，ろ液に希硫酸を加える。

6 酸化還元反応に関する記述として，正しいものはどれか。

1　化学反応により，酸素を得たり，水素を失ったり，電子を失ったりといったことを酸化と呼び，これらの場合，酸化数は必ず増加する。

2　酸化剤とは，他の物質を酸化する作用を持つ物質であり，反応を通じて酸化剤自体も酸化される。

3　金属の性質のうち，酸化還元反応に大きな影響を及ぼすのはイオン化傾

向であるが，一般に，これが小さい金属は水と反応して水素を発生する。

4 酸化還元反応によって電流が流れる現象を利用したのが電池であり，マイナス極では還元反応，プラス極では酸化反応がみられる。

5 電池の一方の極が気泡でおおわれ，起電力が低下する現象は減極と呼ばれるが，この現象を防ぐために用いられる物質が分極剤である。

7 ハロゲンの水素との化合力の強さの順として，正しいものはどれか。

1 $F > Cl > Br > I$ 　　2 $F > Cl > I > Br$ 　　3 $F > Br > Cl > I$
4 $I > Br > Cl > F$ 　　5 $I > Cl > Br > F$

8 無機化合物の性質に関する記述として，妥当なものはどれか。

1 炭酸バリウムは，天然に産出され，薄い酸や水に溶けず，無害である性質を利用してX線の造影剤に用いられる。

2 酸化亜鉛は，両性酸化物であり，塩基にも酸にも溶けるという性質を持つ。

3 水にナトリウムを入れると，激しく反応して酸素を生じ，水酸化ナトリウム水溶液となる。

4 石灰水を塩酸で中和すると，酸化カルシウムが生成される。

5 水酸化アルミニウムは，酸とは反応するものの，塩基とは反応しない。

9 イオン化エネルギーおよび電子親和力に関する記述として，妥当なものはどれか。

1 イオン化エネルギーとは，ガス状態の原子から1つの電子を取り除くために必要なエネルギーのことであり，イオン化エネルギーは負の値で表され，電子が原子の束縛を克服して離れる際に必要なエネルギーを示す。

2 電子親和力とは，ガス状態の原子が1つの電子を受け入れる際に放出または吸収するエネルギーのことであり，ガス状態の原子またはイオンが1つの電子を受け入れる際に放出または吸収されるエネルギーで，電子親和力は一般に正の値で表され，単位はジュールや電子ボルトなどが使われる。

3 イオン化エネルギーは，原子やイオンの化学的性質や反応性に影響を与えるものであり，イオン化エネルギーが低い元素は電子を取り除くことが難しく，電子を失う傾向が低い一方，イオン化エネルギーが高い元素は，電子を容易に失いやすく，他の元素と反応しやすい傾向がある。

4　イオン化エネルギーは周期表上での傾向を持ち，一般的には周期表の上方向や右方向に進むにつれて増加する傾向がある。

5　電子親和力が低い元素は電子を受け入れやすく，陰イオンとして反応しやすくなり，化学反応では，イオン化エネルギーや電子親和力の差に基づいて電子の移動やイオンの生成が行われ，これにより，化学反応の方向性や速度が変化し，物質の性質や反応結果が異なることがある。

《 解　答・解　説 》

1 　4

解説　これらの化合物はアルデヒドで，水に溶けやすい。ホルムアルデヒドの水溶液はホルマリンである。

2 　1

解説　中和滴定において，（酸の価数）×（酸のモル濃度）×（酸の体積）＝（塩基の価数）×（塩基のモル濃度）×（塩基の体積）が成り立つ。

塩酸のモル濃度をx〔mol/L〕とおくと，塩酸は1価の酸，水酸化ナトリウム水溶液は1価の塩基なので，

$$1 \times x \times \frac{15}{1000} = 1 \times 0.2 \times \frac{9.3}{1000}$$
$$x = 0.124 \text{〔mol/L〕}$$

以上より，正解は1。

3 　2

解説　1．誤り。「重量パーセント濃度に比例」ではなく，「質量モル濃度に比例」とすると正しい記述となる。　2．正しい。墨汁に加えられるニカワは，保護コロイドの例である。　3．誤り。一般に，固体は溶媒の温度が高いほど，気体は溶媒の温度が低いほど溶解度が高くなる。　4．誤り。「透析」ではなく「析出」である。透析とは，半透膜を用いてコロイド溶液からイオンや低分子を取り除き，精製する方法である。　5．誤り。「シャルルの法則」ではなく，「ヘンリーの法則」である。シャルルの法則は，気体の圧力が一定のとき，一定量の気体の体積は絶対温度に比例するというものである。

4 4

解説 標準状態（0℃，1気圧）の気体は，1molで22.4Lの体積を占める。よって，1〜5の気体1gが何molとなるかわかれば，各々の体積が求まる。物質量 $= \dfrac{質量}{分子量}$ より，

1. 水素は H_2 より $\dfrac{1}{1 \times 2} = \dfrac{1}{2}$ 〔mol〕，$22.4 \times \dfrac{1}{2} = 11.2$ 〔L〕

2. 窒素は N_2 より $\dfrac{1}{14 \times 2} = \dfrac{1}{28}$ 〔mol〕，$22.4 \times \dfrac{1}{28} = 0.8$ 〔L〕

3. 一酸化炭素は CO より $\dfrac{1}{12 + 16} = \dfrac{1}{28}$ 〔mol〕，$22.4 \times \dfrac{1}{28} = 0.8$ 〔L〕

4. 塩化水素は HCl より $\dfrac{1}{1 + 35.5} = \dfrac{1}{36.5}$ 〔mol〕，$22.4 \times \dfrac{1}{36.5} \fallingdotseq 0.61$ 〔L〕

5. アセチレンは C_2H_2 より $\dfrac{1}{12 \times 2 + 1 \times 2} = \dfrac{1}{26}$ 〔mol〕，$22.4 \times \dfrac{1}{26} \fallingdotseq 0.86$ 〔L〕

したがって，最も小さい気体を占めるのは窒素である。

5 5

解説 1．誤り。Fe と Al は希硫酸に溶けるので，この方法では分離できない。 2．誤り。Zn と Sn は塩基や酸と反応して溶ける両性元素なので，この方法では分離できない。 3．誤り。Hg^{2+} と Pb^{2+} は，中性，塩基性，酸性のいずれの条件でも硫化水素を加えると沈殿するので，この方法では分離できない。 4．誤り。Zn^{2+} と Cu^{2+} は，少量のアンモニア水を加えると沈殿し，過剰に加えると溶解するので，この方法では分離できない。 5．正しい。希塩酸を加えると Ag^+ のみが沈殿するので分離でき，ろ液に希硫酸を加えると Ba^{2+} のみが沈殿する。

6 1

解説 1．正しい。 2．誤り。酸化剤自体は，反応によって還元される。 3．誤り。イオン化傾向が大きい金属は，水と反応して水素を発生する。 4．誤り。「プラス極」と「マイナス極」を入れ替えると，正しい記述になる。 5．誤り。「減極」と「分極」を入れ替えると，正しい記述になる。

7 1

解説 元素の周期表の17族のフッ素F，塩素Cl，臭素Br，ヨウ素I，アスタチンAtをハロゲンという。ハロゲンは原子番号が小さいほど水素と化合しやすい。原子番号は，F = 9，Cl = 17，Br = 35，I = 53，At = 85である。

8 2

解説 1. 誤り。これは，硫酸バリウム$BaSO_4$に関する記述である。炭酸バリウム$BaCO_3$は，有害な物質である。　2. 正しい。両性酸化物は，酸，塩基両方の性質を示す酸化物である。　3. 誤り。「酸素」を「水素」にすると，正しい記述になる。　4. 誤り。石灰水（水酸化カルシウム水溶液）を塩酸で中和すると，塩化カルシウム$CaCl_2$を生じる。　5. 誤り。水酸化アルミニウム$Al(OH)_3$は両性水酸化物であり，酸とも塩基とも反応する。

9 4

解説 1. 誤り。イオン化エネルギーとは，ガス状態の原子から1つの電子を取り除くために必要なエネルギーのことであり，イオン化エネルギーは正の値で表され，電子が原子の束縛を克服して離れる際に必要なエネルギーを示す。イオン化エネルギーは，原子の電子配置や核の電荷，原子半径などの要因によって異なる。　2. 誤り。電子親和力は一般に負の値で表され，原子の電子配置や核の電荷，原子半径などの要因によって異なる。一般的に，ハロゲン元素などの非金属元素は高い電子親和力を持ち，電子を受け入れる傾向が強い一方，アルカリ金属などの金属元素は低い電子親和力を持ち，電子を受け入れる傾向が弱い。　3. 誤り。イオン化エネルギーは，原子やイオンの化学的性質や反応性に影響を与えるものであり，イオン化エネルギーが高い元素は，電子を取り除くことが難しく，電子を失う傾向が低い一方，イオン化エネルギーが低い元素は，電子を容易に失いやすく，他の元素と反応しやすい傾向がある。4. 正しい。イオン化エネルギーには，電子の配置と電子同士の反発力が関与しており，一般的には周期表の上方向や右方向に進むにつれて増加する傾向がある。　5. 誤り。電子親和力が高い元素は，電子を受け入れやすくなるとともに，陰イオンとして反応しやすくなり，化学反応では，イオン化エネルギーや電子親和力の差に基づいて電子の移動やイオンの生成が行われ，これにより，化学反応の方向性や速度が変化し，物質の性質や反応結果が異なることがある。

自然科学　　　生物

|||||||||||||||||||||||||||||| **POINT** ||||||||||||||||||||||||||||||

　生物の分野では，高校までの内容が出題される。出題形式としては，ほとんどの問題が基本的な知識を問う正誤問題や穴埋め問題で，計算問題はごく一部である。また，教科書と同じような図表が与えられる問題が多いので，図表から必要な情報を的確に読み取れるように，教科書などをしっかり読み込んでおこう。暗記事項が多いものの，中学生物の知識だけで解ける問題もあるため，効果的な学習ができれば十分得点源となる。以下に，それぞれの単元で最重要事項をまとめるので，優先的に取り組んでほしい。

　「細胞」に関する内容として，まずは「細胞小器官」の構造やはたらきを覚え，「動物細胞と植物細胞の違い」を整理しよう。次に，「細胞分裂」について，「体細胞分裂の一連の流れ」を覚え，その後「減数分裂」との違いを整理しよう。さらに，「動物細胞と植物細胞の分裂の仕組みの違い」についても理解しよう。図が与えられる問題の対策としては，「どの細胞のどの分裂のどの時期か」が判断できるようになっておきたい。なお，細胞周期や分裂細胞数の計算方法にも慣れておこう。

　「遺伝子」に関する問題として，まずは「DNAとRNA」の構造やはたらきを覚え，これらの違いを整理しよう。次に，「遺伝現象」について，「メンデルの法則に従う遺伝現象」の一連の流れや3つの法則，生まれてくる子の遺伝子型や表現型の分離比の計算方法を完璧に押さえること。そのうえで，「メンデルの法則に従わない遺伝現象」について，具体例とともに覚えよう。特に，「ABO式血液型」で生まれてくる子の血液型のパターンを問う問題は頻出である。余裕があれば，伴性遺伝の仕組みや組み換え価の計算などに挑戦しよう。

　「代謝」に関する問題としては，まずは「酵素」について基本的な性質を覚え，「消化酵素のはたらきと分泌腺」の組合せを覚えよう。次に，「呼吸」については，3つの過程を覚え，それぞれの反応に関与する物質や生成するATPの数を覚えよう。また，「光合成」からは様々な論点や図表からの出題実績があるので，一連の流れを覚えるだけでなく，できるだけ多くの問題に触れること。

　「体内環境と恒常性」に関する内容としては，「免疫反応」の体液性免疫と細胞性免疫の流れと違い，「血液凝固」の仕組み，「ホルモン」のはたらきと分泌腺，「交感神経と副交感神経」のはたらきの違い，「腎臓と肝臓」のはたらき，「ヒトの脳」の部位とはたらきの違いなどがよく出題される。ほとんどがヒトに関わる内容なので取り組みやすいが，「ホルモン」については植物ホルモンから出題される場合も多い。

　「生態系」に関する問題としては，「食物連鎖」や「物質循環」がよく出題されるので，全体の流れをしっかりと把握し，図の読み取りや穴埋め形式の問題への対応をしよう。

　本書に限らず，できるだけ多くの公務員試験の問題に触れ，解いた問題を中心に知識を増やしていこう。出題傾向がつかめたら，大学入試センター試験や大学入学共通テストから類題を探すのもよい。

狙われやすい！重要事項

☑ **細胞**
☑ **代謝**
☑ **体内環境と恒常性**
☑ **生態系**

《 演 習 問 題 》

1 栄養素に関する記述として，妥当なものはどれか。

1　タンパク質は，炭素，水素，酸素，リンのみからなる化合物であり，各生物を構成する主要な成分である。

2　炭水化物は，炭素，水素，酸素からなり，動植物のエネルギー源になるとともに，植物細胞における細胞壁を構成する成分の1つである。

3　脂質は，水溶性の物質であり，その中でもリン脂質はエネルギー源，脂肪酸は細胞膜を構成するなど，生物にとって重要な役割を果たしている。

4　ビタミンは，無機塩類に分類される物質であり，体内の機能を調節したり，物質の代謝を整えたりする作用をもたらす。

5　体内において亜鉛が欠乏すると，体内においてつくられるヘモグロビンが不足し，貧血の原因となる。

2 膵臓による血糖調節に関する記述として，妥当なものはどれか。

1 膵臓は，血糖調節において重要な役割を果たすホルモンであるセロトニンを分泌し，このホルモンは，血糖値を下げる作用を持ち，食事後に血糖値の上昇を抑える役割を果たす。

2 アデノシン三リン酸は膵臓のランゲルハンス島に存在するベータ細胞から分泌され，体細胞に取り込まれたブドウ糖の利用を促進し，肝臓でのグリコーゲン合成を促進する。

3 グルカゴンは血糖値を上げる作用を持つホルモンであり，膵臓のアルファ細胞から分泌され，長時間の絶食や低血糖状態の際に，血糖値の上昇をサポートする。

4 膵臓の血糖調節において役割を果たす主要なホルモンはアデノシンであり，アデノシンの分泌不足や機能の異常は，糖尿病などの疾患を引き起こす可能性を高める。

5 グリコーゲンは，体内でのエネルギー貯蔵物質として働く多糖類の一種である。膵臓と筋肉に蓄えられており，血糖値の調節や運動時のエネルギー供給に重要な役割を果たしている。

3 植物の生殖に関して，選択肢に挙げた植物には，根・茎・葉などの栄養器官の一部が新個体となる栄養生殖を行わないものが含まれている。その植物として妥当なものはどれか。

1 イチゴ　　2 オニユリ　　3 タケ　　4 コンブ　　5 ヤマノイモ

4 次にあげた植物の運動を，成長運動・膨圧運動・乾湿運動に分類したとき，乾湿運動に該当するものはどれか。

1 ネムノキ，オジギソウ，カタバミの葉が，夜になって光が弱くなるとたれさがってしまう睡眠運動。

2 クロッカス，タンポポの花が，温度の変化に応じて開いたり閉じたりする開閉運動。

3 マメ類の種がさやからはじけでたり，ホウセンカの種が飛び散ったりする運動。

4 インゲンマメ，アサガオ，キュウリなどのつるが支柱に巻きつく回旋運動。

5 モウセンゴケ，ムシトリスミレなどの捕虫運動。

5 ホルモンに関する記述として，妥当なものはどれか。

1　ホルモンは，主として，内分泌腺の分泌細胞や神経分泌細胞などにおいてつくられる物質であり，タンパク質系やステロイド系などがある。

2　脳下垂体の前葉から分泌される成長ホルモンは，骨や筋肉などの成長，タンパク質の合成，血糖を減少させることなどに関わっている。

3　糖質コルチコイドは，副甲状腺から分泌されるホルモンであり，糖，脂質，タンパク質の代謝などに作用する。

4　アドレナリンは，代表的な副腎皮質ホルモンであり，脈数の増加や血圧の上昇などの作用をもたらす。

5　インスリンは，肝臓に作用し，グリコーゲンの糖化に関わるホルモンである。

6 性決定は性染色体と呼ばれる性決定に関する遺伝子が存在する染色体の組合せで決定する場合がある。次の中でヒトと同じ性決定方式の生物はどれか。

1　バッタ　　2　カイコガ　　3　ミノガ　　4　キイロショウジョウバエ
5　トンボ

7 次の文は植物の細胞の構造と機能を述べたものである。（　　）に入る語句の組み合わせとして正しいものはどれか。

　原形質は核と細胞質からなる。核は核膜で細胞質と区切られ，中には塩基性色素でよく染まる（　A　）と粒子状の（　B　）を含んでいる。前者は（　C　）とタンパク質からなり，後者は（　D　）とタンパク質が主成分となっている。核は生物の形質を決定する（　E　）の存在場所で，細胞の維持，成長，分裂などのはたらきの中心となっている。

	A	B	C	D	E
1	染色質	核小体	RNA	DNA	葉緑体
2	核小体	染色質	DNA	RNA	葉緑体
3	染色質	核小体	DNA	RNA	遺伝子
4	核小体	核小体	RNA	DNA	遺伝子
5	染色質	染色質	DNA	RNA	遺伝子

8 植生と生態系に関する記述のうち，妥当なものはどれか。

1 北海道の低地や本州の高地では湿原が比較的多くみられ，主にシダ植物が繁茂しているが，これらが枯れて堆積することによって湿原の乾燥化が促進され，やがて，イネ科草本が優占種となるステップに推移する。

2 光合成速度は生態系に大きな影響を与える。光の強さ，温度及び二酸化炭素濃度が一定の環境のとき，植物の種類に関わらず，光合成速度は一定である。

3 もともとの環境には存在しなかった外来生物は，従来の生態系に影響を与える。外来生物は，異なる種間の競争を通じて生態系を活性化させ，在来近縁種との交雑により種を増加させるなど，新たな遺伝資源の導入による生物多様性の増大に寄与する。

4 極相の陰樹林は，陸上の生態系の中で最も安定したものの一つである。ここでは，植物が豊富で，生活場所が多様であることから動物の種類も多く，生物の多様性に富んでいる。

5 子や卵の大きさ，数は生活環境によって異なる。一般的な傾向として，餌の数や環境の変化が激しい場所に生息する生物は，大きな卵や子を少数つくる。一方で，餌の数や環境の変化が穏やかな場所では小さな卵や子を多数つくる傾向がある。

9 体内環境と恒常性に関する記述のうち，妥当なものはどれか。

1 寒冷刺激が鳥類や哺乳類に加わると，大脳が興奮し，感覚神経を通して，立毛筋や皮膚血管を収縮させ体温の発散を防ぐ。さらに，黄体ホルモンに代表されるホルモンの働きによって代謝が活発になり，これらを通じて体温が上昇する。

2 一般に，淡水魚の体液の浸透圧は淡水よりも高く，体内の水分が体外へ奪われることから，水分を補うためにこれらの魚は淡水を多量に飲むが，同時に，えらより無機塩類をさかんに取り込むことによって，浸透圧を一定に保つ。

3 哺乳類は他の動物と比べて自律神経系が発達し，なかでもヒトは高度な自律神経系を有しており，その中枢は高度に発達した大脳皮質の中にある。この大脳皮質から伸びる交感神経と副交感神経によって内蔵や分泌液などの器官が調節される。

4　様々な場所に生息する生物について，海水に生息する哺乳類と淡水に生息する哺乳類を比較してみると，前者の体液の浸透圧は海水と等しく，後者の体液の浸透圧は淡水と等しい。これは浸透圧の差によって体液が失われることを防ぎ，尿の排出を容易にすることに役立っている。

5　体内に細菌やウイルスなどの異物が侵入すると，血液中に抗体と呼ばれるタンパク質が分泌される。抗体は抗原抗体反応により異物と結合し，病原体の無毒化をはかる。

10　人体の免疫に関して述べた文中の空欄A〜Cに入る語の組み合わせとして，妥当なものはどれか。

　人体は，日常生活において，様々な異物と接し，一部は体内に取り込まれる。異物を排除しようとする仕組みは免疫と呼ばれる。免疫にはいくつかの種類があるが，抗体を用いる免疫は　A　である。ちなみに，抗体とは，異物である抗原に対して反応する　B　である。また，弱毒化，あるいは無毒化した抗原などを投与し，あらかじめ抗体を得ることによって病気を予防する方法は，一般に，　C　と呼ばれ，とりわけ，ウイルスによる疾患の流行への対策として用いられる。

	A	B	C
1	細胞性免疫	ホルモン	ワクチン
2	体液性免疫	ホルモン	ステロイド
3	細胞性免疫	タンパク質	ワクチン
4	体液性免疫	タンパク質	ワクチン
5	細胞性免疫	ホルモン	ステロイド

《 解 答・解 説 》

1 2

解説 1．誤り。主要な構成元素としてはリンではなく窒素を挙げるのが妥当である。また，硫黄を含むタンパク質もある。 2．正しい。エネルギー源となるのは，デンプン，グリコーゲン，グルコースなどであり，細胞壁の成分となるのはセルロースである。 3．誤り。脂質は水に溶けにくく，リン脂質は細胞膜を構成する成分であり，脂肪酸はエネルギー源である。 4．誤り。ビタミンは，無機塩類ではなく，有機化合物である。 5．誤り。「亜鉛」を「鉄」にすると，正しい記述となる。

2 3

解説 1．誤り。膵臓は血糖調節において重要な役割を果たすホルモンであるインスリンを分泌する。インスリンは，血糖値を下げる作用を持ち，食事後に血糖値の上昇を抑える役割を果たす。セロトニンは，神経伝達物質として働く化学物質であり，中枢神経系や末梢神経系において重要な役割を果たしている。 2．誤り。インスリンは膵臓のランゲルハンス島に存在するベータ細胞から分泌され，体細胞に取り込まれたブドウ糖の利用を促進し，肝臓でのグリコーゲン合成を促進する。アデノシン三リン酸は，生物において主要なエネルギー源として機能する化合物であり，細胞内でエネルギーを貯蔵・伝達・利用するために重要な役割を果たしている。 3．正しい。膵臓はホルモンの分泌にも関与しており，血糖調節ホルモンの一つである「インスリン」と「グルカゴン」を分泌している。インスリンは血糖値を下げる働きを持ち，食事後に血糖値の上昇を抑える役割を果たし，グルカゴンは血糖値を上げる働きを持ち，食事前や長時間の絶食時に血糖値を維持するためにはたらく。4．誤り。膵臓の血糖調節において役割を果たす主要なホルモンはインスリンである。インスリンの分泌不足や機能の異常は，糖尿病といった疾患を引き起こす可能性がある。 5．誤り。グリコーゲンは，体内でのエネルギー貯蔵物質として働く多糖類の一種である。グリコーゲンは，肝臓と筋肉に蓄えられており，血糖値の調節や運動時のエネルギー供給に重要な役割を果たしている。

3　4

解説 コンブの生殖方法は接合である。

4　3

解説 1．誤り。オジギソウの葉などに見られる睡眠運動（就眠運動）は，光が原因となって生じる膨圧運動の例である。他にも，気孔の開閉が膨圧運動に含まれる。　2．誤り。タンポポの花の開閉運動などは，光が原因となって生じる傾性成長運動に含まれる。　3．正しい。乾湿運動は，主に死んだ細胞壁の含水量が変化することで生じる。　4．誤り。つるが巻き付く運動は，接触が原因となって生じる屈性成長運動に含まれる。　5．誤り。モウセンゴケの捕虫運動などは，接触が原因となり生じる傾性成長運動に含まれる。

5　1

解説 1．正しい。ホルモンは，主に血液の流れによって体内を移動し，特定の組織や器官に作用する。　2．誤り。「減少」を「増加」にすると正しい記述になる。　3．誤り。糖質コルチコイドを分泌するのは，副甲状腺ではなく，副腎皮質である。　4．誤り。アドレナリンは，副腎皮質ではなく，副腎髄質から分泌される。作用についての記述は正しい。　5．誤り。インスリンは，すい臓のβ細胞から分泌され，糖の利用や消費，血糖減少などに関わる。

6　4

解説 性決定の様式は，性染色体の組合せによる4種類ある。ヒトやキイロショウジョウバエはXY型，バッタやトンボなどの多くの昆虫はXO型，カイコガはZW型，ミノガはZO型である。

7　3

解説 以前は，細胞分裂時以外の核の中で広くのびあがったものを染色質，細胞分裂時の糸状のものを染色糸，細胞分裂時のものを染色体と呼んでいたが，近年はすべて染色体で統一されている。染色体は塩基性色素に染まり，DNAとヒストンというタンパク質からできている。遺伝子とは，DNAの塩基配列のうち生物の形質を決定する際に関与する部分である。核小体は，1個の核に1〜数個存在し，rRNAを合成する場となる。

8 4

解説 ╲ 1. 誤り。北海道の低地や本州の高地ではミズゴケが生育する高層湿原がみられる。ここでは栄養塩類の乏しい，低温で過湿の地域に発達する泥炭層が厚くなる。一般に，植物遺体を多量に含む粘土，砂からなる層を泥炭層という。この泥炭の形成が進むとやがて乾燥し，森林や山地草原に移る。2. 誤り。光合成速度が生態系に大きな影響を与えるという点は正しい。一方，光合成速度は，光の強さ，温度及び二酸化炭素濃度が一定の環境でも，陽性植物と陰性植物の種類によって異なる。　3. 誤り。もともとの環境には存在しなかった外来生物が従来の生態系に影響を与えるという点は正しい。一方外来生物は種間の競争を激化させ，在来種を滅ぼし，また交雑することによって，生態系を破壊するので，生物多様性に悪影響を与える。　4. 正しい。一次遷移では，まず，地衣類やコケ類により土壌がつくられ，そこに草本が育つようになる。また，土壌が形成されると，やがて木本が侵入し，陽樹林ができる。この陽樹林の下では光が少ないため，陰樹の幼木だけが成長し，次第に陰樹林が形成される。この状態が極相と呼ばれる。　5. 誤り。そこで生活する動物の卵の大きさや数は，環境と密接に関連する。餌の数や環境の変化が激しい場所に生息する生物は，小さな卵や子を大量に産み，子孫などを広い範囲に分散させる傾向がある。一方，餌の数や環境の変化が穏やかな場所に生息する生物は，少数の大きな卵や子を産み，その子孫の競争力を高めようとする性質を持つ傾向がある。

9 5

解説 ╲ 1. 誤り。置かれている場所の気温の変化から自らの身体を守る際，ホルモンが重要な役割を果たす。外界が寒冷な環境に接すると，交感神経を通じて立毛筋や皮膚血管を収縮させる。一方，アドレナリン，チロキシンなどのホルモンのはたらきによって代謝が盛んになり発熱量を増加させることによって，体温が上昇する。黄体ホルモンとは卵巣から分泌され，卵の着床，妊娠の維持にはたらくホルモンである。よって，文脈の中で，「黄体ホルモンに代表される」という記述は誤りである。　2. 誤り。水中で生活する生物にとって，浸透圧を保つことは生命の維持のために不可欠である。一般に，淡水魚の体液の浸透圧は淡水よりも高いため，水分が体内に侵入する。このため，えらを通じて無機塩類を取り込みつつ，低張尿を多量排出することによっ

て，浸透圧を一定に保つ。　3．誤り。自律神経系の中枢は，大脳皮質ではなく，間脳視床下部にある。また，交感神経の中枢は脊髄にあり，その両側には交感神経幹が走っている。脊髄から出た神経繊維は交感神経幹に入り，各臓器などに分布する。一方，副交感神経は脳幹（中脳・橋・延髄）と仙髄から伸び，顔面や，迷走神経として腹部内臓などに分布する。脳幹は大脳の支配を受けているので，副交感神経は大脳と密接にかかわっている。　4．誤り。海水に生息する哺乳類の浸透圧は海水より低い。また，淡水に生息する哺乳類の浸透圧は淡水より高い。　5．正しい。白血球の中のリンパ球の作用により，抗原抗体反応がはたらく。まず，病原性のウイルスや細菌などの生体に免疫応答を引き起こす抗原が侵入すると，リンパ球の一種であるヘルパーT細胞がB細胞を活性化し，B細胞が抗体を産生する。なお，リンパ球は白血球の成分の1つであり，生体防御に関わる重要な細胞である。これらの反応は，生命維持にとって不可欠である。

10　4

解説　免疫に関する知識を問う問題であり，文章には，体内に入った異物に対する人体の反応についての内容が述べられている。　Aには，「体液性免疫」が入る。「細胞性免疫」とは，キラーT細胞など，異物排除のために分化した細胞による免疫である。　Bには，「タンパク質」が入る。「ホルモン」は，主に内分泌臓器や組織で作られ，血流に乗って必要な器官に運ばれて生命機能を維持するはたらきをもつ重要な情報伝達物質である。　Cには，「ワクチン」が入る。「ステロイド」療法とは，副腎皮質ホルモンを投与することによる治療法である。

以上より，正解は4。

自然科学　地学

||||||||||||||||||||||||||| **POINT** |||||||||||||||||||||||||||

　地学の分野では，高校までの内容が出題される。出題形式としては，ほとんどの問題が基本的な知識を問う正誤問題や穴埋め問題で，計算問題はごく一部である。中学の学習内容が最も役に立つ分野といえるので，高校地学の勉強が困難な場合は，中学地学から取り組むのもよい。以下に，それぞれの単元で最重要事項をまとめるので，優先的に取り組んでほしい。

　「地球の外観と活動」に関する内容として，まずは地殻や境界面の種類や特徴をしっかり覚えること。そのうえで，プレートやマントルなど，「地震」や「火山活動」につながる仕組みについて理解しよう。その他にも，ジオイドや重力の定義の理解，扁平率の計算などが出題されやすい。「地震」では，P波とS波の違いや震度とマグニチュードの違いについて理解するとともに，地震波の速度・震源からの距離・地震発生時刻の計算ができるようになろう。「火山活動」を理解するためには，まずは「火成岩の分類」を完璧に覚える必要がある。鉱物組成の違いがマグマの粘度の差となって現れ，火山の形や活動様式の違いにつながっていく。

　「地球の歴史」に関する問題としては，地質年代を代表する生物の名称，大量絶滅などの出来事について，時系列で整理しておこう。また，示相化石や示準化石についても狙われやすい。

　「大気と海洋」については，「大気」に関する内容に優先的に取り組もう。日本の季節，前線の種類と特徴，台風の定義などは頻出である。また，フェーン現象を題材とした乾燥断熱減率・湿潤断熱減率を使った温度計算や，相対湿度の計算をできるようにしよう。その他にも，風の種類や大気圏の層構造について問われることがある。「海洋」については，エルニーニョ現象が起こる仕組みが頻出である。

　「宇宙」に関する問題としては，まずは地球から見て恒星・惑星・月・星座などがどのように見えるかを完璧に覚えよう。また，南中高度の計算もできるようにしておくこと。次に，「太陽や太陽系の惑星」について，それぞれの特徴を押さえよう。特に，地球型惑星と木星型惑星の違い，金星の見え方な

どが頻出である。会合周期の計算もできるようにしておきたい。さらに，「太陽系外の宇宙の構造」として，HR図を使った恒星の性質の理解，恒星までの距離と明るさの関係などを知っておこう。

　本書に限らず，できるだけ多くの公務員試験の問題に触れ，解いた問題を中心に知識を増やしていこう。出題傾向がつかめたら，大学入試センター試験や大学入学共通テストから類題を探すのもよい。

狙われやすい！ 重要事項

☑ **太陽系**
☑ **地球の運動**
☑ **大気と海洋**
☑ **地球の内部構造**
☑ **地震**

《 演 習 問 題 》

1 地球の気圏に関する記述として，正しいものはどれか。

1 地球上で大気が広がっている範囲が大気圏であり，大気の組成は，約7割の窒素と約3割の酸素が合わせて99％を占め，残りの1％はアルゴンなどである。

2 対流圏において，温度は100m高くなるごとに約0.6℃低下し，上昇気流が発生しやすいので盛んに対流が起こり，気象現象がみられる。

3 対流圏と成層圏の境界が圏界面であるが，その高さは場所によって異なっており，極付近では高く，赤道付近では低くなっている。

4 電波が遠くに伝わる現象に深く関わっているのが電離層であり，この層は成層圏の中にある。

5 オゾン層には，太陽放射に含まれる紫外線を吸収し，地球上の生物を守る大切な働きがあるが，近年では中間圏にあるオゾン層の破壊が問題となっている。

2 風に関する記述として，誤っているものはどれか。
1 海風は夜間の放射冷却により，海から陸へ吹く風のことを言う。
2 地衡風は地上1km以上の高さで，等圧線に対し平行に吹く風である。
3 季節風は1年を周期とする対流で，日本付近では夏は南東風，冬は北西風になる。
4 偏西風は中緯度高圧帯から高緯度低圧帯に向かう，西よりの風である。
5 貿易風は中緯度高圧帯から赤道方向に吹く風で，ほとんど1年を通じて吹きつづける。

3 地震に関する記述として，正しいものはどれか。
1 地震の発生場所を震央といい，震央を地図上に表わしたものを震源という。
2 震度は，観測地点での揺れの大きさを示すものであり，気象庁による基準では10段階ある。
3 マグニチュードは，地震そのもののエネルギーの大きさを示し，1大きくなると10倍，2大きくなると100倍となる。
4 地震の波の種類は，縦波としてのS波と横波としてのP波があり，速さを比較すると，P波の速度の方が速い。
5 震央からの距離が短いほど初期微動継続時間が長くなる。

4 次の文はマグマの結晶分化作用についての文であるが，空欄に適当な語句を入れ文を完成するのに，正しい組み合わせはどれか。
　Siが少ない（　ア　）マグマが冷えるにつれて，マグマの中の造岩鉱物が順に結晶化していく。はじめにMg，Oからできている（　イ　）と，Caを多く含んでいる（　ウ　）が結晶する。温度が下がるにつれて，残りのマグマはもとのマグマと化学組成が変わり，Ca，Mg，Feが少なく，Si，Na，Kなどが多い（　エ　）マグマとなり，さらに温度が下がるとリュウモン岩質マグマになっていく。

	ア	イ	ウ	エ
1	ゲンブ岩質	カンラン石	斜チョウ石	アンザン岩質
2	ゲンブ岩質	キ石	正チョウ石	アンザン岩質
3	アンザン岩質	カクセン石	セキエイ	カコウ岩質
4	アンザン岩質	カンラン石	キ石	ゲンブ岩質
5	カコウ岩質	キ石	斜チョウ石	ゲンブ岩質

5 太陽系と地球に関する次の記述のうち，妥当なものはどれか。

1 金星は，「明けの明星」「宵の明星」と呼ばれており，自転周期は太陽系の惑星の中で最も短く，質量は地球の約320倍である。

2 観測する際に，独特の輪が見られる土星は，その大気活動は活発であり，大気の循環によって縞模様が生じているほか，「大赤斑」と呼ばれる巨大な渦が見られる。

3 太陽が天球を運行する観測上の道筋は黄道と呼ばれ，また，黄道上を運行する太陽が，天の赤道を北から南へ横切る点を春分点，南から北へ横切る点を秋分点という。

4 地球の自転は天体現象にも影響を及ぼし，地球から見た惑星は，黄道に沿って運行しながら複雑な動きをするが，惑星が天球上を東から西へ移動するときを順行，西から東へ移動するときを逆行という。

5 天体現象のうち，太陽と地球の間に月が入ることにより観測地点において太陽が完全に隠される現象を皆既日食といい，通常は太陽の強烈な光で遮られて見ることができない「コロナ」が月に隠された太陽の外側に広がって観測される。

6 地球のようすに関する記述として，誤っているものはどれか。

1 地表から深さ数10kmに地震波速度が急に速くなる不連続面がある。この面をモホロビチッチ不連続面といい，この面を境に上の層を地殻，下をマントルとよぶ。

2 世界の最高峰であるエベレスト（チョモランマ）の山頂付近の地層から海に棲むウミユリなどの化石が見つかっている。これは，かつて海底だったところが隆起して山脈になったからである。

3 過去の地震によって，地表のずれが蓄積されて残った地形（断層）で，今後も地震が起こると思われる断層のことを活断層とよぶ。

4 海洋では降水量より蒸発量の方が少なく，陸地では蒸発量より降水量の方が少ない。しかし，地球全体では年間降水量と年間蒸発量は等しい。

5 地殻とマントルの最上部を合わせた部分をリソスフェアといい，十数枚のプレートに分かれている。プレートはプレートと地球内部との間の潤滑の役を果たすアセノスフェアの動きによって移動している。

7 自然現象について述べた次の記述のうち，誤っているものはどれか。

1 岩石の破壊によって生ずる不連続面のうち，面に平行な変位のあるものを断層という。

2 オゾン層は，大気の成層圏にあって，地上から約30～50kmにあるオゾン（O_3）濃度の比較的高い層のことである。生物に有害な紫外線を吸収する働きがある。

3 地球温暖化とは二酸化炭素などの温室効果ガスにより，地球の平均気温が上昇する現象である。IPCC第三次評価報告書（2001年）によると，地球の平均気温は2100年までに最大で約8度上昇すると予測されている。

4 数年に一度，ペルー沖から中部太平洋赤道域にかけて，海面水温が平年に比べて1～2度高くなる現象をエルニーニョという。世界各地に高温・低温・多雨・干ばつなどをもたらす。

5 山腹から吹きおろす乾燥した高温の風をフェーンという。山間の盆地などにしばしば高温をもたらす。

8 次の図は，2013年2月2日の天気図である。前線A～Cに関する記述として，妥当なものはどれか。

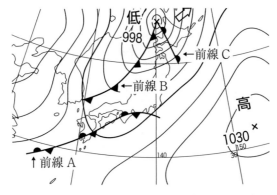

1 前線Aは寒気団と暖気団の勢力がほぼ同等である場合にみられ，移動の速度は他の前線に比べて非常に速い。

2 一般に，前線Bが通過することにより，気温が上昇することが多い。

3 積乱雲は前線Cの付近で発生しやすく，この雲の付近では雷雨を伴うこともある。

4　前線Bは前線Cより速度が速いため，前線Cに追いつき，閉塞前線が生じることがある。

5　一般に，前線Cの付近では，前線Bと比較すると雨や雪が降る時間は短い。

9　**岩石に関する記述として，正しいものはどれか。**

1　石灰岩は，サンゴや貝殻など炭酸カルシウムの殻が堆積することによってでき，それが接触変成作用を受けることにより，結晶質石灰岩ができる。

2　火山の噴出物が堆積してできた岩石は火山砕屑（せつ）岩であり，これには，凝灰岩や凝灰角礫（れき）岩，大理石が含まれる。

3　化学岩は，水中に溶け込んだ溶解物が沈殿したり堆積したりしてできた岩石であり，そのうち，硫酸カルシウムを主成分としている岩石は，チャートである。

4　マグマが地表やその近くで急速に冷やされて固結してできるのが火山岩であり，等粒状組織によって構成されている。

5　マグマが地下の深いところでゆっくり冷やされてできるのが深成岩であり，その例としては，玄武岩，安山岩，流紋岩が挙げられる。

《 解 答 ・ 解 説 》

1　2

解説　1．誤り。大気中において，窒素は約78％，酸素は約21％を占める。
2．正しい。対流圏は，地表から高さ約11kmの範囲である。　3．誤り。圏界面の高さについての記述が逆である。つまり，「極付近では低く，赤道付近では高い」とすると正しい記述になる。　4．誤り。電離層があるのは熱圏である。　5．誤り。オゾン層は，成層圏内にある。

2　1

解説　海風は，昼間に太陽熱で暖められた陸地に向かって海から吹く風である。なお，夜は逆方向に陸風が吹く。

3 2

解説 1. 誤り。「震源」と「震央」の記述が逆である。 2. 正しい。震度は0〜7であるが，5と6はそれぞれ「弱」と「強」に分かれるので，合計10段階となる。 3. 誤り。マグニチュードが1増加するとエネルギーは約32倍，2増えると$32^2 ≒ 1000$〔倍〕となる。 4. 誤り。地震波は，縦波としてのP波，横波としてのS波，および震源から地球の表面に出た波が表面上を伝わる表面波の3種類である。 5. 誤り。震源からの距離が長いほど，初期微動継続時間は長くなる。

4 1

解説 ゲンブ岩質マグマから，結晶分化作用によっていろいろな火成岩ができていく。はじめはSiが少なくMgに富むカンラン石，Caに富む斜チョウ石，温度が低くなるにしたがいSi，Na，Kなどに富むアンザン岩質マグマ，リュウモン岩質マグマと変化していく。

5 5

解説 1. 誤り。金星が「明けの明星」「宵の明星」と呼ばれている点は正しいが，自転周期が0.414日で太陽系の惑星の中で最も短く，質量が地球の約320倍であるのは木星である。 2. 誤り。大赤斑と呼ばれる巨大な渦が観測されるのは木星である。 3. 誤り。春分点と秋分点の記述がそれぞれ逆になっている。太陽が天の赤道を南から北へ横切る点を春分点，天の赤道を北から南へ横切る点を秋分点という。 4. 誤り。順行と逆行に関する記述がそれぞれ逆になっている。惑星が天球上を西から東へ移動するときを順行，東から西へ移動するときを逆行という。 5. 正しい。皆既日食の際に観測されるコロナは，太陽の最外層の大気であり，温度は約200万Kと高温である。なお，K（ケルビン）とは，水の性質を利用した熱力学温度（絶対温度）の単位である。

6 4

解説 海洋では蒸発量が降水量を上回り，陸地では降水量が蒸発量を上回っている。

7　1

解説　地殻の中にできた裂け目を境にして，両側の地盤が相対的に移動してくいちがっている状態を断層という。

8　4

解説　1．誤り。前線Aは停滞前線であり，移動の速度は最も遅い。
2．誤り。前線Bは寒冷前線であり，これが通過すると，気温は下がる。
3．誤り。前線Cは温暖前線であり，積乱雲は発生しやすくない。　4．正しい。閉塞前線は，暖気団が寒気団にはさまれて上空に押し上げられることによって生じ，この付近では天気が悪い。　5．誤り。前線Cの温暖前線の付近では，前線Bの寒冷前線と比較すると雨や雪が降る時間が長い。

9　1

解説　1．正しい。結晶質石灰岩は，大理石とも呼ばれる。　2．誤り。大理石は，選択肢1で示した結晶質石灰岩のことである。　3．誤り。チャートは，二酸化ケイ素を主成分としている。硫酸カルシウムを主成分としているのは，石膏である。　4．誤り。火山岩のでき方についての記述は正しいが，火山岩は斑状組織によって構成されている。　5．誤り。深成岩のでき方についての記述は正しいが，玄武岩，安山岩，流紋岩は火山岩に分類される。

第4部

文章理解

- 現代文
- 英　文

文章理解　現代文

|||||||||||||||||||||||||||||||||||| **P O I N T** ||||||||||||||||||||||||||||||||||||

　長文・短文にかかわらず大意や要旨を問う問題は，公務員試験においても毎年出題される。短い時間のなかで正解を得るためには，次のような点に注意するのがコツである。

① 　全文を，引用などに惑わされず，まず構成を考えながら通読してみること。
② 　何が文章の中心テーマになっているかを確実に把握すること。
③ 　引続き選択肢も通読してしまうこと。
④ 　選択肢には，正解と似通った紛らわしいものが混ざっているので，注意すること。
⑤ 　一般に本文中にも，選択肢と対応した紛らわしい要素が混ざっているので，これを消去すること。

　こうすると，5肢選択といっても，実際には二者択一程度になるので，後は慌てさえしなければ，それほど難しいものではない。

|||||||||||||||||||||| 《 **演 習 問 題** 》 ||||||||||||||||||||||

1 **次の文章の内容と一致するものとして，最も適当なものはどれか。**

　御承知かも知れませんが，マルクスの卒業論文は，ギリシヤのデモクリトスの原子論と，それからデモクリトスより後のエピキュロスの原子論との相違に関するものであります。これはどちらも原子論ですから広い意味の唯物論に属する。プラトンやアリストテレスの重んじた理性的な立場で見られる存在の形というものよりは，それ自身で必然な運動をするところの物質の終極的なるものに主眼をおく原子論，すなわち不可分者としてのアトムの論であります。ところで御承知のように，デモクリトスはプラトンと殆ど同じ時代の原子論者である。それに対しエピキュロスは，アリストテレスより以後の実践哲学の時代に属するのです。この時代の最も代表的な思想は今日まで大きな影響を及ぼしておるストア哲学であるが，それと対立したものとして

エピキュロスの快楽主義というものが重要な位置を占めるわけです。

1 マルクスの卒業時の研究テーマは，デモクリトスとエピキュロスの学説の共通点を見出すものであった。
2 デモクリトスとエピキュロスの原子論は，共に広義の唯物論に含まれる。
3 エピキュロスの原子論は，デモクリトスの学説に先立って発表された。
4 物質の終極的なものは，理性的な存在の形態と一致するものである。
5 エピキュロスの快楽主義は，ストア哲学と多くの部分において一致している。

2 **次の文章の内容と一致するものとして，最も適当なものはどれか。**

　音楽というのは「もう聞こえない音」がまだ聞こえ，「まだ聞こえない音」がもう聞こえる，という時間意識の拡大を要求する。私たちはまるで当たり前のように「旋律」とか「リズム」とかいう言葉を口にしているが，これは「もう聞こえない音」を記憶によって，「まだ聞こえない音」を先駆的直感によって，現在に引き寄せることで経験しているから言えることなのである。そして，この音楽的経験は，「もう聞こえない音」「まだ聞こえない音」の範囲が広ければ広いほど深く厚みのあるものになる。現在の前後数秒の音しか再生できないというショート・メモリーの聴き手と，数十分の交響楽の最初から今までのすべての楽音を今再生でき，それを踏まえてこれから後の曲想の展開を予期しうる聴き手では，同一の楽音から引き出すことのできる快楽の質が違う。

　私はその能力を「マッピング（地図上に自分の位置を記すこと）」と呼ぶのであるが，これは単に読書や音楽鑑賞に止まらず，人間が生きてゆく上で必須の能力なのである。

1 音楽の醍醐味は，限定された時間意識の中で，時の流れに身を委ねるところにある。
2 音楽を聴く際，旋律やリズムに執着すると，音楽の深さや厚みを損なってしまう。
3 聴き手の側の能力によって，得られる心地よさが異なるような状況は，改める必要がある。
4 マッピングの能力は，人生においても重要な意味を持つ力である。
5 記憶と先駆的直感からの解放が，音楽における課題である。

③ **次の文章の内容と一致するものとして，最も適当なものはどれか。**

　一般の日本人にとって仏教は空気のようなもので，その存在を日常生活の中で意識することは非常に少ないのではないでしょうか。しかし，仏教は歴史的にも文化的にも，我われ日本人にとって非常に大切なものです。もっとも，では「仏教とは何か」とあらためて問われたとき，私たちはどう答えたらよいのでしょうか。その意味で中村先生が，仏教を「ブッダ（釈尊）の説いた教え」と「ブッダ（覚者）となるための教えをいう」と示されていることは，実はたいへん意義深いことなのです。つまり仏教は，唯一絶対の神で世界を創造したとするキリスト教やイスラムの神のような，人間を超絶した神の教え（命令）を人びとに説き聞かすという形式の宗教ではなく，あくまでも人間釈尊が，自らの努力によって到達した心の絶対安穏（悟り）の体験を人びとに示し，また，その境地へ至る道筋を自らの言葉で語ったものであるというわけです。

　ですから，釈尊自身は，多くの弟子たちの悟りへの到達，つまり悟りの完成をお認めになりました。したがって，仏教教団には大勢の覚者（ブッダ）が存在しました。理論上は，だれでも精進によって仏陀になれるからです。

1　日本人にとっての仏教とは空気のようにその存在を日常生活の中で意識の表層に置かれているものである。

2　仏教は，日本の歴史文化において亜流の地位に留められており，特に古来の神道の下位におかれてきた。

3　ブッダが説く教えとブッダになるための教えは，二律背反のものである。

4　仏教と，唯一絶対の神を前提とするキリスト教やイスラム教は，形式において異なっている。

5　仏教においてブッダは釈尊ただ1人であり，ブッダに至る道は，到達不可能であるからこそ価値のあるものとされた。

④ **次の文章の内容と一致するものとして，最も適当なものはどれか。**

　現代の時代感覚を一言でいえば，「未来が見えない」ではなかろうか。かつて楽観的に「今日よりも明日，明日よりも明後日」を信じられた時代と違い，今日では未来の不透明性が高まるばかりである。

　そのような時代だからこそ，私たちは，拠りどころとなる何かを求める。それは何らかの大義かもしれないし，宗教かもしれないし，あるいは国家や

民族かもしれない。しかしながら，いまこそ私たちは，抽象的な原理ではなく，むしろ自分たちが歴史的に築き上げてきた社会の仕組みや，それを支える価値観を大切にする保守主義の精神から学ぶべきではないか。

その場合も，自分たちの知はつねに有限であり，すべてを見通すことはできないとする保守主義の謙虚さが重要である。自分たちは誤っているかもしれない。だからこそ，過去から継承してきたものを大事にしつつ，それを必要に合わせて修正していくことが大事である。自己抑制と同時に変革への意欲を備える保守主義のダイナミズムは，羅針盤なき時代において，社会を考えていく上でのひとつの英知であり続けるだろう。

1　保守と革新という二元論的な対立を乗り越えることに未来がある。
2　私たちの知を有限なものとしてとらえてしまったことが，将来への希望を失わせる契機となってしまった。
3　保守の本質は，自己と変革への意欲を抑制するつつましさである。
4　現代の時代感覚の特徴は，未来がどうなるかわからないという不安である。
5　保守主義の優位性は，歴史的に積み上げてきた仕組みや価値観に固執しないという点である。

5 次の文章の内容と一致するものとして，最も適当なものはどれか。

ことばの客観的効果は主として論理に頼っており，その主観的効果は心理に根ざしております。とすれば，ことばはつねに論理的側面と心理的側面との二重性を担っているといえましょう。私たちの現代語がほとんど拾収すべからざる混乱状態に陥っているとすれば，その主なる原因は，ことばのもつこの二つの働きのあいだに大きなギャップがあるということになります。私たちの日常生活における誤解とかいきちがいとかいうものは，よく考えてみれば，たいていこのギャップから生じているのです。たとえば，私の作品の冒頭で，「また雪が降ってきたわ」という妻のことばにたいして，「うん……」という夫のことばは，論理的には正しい。妻にはなんら文句をいうべき筋あいはない。しかも妻に不満が残るというのは，妻の「また雪が降ってきたわ」というせりふが，論理的な意味よりも，「二人で話がしたい」という心理的な発言であるからです。

1 現代語の混乱状況は，論理的側面と心理的側面という2つの働きの間に
あるギャップに起因する。
2 現代語の混乱と日常生活の誤解については，異なる視点から論じなけれ
ばならない。
3 すれ違いがちな夫婦の会話には，文句を言われても仕方のない要素が少
なくない。
4 夫婦の会話において，夫の論理的な発言が欠如すると，妻の側には，大
きな不満が残りがちである。
5 人間の発言にとって不可欠なのは，忌憚なきコミュニケーションであり，
発言の背景の分析などは，むしろ人間関係を歪める要因となる。

6 **次の文章に続くア～エの文を正しい順序に並べ替えたとき，その順序
として最も適当なものはどれか。**

　移動や出張が多い仕事の中で，楽しみなのは，「出会い」である。少々意外
に思われることが多いが，その対象は，「本」である。例えば，講演のために
訪れた地で，時間に余裕があるので，古本屋に立ち寄ると，自らの話の内容
を豊かにしてくれる本と出会うこともあった。
　一方で，最近，若い世代の方と話していると，「本の探し方」がわからない，
と打ち明けられることが多い。さしあたり，相手が学生の場合は，私自身が
推奨する本を紹介するとともに，指導教官などにも相談することを薦めるこ
とにしている。
ア　結局は，多くの情報を得ることに加え，そのように，人に相談し，実際
　　に本などに接することが，最も効果的な手法といえる。
イ　むしろ，インターネットで，懸命に思い浮かんだキーワードを検索し，
　　書籍リストを作成するのであるが，そのあまりの膨大さに立ち尽くし，
　　求める情報までたどり着かないのである。
ウ　もちろん，相談してくる人々が，探すことを断念しているわけではない。
エ　そんな時，私達の学生時代であれば，図書館で相談し，本を手に取りな
　　がら，情報の収集をはかったものである。
　1　イアウエ
　2　イウアエ
　3　ウアイエ

4　ウイエア

5　エウイア

7 次の文中の空欄　A　に入る内容として，最も適当なものはどれか。

　日本の夫婦は互いに夫であり妻であるとして行動するよりも，子供の父として母として行動することが多くなければならないが，事実日本の夫婦をアメリカの夫婦などと比べると，日本の結婚した男女は，夫であり妻であるよりも遥かに父として母として行動することが多いと思う。

　アメリカの社会では与えられる役割，自分の意志が選択に加わらなかった役割よりも，自ら選びとった役割に重点を置くとされているが，夫婦は日本人の私達から見れば驚くほど夫であり妻である。

　彼等の結婚はそもそも指輪という相互拘束のシンボルを交換することから始まり，夫婦関係を保持するため，絶えず非常な努力を払っている。常に愛情を表すことばを交わしたり，誕生日，結婚記念日に夫婦の間で贈物をしたりすることは，結婚という契約状態を再確認し強化するための一種の儀礼（リチュアル）に他ならない。従ってこのような明示的な愛情表現を忘れたり，程度が減少したりすれば，それは直ちに結婚状態の破局を意味することになる。

　日本人の夫婦はほとんど明示的な愛情表現をしないし，社会的に定型化された英語のhoney・darlingのような，社会人類学者のいうsaccharine term（甘いことば）も持っていない。これは日本人にとって結婚状態とは，絶えず相互の愛情を確認しながら保持して行く，ダイナミックな　A　人間関係ではなくて，むしろ否定したり解消したりすることが原理的に不可能である親子関係というスタティックで不変の関係を介した，それ自体すでに与えられた人間関係として把握されているのではないだろうか。

1　直接的で契約的な

2　間接的で自然的な

3　間接的で打算的な

4　直接的で破壊的な

5　間接的で隠喩的な

8 次の文中のA～Eに入る語句の組み合わせとして，最も適当なものは
どれか。

　昨今，テレビのコマーシャルなどに流されるコピーやポップスの歌詞など
に対して，「何を言っているのかわからない」，「もっと正しい国語の用法を」
などと　A　を立てる向きもあるようだが，言葉とはそもそも，そのストラ
イク・ゾーンが一定していないところに味わいがあるのではないだろうか。
　明晰にして合理的な言葉，その指示する対象が一つしかない　B　のよう
な言葉が一方にあるとすれば，二重三重の意味をはらみ，確たる対象をもた
ない　C　のような言葉が他方に存在するように見えないこともない。し
かし私には，数学と　D　，物理学と詩のいずれをも表すために用いる言葉
は，二つであるように見えて実は一つであると思われる。それは光の秩序を
維持するための〈　E　としての言葉〉であると同時に，闇の豊 饒 から立ち
昇る〈情念の言葉〉でもあるのだ。

	A	B	C	D	E
1	めくじら	信号	象徴	神話	帰着
2	腹	幻影	鏡	方程式	道具
3	めくじら	信号	象徴	神話	道具
4	腹	めくじら	鏡	方程式	帰着
5	めくじら	腹	象徴	神話	帰着

9 A～Fを並べ替えて一つのまとまった文章にするとき，その順序とし
て最も適当なものはどれか。

　執筆活動には，比較的自由な書き方を許されるものと，何らかの制約を課
されるものがある。前者は，筆者に多くを委ねる形で各方面から依頼された
場合や，ブログをはじめとするインターネットの空間においてよくみられる。
一方で，商業ベースの執筆活動においては，後者の方が多い。

A　しかし，それは極めて難しい。

B　なぜなら，中立ということは，単独では成り立たないからである。

C　評論を求められる際に，偏向した意見には触れず，中立的な視点で述べ
　　てくださいというリクエストも案外多いと聞く。

D　その後で，「これこそが中立だ」と表明したとしても，それは，新たな立場
　　の表明であり，3つの意見は，多かれ少なかれ，偏向していることになる。

E　中立が成り立つのは，あくまでも，複数の意見が併存している場合である。

F　もし，ある意見と別の意見が対立している状況で，それらとは異なるも
　　う一つの意見を表明したとする。

　私達が様々な評論を執筆したり，評論に接したりするときに，本当の「中
立」を求めるなら，それぞれの意見の偏向性を前提として，それらを対比す
るしかない。

　1　CABEFD
　2　CBFDEA
　3　CEABFD
　4　EABFCD
　5　EBFDCA

10　次の文章の内容と一致するものとして，最も適当なものはどれか。

　ヨーロッパの地方を旅する人たちは，誰でも，「地方自治の本旨」とは何か
という，日本の憲法問題の難問中の難問一つを，自然とその身体で感じ，理
解することができる。

　フランスの農村を車で旅行していると，道路の交差点に，どこどこまで何
キロという標識が立っているのを発見する。その標識通りに走ると，ある市
町村（コミューン）に到着する。今まできたこともないコミューンにはじめて
到着して，さてどこへと考えると，そこにサントルとだけ書いた標識がある。
その指示に従って何キロか走ると，必ずそのコミューンの中心にある広場に
ぶつかる。

　大小に関係なく，どこの市町村でも，その中心（サントル）には広場があ
り，それに面して立派な教会が立ち，役所が設置されている。広場のそばに
はホテルがあるからそこに車をおいて旅行者は安心して見物ができる。

　広場を中心として教会と役所があり，月に何回かそこが市場となって市民
に必要な生活物資を提供する，という生活パターンは，ヨーロッパでは中世
以来今日までつづいている。市民が集まって公共の問題を討議するのが広場
である。

　1　地方自治の本旨とは何かという問題は，世界中の人々にとっての難問と
　　いえる。
　2　フランスのコミューンの中心には，公共の問題を話し合う広場が整備さ
　　れている。

3 街のたたずまいは，ヨーロッパとアメリカにおいて大きく異なっており，そのことが地方自治についての考え方の違いとなって表れている。

4 フランスのコミューンは，それぞれが個性にあふれており，そのことが，文化の多様性と深くかかわっている。

5 広場に隣接した場所にある設備は，地域によってさまざまであり，その違いを楽しむことが旅の醍醐味である。

11 次の文章の趣旨として，最も適当なものはどれか。

学校の担任の先生が，成績表にこんなことを書いてきたとする。親はどんな気持ちだろうか。「遅刻の常習犯です。とにかくいろいろな物をなくします。だらしなさは完璧です。私にはどうしたらいいかわかりません」。

20世紀を代表する政治家の一人で，英国の首相だったチャーチルが幼いときのことである。成績はクラスで最下位だった。母親は寄宿生の彼に手紙を送った。「楽しくないことをいろいろ言わねばなりません。あなたは私たちを不幸にしました。あなたに対する期待や誇りはすべて消え去りました。あなたは，これがどんなに深刻なことかわかる年齢です」。

有名人の学校時代の成績を集めた『クッド・ドゥー・ベター』という嫌みな英国の本である。

元ビートルズのジョン・レノンの高校のころは「間違いなく失敗に向かっている。クラスの道化で，他の生徒の時間を浪費させている。絶望的」。作家のケン・フォレットの小学生時代は「従順でない厄介者」。退学になりそうな大学生だった映画監督のウディ・アレンは「人生をちゃかしてばかりいるのを何とかしなくては」。こうした例には励まされる人も多いだろう。

世に出て成功するのは劣等生ばかりではない。もちろん優等生もいる。「鉄の女」といわれたサッチャー元英首相は「勉強家で，間違いなく能力がある。野心を抱いているが，きっとうまくいくだろう」。いかにも彼女らしい。

ただし，サッチャーよりもチャーチルのような例の方が「どう転ぶかわからない」人生の面白さを教えてくれる。

1 成績表に書く文章は慎重に吟味しなければならない。

2 チャーチルやジョン・レノンは，生涯を通じて，周囲に心配をかけ続けてばかりだった。

3 劣等生を優等生に転化させるのが先生の役割である。

4 劣等生として過ごした少年・少女時代こそが，成功した有名人となるた

めに不可欠な条件となっている。

5　有名人がかつて劣等生だったエピソードは，どの方向に行くか分からない人生の面白さを物語る。

[12]　次の文章の内容と一致するものとして，最も適当なものはどれか。

　権力に関する学説の中で，ルークスによる「三次元権力観」という考え方がある。これは，当事者に問題点を自覚すらさせない権力の存在を示唆する説である。例えば，現代において不当とされる事象が，ある時代に生きた人々にとっては当然のこととして受け入れられていたような場合は，三次元権力のはたらきがあったことを意味する。

　顧みて，現代，この世界に生きる私達も，自覚できない三次元権力によって何らかの強制力がはたらいているとしたら，不気味なことである。その存在が明らかになるのは，ある程度時間が経過した未来に限られるだろうか。私は，必ずしもそうとは考えない。

　例えば，弱者が抑圧されている事象があり，その弱者が不当性を自覚していない場合である。その狭い世界の中では，三次元権力として，当事者も無自覚のまま受け入れられていたとしても，同時代に生きながらも，その世界に属さない者からみれば，それが克服されるべきであることを明らかにできる。つまり，その権力の影響を受けていない者が，不当性を指弾し，改善の方向性を諭すことができる。

　私は，よりよい社会を建設するためには，三次元権力をあえて自覚できるようにすることが求められると考えている。そのためには，自らの価値観を絶対視せず，他者を尊重することが求められる。絶対的な自由は存在しなくても，相対的な自由は，価値の多様性を認めることと他者の尊重から得られるのである。

1　絶対的な自由の獲得を諦めることは，現代社会における病理の1つである。

2　価値の多様性を認めることは，相対的な自由を獲得することにつながる。

3　他者を尊重することを勧める姿勢は，不可能なことを求める幻想に他ならない。

4　自らが属さない世界について，介入すべきではない。

5　ルークスの学説は，今日では古くなったと評価されることが多いが，現代社会に光を当てる意義を持つ。

《 解 答 ・ 解 説 》

1 2

解説 田辺元『哲学の根本問題』より。 1. 冒頭の文にマルクスの卒業論文のテーマが両者の相違に関するものであると記されている。 2. 正しい。第2文の内容と一致する。 3. 第1文にデモクリトスの方が先である旨が述べられている。 4. 第3文に理性的な立場で見られる存在の形と物質の終極的なるものに主眼をおく原子論との相違について触れられている。 5. 最後の文にストア哲学と対立するものとしてエピキュロスの快楽主義が挙げられている。

2 4

解説 内田樹『活字中毒患者は電子書籍で本を読むか？』より。 1. 冒頭の一文で，時間意識の拡大について述べられている。 2. 本文中で，旋律やリズムへの執着を否定的に描いた記述はない。 3. 筆者は，聴き手の能力による快感の質について言及しているが，「改めるべきである」とは述べていない。 4. 正しい。最後の内容の一部と一致している。 5. 記憶と先駆的直感については，音楽を楽しむ上で重要なものとして位置づけられている。

3 4

解説 中村元著，保坂俊司補説『中村元が説く仏教のこころ』より。
1. 冒頭の文章で仏教の存在が日常生活の中で意識されることは非常に少ないのではないかとされている。 2. 仏教は歴史的にも文化的にも非常に大切なものと述べられている。 3. ブッダの説いた教えとブッダになるための教えの両面が仏教の本質的なものである旨が述べられている。 4. 正しい。仏教は，人間を超絶した神の教えと異なり，人間釈尊が到達した悟りの体験を示し，そこに至る道筋を語ったものであるとしている。 5. 仏教教団には大勢のブッダが存在したと述べられている。

4 4

解説 宇野重規『保守主義とは何か』より。 1. 誤り。「革新」や「二元論的な対立」について触れられた箇所はない。 2. 誤り。第3段落において，知が有限であることで将来への希望を失ったとは述べられていない。 3. 誤

り。「自己抑制と同時に変革への意欲を備える保守主義」という内容と一致しない。　4.　正しい。第1段落の内容と一致する。　5.　誤り。「歴史的に積み上げてきた仕組みや価値観」については，学ぶべきであるとされている。また，文脈から，このことが保守主義の優位性を示していることがわかる。以上より，「固執しない」というのは誤りである。

5 1

解説 福田恆存『演劇入門』より。　1.　正しい。第2文，第3文の内容と一致する。　2.　誤り。むしろ，「現代語の混乱」と「日常生活における誤解とかいきちがい」の共通点が論じられている。　3.　誤り。本文中に，「文句をいうべき筋あいはない」との記述がある。　4.　誤り。本文中の例では，妻の心理的な発言に対し，夫が論理的な側面からのみ答えていることが，不満の要因とされている。　5.　誤り。「忌憚なきコミュニケーション」や「人間関係を歪める要因」については，触れられていない。

6 4

解説 このような問題を解く上で大切なことは，「文章の展開を追うこと」そして「指示語や接続語のはたらきに注意すること」である。まず，前の内容を受けて，相談者が，「探すことを断念しているわけではない」と述べているウがはじめに位置する。それは，ネットによる本の探し方の意義と問題点を述べているイの内容につながる。また，アの「結局は」ということばが，結論的な部分になることのヒントになり，さらに，アの中にある「そのように」という指示語の指示内容が，エに示された図書館での相談と情報収集の内容を受けていることから，エとアのつながりがわかる。以上より正解は4である。

7 1

解説 鈴木孝夫『ことばと文化』より。　1.　正しい。空欄に入るのは，アメリカの社会における夫婦関係の特徴を示す内容でなければならない。つまり，夫婦関係を保持するために，絶えず努力が必要な関係について触れられていることが空欄に入る条件である。　2.　直接的に契約を確認することによって成り立つ関係と一致しない。　3.　前述のように，アメリカの夫婦関係は，間接的な関係ではなく，また，打算的という内容も読み取れない。

4. 直接的なという部分は正しいが，破壊的という内容は読み取れない。

5. 前述のように，「間接的」「隠喩的」ともに，アメリカの夫婦関係を示す内容と正反対である。

8 3

解説 丸山圭三郎『言葉と無意識』より。　Aについては，流布している言葉を批判している様子を示しており，「腹を立てる」というより，「めくじらを立てる」という方が適している。Bは，指示する内容が一つしかないものであり，「幻影」ではなく，「信号」が適している。Cは，Bとは逆に，二重三重の意味をはらんでいることからみて，「鏡」ではなく，「象徴」である。Dについては，数学と対比的に用いられていることから，「方程式」ではなく，「神話」が入る。また，これについては，後の文の物理学と詩の対比も参考になる。Eは，秩序を維持するためという内容からみて，「帰着」より，「道具」が適切である。以上より正解は3である。

9 1

解説 整序問題に取り組む際に大切なことは，内容の関連性，指示語や接続語のはたらきに着目することである。まず，選択肢も参考にしながら，冒頭にくる文を絞り込むと，中立ということばが提示されていない下で，Eを冒頭にすると意味が通じなくなってしまい，冒頭の文としてはCが適切であることがわかる。その後に，中立の難しさについて述べた文が続く。「それ」が指す内容は，中立的な視点の困難さを示していることから考えると，Cの後にはAが続き，さらに，その後には理由を述べているBが位置する。その後には，本来の「中立」の意味が述べられているEが続くのが適切である。さらに，新たな視点を提示するFの後に，中立を自称する議論も含めて，いずれもが偏向しているという内容を示すDが続く。以上より，正解は1である。

10 2

解説 長谷川正安『憲法とは何か』より。　1. 誤り。冒頭の文において，ヨーロッパを旅する人は，地方自治の本旨とは何かという問題について，「自然とその身体で感じ，理解することができる」と述べられている。　2. 正しい。第2段落4文目が本文の最後に述べられている内容と一致する。　3. 誤

り。アメリカについては，触れられていない。　4．誤り。コミューンの個性や文化の多様性には触れられていない。　5．誤り。広場のそばに共通してあるものとして，ホテル，役所，教会が挙げられている。

11 5

解説　朝日新聞『天声人語』2003年4月18日（金曜日）有名人の成績表より。　1．本文に書かれていない。　2．「生涯を通じて周囲に心配ばかり」ということは述べられていない。　3．1と同様に，先生のあり方については述べられていない。　4．サッチャーの場合は，優等生であった例として書かれている。　5．正しい。第2，第3段落と本文の最終文に述べられていることと一致する。

12 2

解説　1．誤り。絶対的な自由の獲得については触れられていない。　2．正しい。最後の1文の内容と一致する。　3．誤り。最後の1文において，他者を尊重することの意義が強調されており，選択肢のような批判は本文中にない。4．誤り。自らが属さない世界に介入すべきではないとの見解は示されておらず，むしろ，第3段落の最後には，その権力の影響を受けていない者が不当性を指弾することなどについて肯定的に述べている。　5．誤り。ルークスの学説の評価については触れられていない。

文章理解　英　文

||||||||||||||||||||||||| **POINT** |||||||||||||||||||||||||

英文解釈は，公務員試験における英語の中心となるものである。書かれて
ある英文の内容を正しく理解するためには，主語，述語，目的語，補語とい
う英文の要素をしっかりおさえるとよい。

「主語＋述語動詞」に注目しよう。どれほど修飾語句で飾られた文でも，ま
たどれほど難語，難句でかためられた文でも，裸にすれば，主語と述語動詞
の2つが残る。だから英文を読む時には，まずその主語をつきとめ，次にその
主語に対する述語動詞をさがし出すことである。そして自分の持つ関連知識
と常識力を総動員して全体を理解するよう努めることである。つねに「主語
＋述語動詞」を考えながら読もう。

《　演　習　問　題　》

1 次の英文の内容と一致するものとして，妥当なものはどれか。

I am holding something remarkably old. It is older than any human
artifact, older than life on Earth, older than the continents and the oceans
between them. This was formed over four billion years ago in the earliest
days of the solar system while the planets were still forming. This rusty
lump of nickel and iron may not appear special, but when it is cut open …
you can see that it is different from earthly metals. This pattern reveals
metallic crystals that can only form out in space where molten metal can
cool extremely slowly, a few degrees every million years. This was once
part of a much larger object, one of millions left over after the planets
formed. We call these objects asteroids.

Asteroids are our oldest and most numerous cosmic neighbors. This
graphic shows near-Earth asteroids orbiting around the Sun, shown in
yellow, and swinging close to the Earth's orbit, shown in blue. The sizes of
the Earth, Sun and asteroids have been greatly exaggerated so you can

see them clearly. Teams of scientists across the globe are searching for these objects, discovering new ones every day, steadily mapping near-Earth space. Much of this work is funded by NASA. I think of the search for these asteroids as a giant public works project, but instead of building a highway, we're charting outer space, building an archive that will last for generations.

These are the 1,556 near-Earth asteroids discovered just last year. And these are all of the known near-Earth asteroids, which at last count was 13,733. Each one has been imaged, cataloged and had its path around the Sun determined. Although it varies from asteroid to asteroid, the paths of most asteroids can be predicted for dozens of years. And the paths of some asteroids can be predicted with incredible precision. For example, scientists at the Jet Propulsion Laboratory predicted where the asteroid Toutatis was going to be four years in advance to within 30 kilometers. In those four years, Toutatis traveled 8.5 billion kilometers. That's a fractional precision of 0.000000004.

1 小惑星探索は，公共事業とは異なり，様々な国からの資金提供によって成り立っているプロジェクトである。

2 地球近辺には1,556個もの小惑星が発見されており，これらは地球近傍小惑星と呼ばれている。

3 宇宙でのみできる金属結晶は，溶けた金属が百万年に数度ずつと非常にゆっくりと冷えることで形成される。

4 筆者が紹介している小惑星は，惑星の形成後に残った何百万もの中で，最も大きかったものである。

5 惑星探索に関する費用の多くは，有志からの献金によって成り立ち，様々な研究に役立てられている。

2 次の英文の内容と一致するものとして，妥当なものはどれか。

Here's a question for you: how many different scents do you think you can smell, and maybe even identify with accuracy? 100? 300? 1,000? One study estimates that humans can detect up to one trillion different odors. A trillion. It's hard to imagine, but your nose has the molecular machinery to make it happen.

Olfactory receptors -- tiny scent detectors -- are packed into your nose, each one patiently waiting to be activated by the odor, or ligand, that it's been assigned to detect. It turns out we humans, like all vertebrates, have lots of olfactory receptors. In fact, more of our DNA is devoted to genes for different olfactory receptors than for any other type of protein.

Why is that? Could olfactory receptors be doing something else in addition to allowing us to smell?

In 1991, Linda Buck and Richard Axel uncovered the molecular identity of olfactory receptors -- work which ultimately led to a Nobel Prize. At the time, we all assumed that these receptors were only found in the nose. However, about a year or so later, a report emerged of an olfactory receptor expressed in a tissue other than the nose. And then another such report emerged, and another. We now know that these receptors are found all over the body, including in some pretty unexpected places -- in muscle, in kidneys, lungs and blood vessels.

But what are they doing there? Well, we know that olfactory receptors act as sensitive chemical sensors in the nose -- that's how they mediate our sense of smell. It turns out they also act as sensitive chemical sensors in many other parts of the body. Now, I'm not saying that your liver can detect the aroma of your morning coffee as you walk into the kitchen. Rather, after you drink your morning coffee, your liver might use an olfactory receptor to chemically detect the change in concentration of a chemical floating through your bloodstream.

Many cell types and tissues in the body use chemical sensors, or chemosensors, to keep track of the concentration of hormones, metabolites and other molecules, and some of these chemosensors are olfactory receptors. If you are a pancreas or a kidney and you need a specialized chemical sensor that will allow you to keep track of a specific molecule, why reinvent the wheel?

1 人が嗅ぎ分けられる匂いの数は, 動物の中では最も多く, 1,000種程度である。

2 嗅覚受容体は，鼻のみに存在する分子機械であり，リガンドによって活性化される。

3 体内の多くの様々な細胞と組織は化学センサーを使い，ホルモンや代謝産物，そして他の分子の濃度を監視している。

4 筋肉，肝臓，肺，血管などの器官も匂いを嗅ぎ分けることができる。

5 膵臓や腎臓は嗅覚受容体に頼らずに，独自の化学センサーを使って特定の分子を監視する。

③ 次の英文の内容と一致するものとして，妥当なものはどれか。

What we are learning around the world is that if women are healthy and educated, their families will flourish. If women are free from violence, their families will flourish. If women have a chance to work and earn as full and equal partners in society, their families will flourish. And when families flourish, communities and nations do as well. That is why every woman, every man, every child, every family, and every nation on this planet does have a stake in the discussion that takes place here.

I have met new mothers in Indonesia, who come together regularly in their village to discuss nutrition, family planning, and baby care. I have met working parents in Denmark who talk about the comfort they feel in knowing that their children can be cared for in safe, and nurturing after-school centers.

1 デンマークには，子どもを安心して預けられる学童保育所が整備されている。

2 一家の幸福と女性への待遇の改善が無関係であることが，問題の本質である。

3 インドネシアでは，女性が集まって相談すること自体がはばかられる状況がある。

4 男性の無理解こそが，あらゆる国において克服しなければならない課題である。

5 女性の地位向上は，国際機関が最優先で取り組まなければならない事項である。

4 次の文章はダニエル・カーネマンの「幸福」に関するスピーチの一部を抜粋したものである。英文の主旨として適当なものはどれか。

Everybody talks about happiness these days. I had somebody count the number of books with "happiness" in the title published in the last five years and they gave up after about 40, and there were many more.

There is a huge wave of interest in happiness, among researchers. There is a lot of happiness coaching. Everybody would like to make people happier. But in spite of all this flood of work, there are several cognitive traps that sort of make it almost impossible to think straight about happiness. And my talk today will be mostly about these cognitive traps. This applies to laypeople thinking about their own happiness, and it applies to scholars thinking about happiness, because it turns out we're just as messed up as anybody else is.

The first of these traps is a reluctance to admit complexity. It turns out that the word "happiness" is just not a useful word anymore, because we apply it to too many different things. I think there is one particular meaning to which we might restrict it, but by and large, this is something that we'll have to give up and we'll have to adopt the more complicated view of what well-being is.

The second trap is a confusion between experience and memory; basically, it's between being happy in your life, and being happy about your life or happy with your life. And those are two very different concepts, and they're both lumped in the notion of happiness.

And the third is the focusing illusion, and it's the unfortunate fact that we can't think about any circumstance that affects well-being without distorting its importance. I mean, this is a real cognitive trap. There's just no way of getting it right.

1 過去5年間に出版された本の中で，タイトルに「幸福」と入っていたものは40冊ほどあった。

2 研究者たちの幸福に対する興味はかなり高まっているものの，幸福の教えはまだまだ行われていない。

3 一つめの罠は，幸福の単純さを理解することへの抵抗感にあると述べられている。

4 幸福を正確に理解する方法が私たちには少なからず1つはあるというこ
とがダニエル・カーネマン氏の見解である。

5 幸福について明瞭に考えることをほとんど不可能にしてしまう，認知の
罠があるということが述べられている。

5 次の英文の内容と合っているものはどれか。

Saving electricity during the hot and humid summer is a difficult task,
but here is something you can hang on your window to help you feel just a
little bit cooler. Tsuri-shinobu, or hanging squirrel's-foot ferns planted on
moss balls, is now in high season. Tsuri-shinobu En, a plant nursery in
Takarazuka, Hyogo, will offer them until the end of July.

The nursery grows tsuri-shinobu by hanging them — looking like planets
floating in space — for a year on to arrays of ropes in a facility constructed
with iron pipes. They become ready for sale after some 20 leaves come
out.

The nursery grows 10,000 plants annually. With a wind chime attached
under each of the moss balls, tsuri-shinobu plants are shipped to markets
in major cities like Tokyo and Nagoya. They are also available through
mail order or online shopping. They are becoming popular as gifts for
Father's Day coming up on Sunday, June 16, with orders doubling from
last year. They are offered at 2,500 yen or more, plus shipping. "You can
feel cool when you see the leaves waving in the breeze," said the nursery
owner Makoto Ichihara.

1 父の日の贈答用につりしのぶは人気が出ていて注文もわずかに増えた。

2 つりしのぶはコケの一種である。

3 つりしのぶの球根に風鈴をつけて商品にする。

4 つりしのぶはインターネットでは販売されていない。

5 つりしのぶは育成の段階から空中につるされている。

6 次の英文から読み取れる内容として，正しいものはどれか。

Beards, like tattoos, have been fashionable for young people for well over a decade. During the recent pandemic, many men have sprouted "quarantine beards" and "vacation beards" are also common as some relax on holiday and decide they like the result. Canadian Prime Minister Justin Trudeau came back from the Christmas break with a neatly trimmed beard that gives him an air of authority.

I've worn a mustache most of my adult life, growing my first when I went away to university. My friends and family teased me, saying I needed to wash my face or that I was only growing it to try to look older so I could drink in the pub. In truth, I grew it as a safety measure.

Living in the dorm at school meant shaving while still half asleep with lots of other guys rushing in and out of the shared bathroom, and I would often cut myself. One morning, while I was shaving the tricky part above the middle of my upper lip, someone bumped into me, and even though I was using a safety razor, I took a big slice out the base of my nose. If I had been using an old-fashioned straight razor, I'd have cut my nose off. I've worn a mustache ever since.

1 カナダの首相は，クリスマス休暇から戻った際，きれいに切りそろえられたひげを生やしていた。

2 学生時代の筆者がひげを生やしていたのは，大人に対するあこがれが強かったからである。

3 ひげを上品に整えることは，中世以降の歴史において，紳士のたしなみとされていた。

4 ウィルスのパンデミックにより，清潔さに対する志向が強まり，ひげをたくわえる若者が激減した。

5 タトゥーなどと異なり，ひげは，ファッションを大切にする若者から敬遠されている。

7 次の英文は研究者が「他人に対する信頼と人間の脳の関係」の研究結果をまとめた文章の一部である。ここから正しくいえることはどれか。

In the past several years, researchers have begun to uncover how the human brain determines when to trust someone. And my colleagues and I have demonstrated that an ancient and simple molecule made in the brain-oxytocin plays a major role in that process. This short protein, or peptide, which is composed of just nine amino acids, was known to be produced in the brain, where it serves as a signaling molecule-a neurotransmitter. It also slips into the bloodstream to influence distant tissues, making it a hormone as well. Documenting the peptide's more subtle effects was difficult because its concentrations in the blood are extremely low and it degrades rapidly.

Experimental economist Joyce Berg of the University of Iowa and John Dickhaut and Kevin McCabe, both then at the University of Minnesota, had already devised a task in the mid-1990s that would do the trick. In this task, subjects can signal that they trust a stranger by sacrificing their own money and transferring it to the stranger. They send money to a stranger because they believe the stranger will reciprocate and return more money back to them. The researchers called it the "trust game."

1 被験者は，何の見返りも求めることなく，自身の金を出し，それを見知らぬ人に渡すことによって，その他人を信頼しているという信号を送ることができる。

2 1990年代に提唱された「信頼ゲーム」は，有効性についての疑念があまりに多かったため，ここ最近まで，「信頼ゲーム」の実証実験は不可能とされた。

3 ここ数年の実験により，大昔から脳で作られてきた単純な分子であるオキシトシンが，信頼するというプロセスにおいて主要な役割を果たしていることが明らかになった。

4 ペプチドが持つ微妙な作用の解明が困難である理由は，血中での濃度が極めて低い一方で，分解に要する時間が非常に長いからである。

5 人を信頼する時期を人間の脳がどのように決定するのかといった問題の解明に研究者が取り組み始めたのは，数十年前である。

8 次の英文から読み取れる内容として，正しいものはどれか。

The Olympics appear to have been filled with disarray in their early years. During the St. Louis Games in 1904, North American indigenous peoples and other ethnic and racial groups were assembled for track and field and other events at a related competition. It was aimed at demonstrating the supremacy of white athletes from the United States and Europe by measuring the performances of non-white people.

Jules Boykoff's "Power Games : A Political History of the Olympics" includes another episode. At the opening ceremony of the 1906 Intercalated Games, held between two Olympic Games, athletes from Ireland, governed by Britain at the time, provoked a controversy by wearing green blazers designed to show their identity during a march.

An Olympic Charter provision says, "No kind of demonstration or political, religious or racial propaganda is permitted in any Olympic sites, venues or other areas," as a way to overcome problems related to racial issues and international conflicts.

1 オリンピック憲章と政治的な主張は不可分のものであり，度々，競技場内が政争に利用されてきた。

2 イギリスの支配下にあったアイルランドの選手が緑色の上着を着ることを拒否したことが，大きな論争を呼んだ。

3 初期のオリンピックは整然とした秩序の下で行われていたが，時代が下るにつれて，混乱に満ちたものになった。

4 オリンピック憲章の制定過程が閉鎖的であった経緯は，後の大会運営に大きな影を落とした。

5 オリンピックの関連行事として行われた競技は，特定の人種が優越していることを示す狙いがあった。

9 次の英文の内容と一致するものとして，妥当なものはどれか。

What's nice about putting together and receiving a care package is that you know each item is something that reminds one person of the other. The icing on the cake is when the actual delivery of the package is also done with care.

Japan's efficient and reliable logistics is one thing I really wish the rest of the world would adopt. In all the years I have lived in Japan, I can count on one hand the number of problems I've had with deliveries. My only suggestion for improvement is about one word: "Overseas." A minority of Japan Post delivery workers will write the name of the sender on the redelivery notice.

Most of them will either write only the country name, or just "Overseas." With the amount of time people spend making a care package, it can feel like a chain is broken when the sender is just grouped into "Overseas." When delivery workers do write the sender's name, and if those workers are also redelivering the package, then I try to thank them in person.

1 日本に住んでいたときに遭遇した配送上の問題は数多かったが，親切な対応によって相殺できた。

2 日本における配達業務において特に丁寧なのは，不在通知表に誰からの郵便物かを詳しく示すことであった。

3 小包や郵便物の中に込められた思いは，同封されたメッセージに込められているものである。

4 配達や物流のサービスは多くのスタッフの熱意に支えられており，時には，配達員に対する感謝の手紙を直接渡すべきである。

5 日本の物流は，効率的で信頼できるものであり，日本以外の地域においても取り入れるべき水準である。

10 次の英文の内容として，正しく述べられているものはどれか。

Originally an artificial island, Dejima was the only area open to foreign nationals during Japan's period of national isolation. It was barely bigger than a regulation soccer field and served as a trading post for Dutch merchantsthroughout most of the Edo Period. At the time, it was Japan's main source of contact with the outside world.

As I wandered around the restored and re-created buildings that made up this tiny district, I couldn't help but think of how boring it must have been to be one of the Dutch traders living there for months or years at a time. Sure, there were books and games – including billiards, one of the many things introduced to Japan by the Dutch.

There were also occasional dinner parties and probably a fair bit of alcohol – beer is another thing the Dutch are believed to have introduced to Japan – that would have helped pass the time. But not being able to go out and explore the beautiful Nagasaki landscape or discover Japan's unique culture and food would have caused me to go stir-crazy.

1 ディナーパーティやアルコールは，オランダ商人が暇をつぶすことにある程度役に立ったものと考えられる。

2 出島の当時の街並みを復元するために再建築された建物は，当時の様子を的確に表現しており，オランダ人観光客の誘致に成功した。

3 当時の出島に出入りしていたオランダ商人たちは，美しい長崎の景色を探索したり，日本のユニークな文化や食事を発見したりすることで日本を満喫していた。

4 出島では，オランダ人から伝承された本やビリヤードを使用することは許可されたが，ビールを除くアルコール類の持ち込みは禁止された。

5 もともと人工的な島である出島は，日本の鎖国の時期において長崎県の中では，外国人に唯一開かれた場所であり，日本人にとっては，外国を知る唯一の場であることから，周辺の多くの人々でにぎわった。

11 次の英文の内容として，正しいものはどれか。

Socially, I've come to realize that most of my closest friends have been my closest friends for years. That's nice in a way, as it tells me that I've been lucky to keep several solid friendships.

However, it also tells me that I'm no longer meeting new people, and that means I could be missing out on other rewarding friendships.

Maybe that is to be expected. I've lived in Osaka for nearly 18 months now, but until recently the pandemic has curbed social activities for most people. I also became a father at this time last year and that's certainly not a job that allows you to have regular nights out on the town or even spend much time on your hobbies.

But beyond those factors, it has become clear to me that opportunities to make new friends in your 30s are rare, unless you go looking for them. Children can become best friends with a classmate just because they happen to like the same superhero, music group or baseball team.

But most people my age are simply too busy with their daily lives, whether it's work, children or a combination of both.

People tend to be happy with their own friend groups at this stage in life and aren't necessarily looking to make new friends. For me and a growing number of other people, teleworking also limits social interaction with co-workers.

1 30代で新しい友達を作る機会については，音楽グループ，野球チームが好きだからなどという共通の趣味を見つけることで簡単に交友関係を築くことができる。

2 人生において，育児や仕事などで忙しい時こそ，人は新しい交友関係を築こうとする傾向があり，様々な交流が生まれる瞬間につながるものである。

3 パンデミックは，ほとんどの人々の社会活動を制限したが，そういった環境が，オンライン上での新たな交流を生み出す機会になった。

4 人付き合いにおいて，付き合いの長い親しい友人がいることは非常に良いことであるが，それは同時に，もう新しい人に出会っていないということでもあり，他の価値ある友人関係を逃しているかもしれないということも意味する。

5 1つの趣味に没頭することにより，定期的な外出や，新しい趣味にたくさんの時間を費やすことが難しくなってしまう。

1 3

解説 TED Talks：Carrie Nugent「小惑星ハンターの冒険」より。

【全訳】私が手にしているのはとてつもなく古いものです。どんな人工物よりも，地球上の生命よりも，どの大陸や，それらを囲む海よりも古いのです。これが形成されたのは，40億年以上も昔，太陽系の黎明期である惑星が生まれつつあった時です。このニッケルと鉄の錆びた塊は特別な物には見えませんが，中を割って見ると地球上の金属とは異なることが分かります。この模様は宇宙でのみできる金属結晶で，そこでは溶けた金属が百万年に数度ずつと非常にゆっくりと冷えることがあるのです。惑星の形成後に残った何百万もの小惑星と呼ばれる物体で，この塊よりずっと大きかったものの一部でした。

小惑星は最も古く，最も数の多い近隣の天体です。この図は太陽を周回する地球近辺の小惑星を示しています。黄色は太陽です。小惑星は青で示した地球の軌道の周辺を飛び回っています。地球と太陽と小惑星のサイズが，非常に誇張され描かれているのは，見易くするためです。世界中の科学者チームは，こういう天体を探し，日々新しい発見をして地球近辺の宇宙地図を着々と作り上げています。その予算の多くは，NASAから出ています。小惑星探索は巨大な公共事業のプロジェクトだと私は思います。高速道路の建設の代わりに宇宙空間の地図作りをして，今後，何世代も残る公文書作成をしているのですから。

去年1,556個もの小惑星が，地球近辺に発見されました。これらは地球近傍小惑星として知られているものです。最近更新されたその総数は13,733個です。それぞれ写真が撮られ，データに分類されており，その太陽の周りの軌道が決定されています。小惑星によりますが，ほとんどの惑星の軌道は，何十年間もの予測が可能です。その軌道は驚く程の精密さで予測できる物もあります。例えば，ジェット推進研究所の科学者は，小惑星トータティスの4年間の軌道を30キロ以内の精度で予測しました。その4年間でトータティスは85億キロ移動し，その予測精度は0.000000004です。

1. 誤り。小惑星探索の資金は主にNASAから提供されており，巨大な公共事業のプロジェクトのようだと筆者は考えている。　2. 誤り。第3段落の冒頭に，地球近傍小惑星の総数は13,733個であり，去年発見されたものは1,556個であったということが述べられている。　3. 正しい。第1段落の

「This pattern reveals metallic crystals that can only form out in space where molten metal can cool extremely slowly, a few degrees every million years.」の部分から読み取ることができる。　4．誤り。第1段落の6文目で，「This was once part of a much larger object,…」と述べていることから，選択肢が誤りであると判断できる。　5．誤り。有志の献金については触れられていない。また，第2段落の後半部分から，その予算の多くは，NASAから出ているということが読み取れる。

② 3

解説　TED Talks：Jennifer Pluznick「私達は鼻だけでなく身体で匂いを感じ取っている」より。【全訳】皆さんに質問があります。私達が嗅ぎ分けられる匂いの数―正確に識別できる匂いの数は，どれくらいだと思いますか。100でしょうか？ 300，それとも1,000でしょうか。ある研究によると私達が嗅ぎ分けられる匂いは1兆種だと推定されています。1兆ですよ。想像し難いですね。私達の鼻はそんなことができる分子機械を持っているのです。

　嗅覚受容体という小さな匂い検知器が鼻の嗅上皮内に一杯詰まっていて，それらは，匂いなどのリガンドと呼ばれる受容体結合物質に活性化されるのを辛抱強く待っています。どの脊椎動物もそうですが，ヒトの体内にも多くの嗅覚受容体があります。事実DNAはどのタンパク質の遺伝子よりも多くの種類の嗅覚受容体遺伝子をコードするのに使われています。

　それはどうしてでしょう？ 嗅覚受容体は匂いを感知する以外に何か他のことをしているのでしょうか？

　1991年，リンダ・バックとリチャード・アクセルは嗅覚受容体分子を特定し，ノーベル賞を受賞しました。その当時，鼻だけに嗅覚受容体があると思われていましたが，それから1年ほどして鼻以外の組織に嗅覚受容体が発現しているという研究成果が発表されました。それからというもの次から次に他にも同じような研究成果が発表され，今ではこれらの受容体は体中にあることが分かっています。中には考えてもいなかったような筋肉，腎臓，肺，血管などにも発見されています。

　でも，そんな場所で嗅覚受容体は何をしているのでしょう？ 嗅覚受容体は鼻にある敏感な化学センサーで，化学物質を敏感に感じ取り，私達に匂いを感知させます。その敏感な化学センサーが人体内のあらゆる箇所にあること

がわかりました。朝，台所から来るコーヒーの香りを肝臓が嗅ぎ取ると言うのではありませんが，朝のコーヒーを飲んだ後，肝臓が嗅覚受容体を使い，血液にある化学物質の濃度変化を検知しているのかも知れません。

　体内の多くの様々な細胞と組織は化学センサーを使い，ホルモンや代謝産物，そして他の分子の濃度を監視しています。嗅覚受容体はそんな化学センサーの一種です。膵臓や腎臓は，それぞれの臓器に特化した化学センサーが必要で，それで特定の分子を監視しますが，すでにある嗅覚受容体を使い，2度手間になることなどしません。

　1．誤り。第1段落3文目より，「1兆もの匂いを嗅ぎ分けられる」と述べられている。なお，動物の中で最も多いかどうかは記述がない。　2．誤り。現在の研究では，嗅覚受容体は体中に存在することが分かっている。　3．正しい。第6段落の冒頭で述べられている内容と一致する。　4．誤り。第5段落3文目と4文目より，筋肉，肝臓，肺，血管などの器官にも嗅覚受容体が存在することは分かっているが，それらが匂いを嗅ぎ分けるとは述べられていない。　5．誤り。第6段落に，膵臓や腎臓も嗅覚受容体を使って特定の分子を監視していることが述べられている。

3 1

解説 ニーナ・ウェグナー『世界を変えた女性のことば』より。【全訳】我々が世界中で学んだことは，女性が健康で教育を受けていれば，その一家は栄えるということです。女性が暴力に苦しんでいなければ，一家は栄えるということです。女性が，社会においてパートナーと同等に働いて稼ぐ機会に恵まれたら，一家は栄えるでしょう。そして家族が栄えれば，地域社会も国も栄えるでしょう。よって，どの女性も男性も，どの子どもも，どの家族も，この地球上のどの国も，ここで行われている議論とまさにかかわりがあるのです。

　インドネシアでは，栄養，家族計画，赤ちゃんへの世話について話し合うために村に定期的に集まる新米の母親達に会いました。デンマークでは，共働き夫婦に会い，子どもたちを安全で面倒見のいい学童保育所で世話してもらえるとわかって安心だと話してくれました。

　1．正しい。最後の1文の内容と一致している。　2．誤り。冒頭の3つの文において，女性の待遇や状況の改善と一家の繁栄が関連する旨が述べられてい

るので,「無関係である」という記述は誤りである。　3．誤り。第2段落のは
じめに, 新米の母親による定期的な集まりについて述べられている。　4．誤
り。「男性の無理解」について触れた箇所はない。　5．誤り。国際機関につ
いては触れられていない。

4 5

解説　TED Talks：Daniel Kahneman「経験と記憶の謎」より。【全訳】近
頃, 幸福について話す人が多いです。過去5年に出版された本の中で, タイト
ルに"幸福"が入っているものをある人に数えてもらったのですが, あまりの
量で40冊ほど読んだところで諦めてしまいました。

　研究者たちの幸福に対する興味はかなり高まっています。幸福の教えもたく
さん行われ, 皆に幸福になってもらいたいのだという事がわかります。しか
し, そのような努力があるにも関わらず, 幸福について明瞭に考えることを
ほとんど不可能にしてしまう認知の罠が幾つかあるのです。今日はこの認知
の罠を取り上げます。これは自らの幸福を願う一般の人にも幸福を追究する学
者にも当てはまります。なぜならば, 誰もが混乱した状態にいるからです。

　罠の1つは, 複雑さを認めることへの抵抗感にあります。幸福という言葉
は, もはや役立つ言葉ではない, という事が明らかになりました。なぜなら
ば, この言葉を様々な事に当てはめ過ぎているからです。この言葉には特定
の意味合いがありますが, 押し並べて狭い意味に限定することは諦め, 幸福
な状態とは何かという, もっと複雑な見方をしなければならないのです。

　2つめの罠は, 体験と記憶を混同してしまうことにあります。生活の中で見
いだす幸福と自分の人生の幸福度合い, この2つの違いです。この2つは非常
に異なる概念でありながら, どちらも幸福という一つの観念にまとめられが
ちなのです。

　3つめは錯覚に焦点を置くことです。幸福の状態を左右する状況をゆがめて
考えてしまうのは残念なことです。これは, まさに認知の罠といえます。正
確に理解する方法が私たちには無いのです。

　1．過去5年間に出版された本の中で, タイトルに「幸福」と入っていたも
のはあまりの量だったので, 40冊ほど数えたところで諦めたと第1段落に書い
てある。　2．第2段落2文目「There is a lot of happiness coaching.」この部
分から, 幸福の教えもたくさん行われていることが分かる。　3．第3段落

1文目「The first of these traps is a reluctance to admit complexity.」の部分から，幸福の複雑さを認めることへの抵抗感が一つめの罠であることが読み取れる。　4．最終文から，幸福を正確に理解する方法が私たちにはないということが明らかである。　5．正しい。第2段落4文目後半「there are several cognitive traps that sort of make it almost impossible to think straight about happiness.」この部分から読み取れる。

5 5

解説 \ 「Enjoy the feeling of coolness under the "green planet"」The Japan Agri News, June 12, 2013より。【全訳】節電は蒸し暑い夏には難しいが，軒下につるしてわずかばかり涼感を楽しませてくれるものがある。

つりしのぶは，吊るした，しのぶという意味で，コケで作った球体の土台にシダを植え付けたもので，今が最盛期になっている。兵庫県宝塚市の「つりしのぶ園」という植物園では注文が7月下旬まで続く。

植物園では，つりしのぶが空中に浮かんでいるように見えるが，鉄柱で組んだ設備に張り巡らせたロープに，つりしのぶをつるしたまま1年間育てる。シノブグサの葉が20枚ほどになったら売り時になる。

植物園では年間1万個を育てる。コケの球体の下に風鈴を付けて，つりしのぶは東京や名古屋など大都市の市場に出荷される。通販やインターネットでも入手可能である。来たる6月16日，日曜日の「父の日」用のプレゼントとしても人気になってきていて，昨年の2倍ほどの注文がある。送料別で2500円以上で販売されている。「風になびく葉を見ると，涼しさを感じます」と，植物園主の市原誠さんは魅力を話してくれた。

1．誤り。第3段落4文目に，注文は昨年の倍になったと述べられている。2．誤り。第1段落2文目より，つりしのぶはコケ玉にシダの一種を植え付けたものと述べられている。　3．誤り。第3段落2文目に「attached under moss balls」とあるので，風鈴はコケ玉に取り付けられている。また，つりしのぶの土台はコケの塊であるから球根ではない。　4．誤り。第3段落3文目に，インターネットや通信販売でも購入できると述べられている。　5．正しい。第2段落1文目の内容と一致する。

6 1

解説 『The Japan Times alpha：July 3, 2018』より。【全訳】ひげはタトゥーのように，10年以上にわたって若者の間でおしゃれなものとされている。最近のパンデミックで，多くの男性たちが「隔離ひげ」を生やしたし，休みの日にリラックスした人たちの「休暇ひげ」も一般的になり，その結果を気に入ったと判断する人もいる。カナダのジャスティン・トルドー首相は，威厳のある雰囲気を与えるきれいに切りそろえられたひげを生やして，クリスマスの休暇から戻った。

　私は大人になってからほとんどの間，口ひげを生やしていて，初めて伸ばしたのは大学へ行っていたときだ。友人と家族は，顔を洗わなきゃとか，パブで酒が飲めるように老けて見せようとひげを伸ばしているだけだろう，などと言って私をからかった。実際は，安全対策のためにひげを伸ばしていた。

　学校の寮で暮らすことは，共用の洗面所を他の人たちが急いで出入りする中でまだ寝ぼけながらひげを剃るということを意味し，私はよく顔を切ってしまっていた。ある朝，上唇の真ん中の上の扱いにくいところを剃っていると，誰かが私にぶつかり，安全カミソリを使っていたというのに，鼻の付け根を大きく切ってしまった。旧型のまっすぐなカミソリを使っていたら，鼻を切り落としてしまっていたことだろう。それ以来，私は口ひげを生やしている。

　1．正しい。第1段落の最後に，カナダの首相がきれいに切りそろえられたひげを生やしてクリスマス休暇から戻ったとする記述がある。　2．誤り。筆者がひげを生やしていた理由について，第2段落の最後に，安全のためである旨が述べられている。　3．誤り。「中世以降の歴史」や「紳士のたしなみ」については触れられていない。　4．誤り。第1段落2文目で，男性が，隔離や休暇の際にひげを生やすことについての記述がある。　5．誤り。冒頭に，ひげが10年以上にわたって若者の間のおしゃれとなっている旨が述べられている。

7 3

解説 『Scientific American』2008年6月号の論文より。【全訳】ここ数年の間に，いつ人を信頼したらいいのかを，人間の脳はどのように決定するのかの解明に研究者は取り組み始めた。そして同僚と私は，大昔から脳で作られてきた単純な分子，すなわちオキシトシンがそのプロセスにおいて主要な役割を果たしていることを明らかにした。この小さなタンパク質，たった9つ

のアミノ酸からなるペプチドは，脳で生産されることが知られていたが，脳内でシグナル分子，すなわち神経伝達物質として働いている。それはまた血流中に入り，末梢組織に影響を与えており，ホルモンとしても働いている。このペプチドが持つより微妙な作用をつきとめることは困難であった。血中での濃度が極めて低く，かつ急速に分解するからである。

　実験経済学者のジョイス・バーグ（アイオワ大学）と，ジョン・ディックハウト，ケビン・マッケーブ（ともに当時はミネソタ大学）は，すでに1990年代半ばに効果的な実験を考案した。この実験では，被験者は自身の金を出して，それを見知らぬ人に渡すということによって，その他人を信頼しているという信号を送ることができる。その見知らぬ人がお返しとして，貸した以上の金を返すであろうと信じるから，被験者は他人に金を送るのである。研究者はそれを「信頼ゲーム」と呼んだ。

　1. 第2段落3文目「They send money to a stranger because they believe the stranger will reciprocate and return more money back to them.」という部分から，見知らぬ人が，お返しとして，貸した以上の金を返すであろうと信じることにより被験者が他人に金を送るということが読み取れる。
2. 第2段落1文目「～had already devised a task in the mid-1990s that would do the trick.」という部分から，すでに1990年代半ばに効果的な実験を考案したということが分かる。　3. 正しい。第1段落2文目「an ancient and simple molecule made in the brain-oxytocin plays a major role in that process」という部分から読み取ることができる。　4. 第1段落の最後の文から，ペプチドが持つより微妙な作用をつきとめることは困難であること，その理由については，血中での濃度が極めて低くかつ急速に分解するからであることが読み取れるので，選択肢は誤りである。　5. 第1段落1文目「In the past several years, ～」から信頼についての脳の働きに取り組み始めたのは，ここ数年の間であることが読み取れる。

---

8 5

解説 朝日新聞『天声人語』2020年6月28日より。【全訳】初期のオリンピックは混乱に満ちていたようだ。1904年のセントルイス大会では，関連行事として，陸上競技やその他の種目のために北米の先住民族や他の民族，人種の集団が集められた。白人でない人々の競技の数値を計ることで，欧米の

白人アスリートの優越性を示す狙いだった。

『オリンピック秘史』（ジュールズ・ボイコフ著）にはこんな例もある。2つのオリンピックの間に開催された1906年の中間大会の開会式で，当時イギリスの支配下だったアイルランドの選手が，行進の間，自らのアイデンティティを表す緑色の上着を着たことが論争を巻き起こした。

こうした人種問題や国際紛争といった問題を乗り越える方法が，オリンピック憲章の「会場やその他の場所を含むオリンピックの場では，いかなる政治的，宗教的，人種的な主張も許されない」という規定だろう。

1. 誤り。第3段落に，「競技場内で政治や宗教，人種をめぐる主張を禁じるオリンピック憲章の規定」という趣旨の記述があり，「オリンピック憲章と政治的な主張は不可分」とはいえない。　2. 誤り。イギリスの支配下にあったアイルランドの選手は，緑色の上着を着ることを拒否したのではなく，「行進の間，自らのアイデンティティを表す緑色の上着を着た」旨が述べられている。　3. 誤り。冒頭に，初期のオリンピックが混乱に満ちていた旨が述べられている。　4. 誤り。オリンピック憲章の制定過程についての言及はない。5. 正しい。第1段落3文目には，セントルイス大会の関連行事として行われた競技は，欧米の白人アスリートの優越性を示す狙いがあった旨が述べられている。

---

9 5

解説 『The Japan Times Alpha Online』より。【全訳】ケアパッケージ（食料品や日用品を詰めた，友人や家族あての小包）をまとめたり，受け取ったりすることで素敵なことは，どのアイテムも，ある人に別の人を思い出させるものであるということだ。小包の実際の配達も丁寧に行なわれると，さらにうれしい。

日本の効率的で信頼できる物流は，世界に取り入れて欲しいと私が本当に望むものの1つだ。日本に住んできた年月において，配送で起こった問題は片手で数えられるほどしかない。改善したらいいと思うことは，「海外」という1つの言葉だけだ。日本の郵便局の配達職員で，再配達の通知表に送り主の名前を書くのは少数だ。

彼らのほとんどは，国名だけを書くか，ただ「海外」とだけ書く。人々がケアパッケージを用意するのに使った時間の長さを考えると，送り主がただ「海

外」とひとくくりにされると，つながりが絶たれてしまう感じがする。配達員が送り主の名前を書いてくれて，もしその配達員が荷物を再配達してくれたら，私は直接お礼を言うようにしている。

　1．誤り。「配送上の問題は数多かった」とは書かれておらず，第2段落の2文目において，「配送で起こった問題は片手で数えられるほどしかない」と述べられている。　2．誤り。第3段落1文目に，不在の際の通知表に国名や，「海外」とだけ記入される旨が述べられている。つまり，「誰からの郵便物かを詳しく示すこと」とされた選択肢は誤りである。　3．誤り。「同封されたメッセージ」については触れられていない。　4．誤り。「スタッフの熱意」については触れられていない。また，最後の文で，筆者が，送り主の名前を書いてくれたことに対し，配達員に直接お礼を言うようにしているという趣旨の記述があるが，「感謝の手紙」については述べられていない。　5．正しい。第2段落冒頭の1文の内容と一致している。

10　1

解説　『Staying in touch』alpha online（https://alpha.japantimes.co.jp/zenyaku/essay/202304/107087/）より。【全訳】もともと人工的な島である出島は，日本の鎖国の時期において外国人に開かれた唯一の場所だった。出島は標準的なサッカーの球技場よりもわずかに大きく，江戸時代のほとんどの間，オランダの商人たちにとって交易所としての役割を果たした。当時，それは日本にとって，外の世界との主な接触場所だった。

　この小さな場所を構成する，復元され，再建築された建物を見て歩いていると，ここに何ヵ月や何年も続けて住んでいたオランダの商人たちがどれほど退屈していたに違いないかを考えずにはいられなかった。確かに，本やゲームはあった　―オランダ人によって日本に持ち込まれた多くのもののうちの一つであるビリヤードを含めて。

　また，時にディナーパーティや，おそらくかなりのアルコールもあり（ビールはオランダ人が日本に持ち込んだと思われているもう1つのものである），それは暇をつぶすのに役立っただろう。しかし，そこから出て，美しい長崎の景色を探索したり，日本のユニークな文化や食事を発見できないことは，私だったら同じところに閉じ込められて気が変になっていたことだろう。

　1．正しい。「that would have helped pass the time.」などの部分より，選

択肢で述べられている「オランダ商人が暇をつぶすことにある程度役に立った」などの内容を本文中から読み取ることができる。　2. 誤り。選択肢に示された街並みの復元など内容は，本文中では述べられていない。　3. 誤り。「I couldn't help but think of how boring it must have been to be one of the Dutch traders living there for months or years at a time.」の部分から，ここに何ヵ月や何年も続けて住んでいたオランダの商人たちがどれほど退屈していたかについて触れられており，本文中から，オランダ商人たちが，出島に閉じ込められていたことが伺える。　4. 誤り。「here were also occasional dinner parties and probably a fair bit of alcohol〜」の部分から，アルコール類も持ち込まれていたことが読み取れる。　5. 誤り。「Originally an artificial island, Dejima was the only area open to foreign nationals during Japan's period of national isolation.」の部分から，もともと人工的な島である出島は，日本の鎖国の時期において外国人に開かれた唯一の場所だったと述べられていることが分かる一方で，「日本人にとっては，外国を知る唯一の場であることから，周辺の多くの人々でにぎわった」という記述に対応する内容は英文に含まれていない。

11 4

解説 『Making new friends』alpha japan（https://alpha.japantimes.co.jp/article/essay/202210/99617/）より。【全訳】人付き合いにおいて，最も親しい友人のほとんどは何年も最も親しい友人だと気付くようになった。それは，幸運にも確かな友情をいくつか保てているということなので，ある意味ではよいことだ。

　しかしながら，それは私がもう新しい人に出会っていないということでもあり，他の価値ある友人関係を逃しているかもしれないということも意味する。

　それは当然のことかもしれない。私は今，大阪に住んで18ヵ月近くになるが，最近まで，新型コロナウイルスのパンデミックがほとんどの人々の社会活動を制限していた。私も昨年の今頃に父親になったが，父親としての仕事は，定期的に夜の外出をしたり，趣味に多くの時間を費やしたりできるものではない。

　だが，そうした要素を抜きにしても，30代で新しい友達を作る機会は，自分で探しに行かない限り，めったにないということがはっきりしてきた。

子どもたちは，偶然同じスーパーヒーローや音楽グループ，野球チームが好きだからというだけで，クラスメートと親友になれる。

しかし，私の年代のほとんどの人は，仕事であれ，子どもであれ，その両方の組み合わせであれ，日常生活でただ忙し過ぎる。

人生のこの段階では，自分の友人グループで満足する傾向があり，必ずしも新しい友達を作ろうとしていない。私や他のますます多くの人々にとって，テレワークもまた，同僚との交流を制限している。

1. 誤り。「But beyond those factors, it has become clear to me that opportunities to make new friends in your 30s are rare, unless you go looking for them.〜」の部分において，30代で新しい友達を作る機会がめったにない旨が述べられており，選択肢に示された「簡単に交友関係を築くことができる」との記述は誤りである。　2. 誤り。最後の2段落において，筆者と同世代の人は忙しく，その時点での友人グループで満足する傾向がある旨が述べられているので，「育児や仕事などで忙しい時こそ，人は新しい交友関係を築こうとする傾向があり，様々な交流が生まれる瞬間につながるものである」との記述は誤りである。　3. 誤り。本文中では，「パンデミックの下での環境がオンライン上での交流を生み出す機会につながった」とはされておらず，むしろ，最後の文から，テレワークが同僚との交流を制限している旨が読み取れる。　4. 正しい。第1段落と第2段落から，選択肢で述べられた人付き合いについての内容を読み取ることができる。　5. 誤り。1つの趣味に没頭することが外出や新しい趣味に時間を費やすことを難しくすることについては，触れられていない。

第5部

数の処理

- 判断推理
- 数的推理
- 資料解釈

数的処理 判断推理

||||||||||||||||||||||||| **P O I N T** |||||||||||||||||||||||||

　数的処理では，小学校の算数，中学・高校の数学で習得した知識・能力を
もとに，問題を解いていく力が試される。また，公務員採用試験の中では最
も出題数が多く，合格を勝ち取るためには避けては通れない。

　判断推理では，様々なパターンの問題が出題され，大学入試など他の試験
ではほとんど見かけない問題も出てくる。すべてのパターンの問題を網羅し
ておくことは困難なので，本書を参考にできるだけ多くの問題を解き，本番
までに得意な分野を増やしていこう。

　算数や数学の学習経験が生かせる分野としては，まずは「論理と集合」が挙
げられ，命題の記号化，対偶のとり方，ド・モルガンの法則，三段論法，ベ
ン図，キャロル表を使った情報の整理法などを確実に押さえよう。また，「図
形」に関する問題も多く，平面図形では正三角形，二等辺三角形，直角三角
形，平行四辺形，ひし形，台形，円，扇形などの性質や面積の公式．これら
を回転させたときにできる立体図形などを確実に覚えよう。立体図形では，
円錐，角錐，円柱，角柱，球，正多面体などの性質や体積・表面積の公式を
必ず覚えよう。

　一方，あまり見慣れない問題があれば，本書の問題を参考にして必要な知
識や考え方を身に付けてほしい。例えば，「リーグ戦やトーナメント戦」といっ
た馴染みのある題材が扱われる問題でも，試合数を計算する公式を知らなけ
れば解けない場合がある。また，「カレンダー」を題材にした問題では，各月
の日数やうるう年になる年などを知っておく必要がある。「順序」に関する問
題では，表・樹形図・線分図・ブロック図などを使って効率よく情報を整理
していく必要がある。その他にも，「暗号」，「うその発言」，「油分け算」など
では，実際に問題を解いてみなければわからない独自のルールが存在する。
「図形」を題材にしたものの中には，計算を必要とせず予備知識がなくとも正
解が出せる場合があるので，落ち着いて問題文を読むようにしよう。

　問題の解き方のコツとしては，設問の条件を図表にして可視化していき，
行き詰まったら推論や場合分けなどをしてみることである。問題によっては
図表が完成しなくとも正解が出せる場合や，いくつかの場合が考えられても

すべてで成り立つ事柄が存在するので，選択肢も定期的に見ておくとよいだろう。公務員採用試験では，限られた時間内で多くの問題を解くことになるが，ほとんどの問題では解法パターンが決まっているので，設問を読んだだけで何をすればよいか見通しが立てられるぐらいまで習熟してほしい。

《 演 習 問 題 》

1 次の条件と会話を読み，下の問の答えとして適切な数字を選べ。
　先生が生徒A，Bの前に次の18枚のトランプをならべた。
　　ハート：13，4，1
　　クラブ：13，12，10，7，6，4
　　ダイヤ：7，1
　　スペード：11，9，8，5，4，3，2
　先生は，18枚の中から1枚だけ好きなカードを選び，そのカードのマークだけAに教えた。そして，そのカードの数字だけBに教えた。
　下はそれぞれ教えられた後の2人の会話である。
　A「先生の好きなカードの数字は私にはわからないけど，Bも先生の好きなカードのマークはわからないはずだよ。」
　B「確かにわからないけど。Aがそう言うということは，私にも分からない。」
　A「あっ！それなら先生の好きな数字がわかったよ。」
　先生の選んだカードの数字はいくつであるか。
　1　1　　　　2　4　　　　3　7　　　　4　11　　　　5　13

2 A社が新しくパソコンを発売する。A社のパソコンについて，300人を対象にモニター調査を行った。下表は，調査項目と集計結果の一部である。

項目	良い	悪い
デザイン	192人	108人
機能	156人	144人

このとき，A社のパソコンについて，「デザイン」も「機能」も良いと答えた人が84人いた。A社のパソコンの「デザイン」も「機能」も悪いと答えた人は何人いるか。
　1　12人　　　2　24人　　　3　36人　　　4　48人　　　5　60人

③ 同じ大きさの18個の玉がある。この中で1個だけ他のものより軽い玉がある。上皿てんびんを用いてこの軽い玉を見つけるときに，上皿てんびんを最小で何回用いればよいか。

   1 3回   2 4回   3 5回   4 6回   5 7回

④ 次のア〜エの命題が真であるとき，確実にいえることとして，最も妥当なものはどれか。

  ア スポーツを好きな者は，ジョギングをする。
  イ 卓球を好きな者は，ジョギングをしない。
  ウ 野球を好きな者は，スポーツを好きである。
  エ テニスを好きな者は，サッカーを好きである。

   1 サッカーを好きな者はテニスを好きである。
   2 卓球と野球とサッカーを好きな者がいる。
   3 サッカーを好きな者は，ジョギングをする。
   4 テニスもサッカーも卓球も好きでない者がいる。
   5 ジョギングをしない者は，野球を好きでない。

⑤ O市，P市，Q市の人口密度（1km²あたりの人口）を下表に示してある。O市とQ市の面積は等しく，P市の面積はQ市の2倍である。

市	人口密度
O	390
P	270
Q	465

このとき，次の推論ア，イの正誤として，正しいものはどれか。

  ア P市とQ市を合わせた地域の人口密度は300である
  イ P市の人口はQ市の人口より多い

   1 アもイも正しい
   2 アは正しいが，イは誤り
   3 アは誤りだが，イは正しい
   4 アもイも誤り
   5 アもイもどちらとも決まらない

6 20ℓ入りのビンをジュースが満たしている。この20ℓのジュースを13ℓ入りと8ℓ入りの空のビンを用いて丁度半分ずつにしたい。移し替えの手順の最低回数として，最も妥当なものはどれか。ただし，各ビンは容量分のジュースしか量れず，1つのビンから別のビンへ移し替えることを1回と数える。

   1　6回　　2　7回　　3　8回　　4　9回　　5　10回

7 A組〜F組のクラスがある。6組の人数はすべて異なる。クラスの人数を少ない順にならべたところ，連続した6つの整数となり，最も人数が少ないのはC組であった。また，A組とB組の人数の和，C組とF組の人数の和，D組とE組の人数の和はすべて等しく，A組とD組の人数の和よりB組とE組の人数の和のほうが多く，A組とF組の人数の和はD組の人数の2倍に等しくなった。このとき，次の5つの選択肢の中から正しいものを選べ。

   1　A組の人数はE組の人数より多い
   2　B組の人数はD組の人数より多い
   3　人数が少ない方から3番目の組はB組である
   4　B組の人数とE組の人数の差は1人である
   5　A組の人数とE組の人数の差は2人である

8 Aさん，Bさん，Cさんの3人でミュージカルを観に行った。チケット代としてAさんが21000円，交通費としてBさんが4200円支払った。飲食代としてCさんは2400円を支払おうとしたが，手持ちが2000円しかなかったため，残りはBさんに支払ってもらった。3人の支払額を揃えるには，誰が誰にいくら支払えばよいか。

   1　BさんがAさんに4800円支払う。
   2　CさんがAさんに9200円支払う。
   3　BさんがAさんに4600円，CさんがAさんに7000円支払う。
   4　BさんがAさんに3000円，CさんがAさんに9200円支払う。
   5　BさんがAさんに4600円，CさんがAさんに7200円支払う。

9 A～Dの4人は，12月1日から同月6日までの6日間のうち一部の日に勤務した。12月1日が月曜日で，また，条件 W～Zを満たしつつA～Dの勤務日が決定されたとき，確実にいえるものとして，妥当なものはどれか。

条件W　Aは4日間勤務したが，そのうちの3日間だけ連続していた。

条件X　Bは3日連続して勤務しない日があったが，それ以外の日はすべて勤務した。

条件Y　12月2日に勤務したのはC1人であった。また，Aが勤務してCが勤務しない日は，Bが勤務した。

条件Z　Dは3日間勤務したが，連続して勤務した日はなかった。また，CとDが同じ日に勤務することもなかった。

1　Aは土曜日に勤務しなかった。
2　Bは木曜日に勤務した。
3　12月1日に勤務したのはAとDの2人だった。
4　Cは12月5日に勤務した。
5　12月3日に勤務したのはDだけだった。

10 1辺の長さが2cmの立方体のブロックを積むことにより，図のようにそれぞれの段差が4cm，上の面が縦8cm，横6cmの長方形となるように，4段の階段状の立体を作りたい。この時，必要なブロックの数として正しいものはどれか。

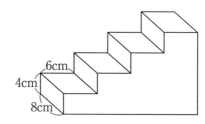

6cm
4cm
8cm

1　120個　　2　180個　　3　240個　　4　300個　　5　360個

11 下の図の四角形PQRSはSP//RQ，SP⊥PQ，SP＝PQ，RQ＝2SP
の台形であり，いま辺PQが直線 *l* 上にある。この四角形PQRSを，直線 *l*
上を矢印の方向に滑らないように1回転させるとき，点Pの軌跡として正
しいものはどれか。

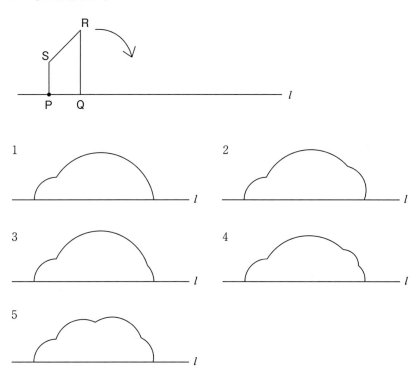

12 あるコンビニで働くA〜Eの5人のアルバイトがいる。A〜Eのシフトの割り振りについて，次のア〜エのことがわかっているとき，正しいものはどれか。

　　ア　Aが出勤していないときは，Bは出勤している。
　　イ　AとCがともに出勤しているか，AとCがともに出勤していないかのいずれかである。
　　ウ　Cが出勤しているときは，Dも出勤している。
　　エ　Eが出勤しているときは，Aは出勤していない。
　　1　Aが出勤しているならば，Eも出勤している。
　　2　AかDのどちらかは必ず出勤している。
　　3　BかDのどちらかは必ず出勤している。
　　4　Cが出勤しているならば，Bも出勤している。
　　5　Dが出勤しているならば，Eも出勤している。

13 レストランでステーキ，スープ，サラダを注文した人について，以下のア〜エのことがわかっているとき，3品全てを注文した人数として，正しいものはどれか。

　　ア　スープを注文した人は，ステーキとサラダの両方を注文した人より25人多かった。
　　イ　ステーキだけを注文した人とサラダだけを注文した人の合計は，50人だった。
　　ウ　1品だけ注文した人は，2品以上注文した人より55人多かった。
　　エ　スープだけを注文した人は，ステーキとサラダの両方を注文した人より10人多かった。
　　1　8人　　2　10人　　3　12人　　4　14人　　5　16人

14 ある企業のA〜Eの5つの班からなる部署において，4〜6月の業務成績について調べたところ，次のア〜オのことがわかった。

　　ア　A班およびB班の順位は，5月および6月ともに前月に比べて1つずつ上がった。
　　イ　B班の6月の順位は，C班の4月の順位と同じであった。
　　ウ　D班の5月の順位は，4月の順位より3つ下がった。

エ　D班の順位は，E班の順位より常に上であった。

オ　E班の順位は，5位が2回あった。

このとき，6月の順位として，正しいものはどれか。ただし，各月とも同順位の班はなかった。

1　A班は2位であった。

2　B班は1位であった。

3　C班は4位であった。

4　D班は3位であった。

5　E班は5位であった。

[15]　5人の大学生がいる。5人はそれぞれ，全て正しいことを言うグループか，全て誤ったことを言うグループのいずれかに属している。5人全員が「私だけが正しいことを言うグループに属している。他の人は全員誤ったことを言っている。」と発言している場合，最も妥当なものはどれか。

1　1人だけが正しいことを言うグループである。

2　1人だけが誤ったことを言うグループである。

3　全員が正しいことを言うグループである。

4　全員が誤ったことを言うグループである。

5　正しいことを言うグループと誤ったことを言うグループの人数を確定することはできない。

[16]　A〜Cの3種類のパソコンがあり，色，消費電力，価格がそれぞれ異なっている。色は白・黒・シルバーであり，消費電力は少ない・多い・中間，価格は安い・高い・中間のそれぞれ3種類である。次のア〜カのうち，1つだけが間違いであることがわかっているとき，確実にいえるものはどれか。

ア　Aは，価格が安い。

イ　Bは，色が黒。

ウ　Cは，消費電力が少ない。

エ　色が白のパソコンは，消費電力が少ない。

オ　色がシルバーのパソコンは，価格が高い。

カ　消費電力が中間のパソコンは，価格も中間。

1　Aは，色がシルバー。
2　Bは，消費電力が中間。
3　Cは，価格が高い。
4　色が白のパソコンは，価格が安い。
5　消費電力の多いパソコンは，価格が高い。

[17]　X校とY校が柔道の学校対抗試合をおこなった。X校の選手A，B，CとY校の選手D，E，Fの3人ずつが参加して，それぞれの選手が相手校の3人の選手と1回ずつ対戦し，合計9試合がおこなわれた。その結果について，次のア～キのことがわかっているとき，確実にいえるものはどれか。
　ア　Aは，Cに勝ったY校の選手全てに勝った。
　イ　Bは，Aに勝ったY校の選手全てに勝った。
　ウ　Cは，Bに勝ったY校の選手全てに勝った。
　エ　Dは，Bに勝った。
　オ　Eは，Cに勝った。
　カ　Fは，Aに勝った。
　キ　引き分けた試合はなかった。
　1　Aは，Dに負けた。
　2　Bは，Eに負けた。
　3　Cは，Fに勝った。
　4　Dは，Cに勝った。
　5　Eは，Aに勝った。

[18]　ボクシングサークルに所属するA～Hの8人のうち，A～Dの4人は赤チーム，E～Hの4人は白チームに分かれて，チーム対抗戦を合計2回おこなった。各回の対抗戦は4試合おこない，各チームの全員が出場した。対戦相手について，1回目の対抗戦では，赤チームのA～Dがそれぞれ白チームのE～Hのいずれかと対戦し，2回目の対抗戦では，全員が1回目の相手とは異なる相手と対戦したことのほかに，次のア～オのことがわかっている。このとき確実にいえるものとして，正しいものはどれか。
　ア　1回目にBと，2回目にDと対戦した白チームの選手がいる。
　イ　1回目にGと，2回目にHと対戦した赤チームの選手がいる。

　ウ　Dが1回目に対戦した白チームの選手とは，2回目にはCが対戦した。
　エ　AはFと対戦した。
　オ　CはGとは対戦しなかった。
　　1　1回目にAはHと対戦した。
　　2　2回目にDはFと対戦した。
　　3　BともCとも対戦した選手がいる。
　　4　CはFとは対戦しなかった。
　　5　DはHと対戦した。

19　ある学校の陸上部には，100メートル走を得意とするA，B，C，Dの4人の選手がいる。彼らの速さについて，「CはDより早い」「最も遅いのはDではない」という2つのことが明らかであるとき，次の推論のうち最も妥当なものはどれか。
　　1　AとBが上位2位を占める可能性がある。
　　2　CとDが上位2位を占める可能性はない。
　　3　Aが最も速い可能性はない。
　　4　Dが2位になる可能性はない。
　　5　Cが最も速い可能性がある。

20　太郎と花子は，それぞれ，Y君について次のように発言した。
太郎「Y君は自営業者で，年収500万円以上で，独身であり，不動産を所有していない。」
花子「Y君は会社員で，年収500万円未満で，独身でなく，不動産を所有している。」
以上のように，Y君について2人合わせて8つの項目にわたる発言をしているが，このうち本当のことは3つだけで，5つが嘘であるとすると，確実にいえることとして，最も妥当なものはどれか。
　　1　Y君は，自営業者である。
　　2　Y君は，年収500万円未満である。
　　3　Y君は，不動産を所有していない。
　　4　Y君は，独身ではない。
　　5　Y君は，会社員ではない。

21 下図のように，白と黒のご石をある規則にしたがって並べていく。16段並べるとき，黒いご石の必要な個数として，正しいものはどれか。

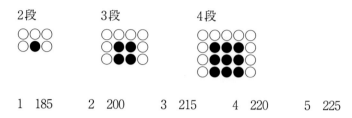

1 185   2 200   3 215   4 220   5 225

22 図1は，辺ADと辺BCが平行で，辺ABと辺DCの長さが等しい等脚台形である。これと合同な台形を図2のように連ねて環状に配置し，輪を作りたい。∠ABC＝75°であるとき，1つの輪ができたときの台形の数として，最も妥当なものはどれか。

図1

図2

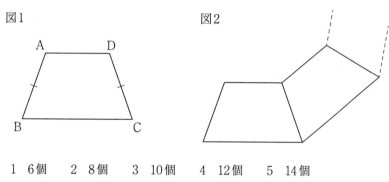

1 6個   2 8個   3 10個   4 12個   5 14個

23 下の図形Aから図形Eのうち，一筆書きができる図形の組み合せとして，妥当なのはどれか。ただし，一度描いた線はなぞれないが，複数の線が交わる点は何度通ってもよいものとする。

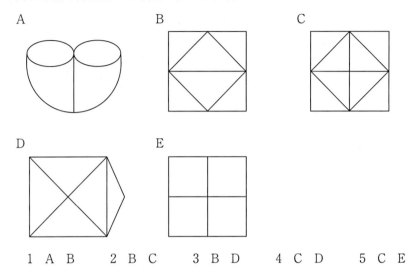

1　A　B　　　2　B　C　　　3　B　D　　　4　C　D　　　5　C　E

24 図のように，1辺が20cmの正方形の紙について，重なる部分の1辺が10cmの正方形となるよう50枚連ねたとき，重なっている部分を含まない周の長さとして，妥当なものはどれか。

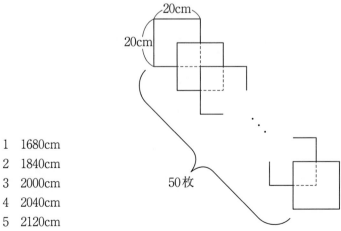

1　1680cm
2　1840cm
3　2000cm
4　2040cm
5　2120cm

25 図1のように，1辺が10cmの立方体を各辺が50cmになるように接着剤で固めながら積み重ねた後，図2のように黒く塗った部分について，崩れないように注意しながら反対側までくり抜いたとき，くり抜かれた立方体の数として，妥当なものはどれか。

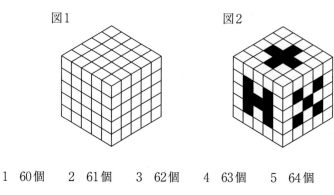

図1　　　　　　　　　　　図2

1　60個　　2　61個　　3　62個　　4　63個　　5　64個

26 図のような立方体ABCD－EFGH上を虫が動いていた。この虫は，点Eを出発して，真上に1cm，真横をEからみてFの方向に3cm動くことを繰り返し，辺上を通る際や辺をまたがって進む場合にも，水平，垂直の動きを繰り返していた。立方体の1辺の長さが18cmであるとき，最初に到達する頂点として，妥当なものはどれか。

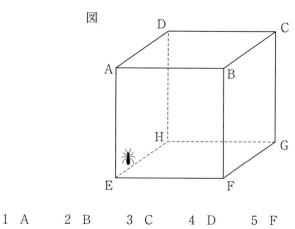

図

1　A　　　2　B　　　3　C　　　4　D　　　5　F

196

27 図1は正八面体の頂点にA～Fの記号を付けたものであり，図2はその展開図に頂点C，Fと，便宜的にア～オの記号を書き込んだものである。このとき，頂点Aを示す記号として，妥当なものはどれか。

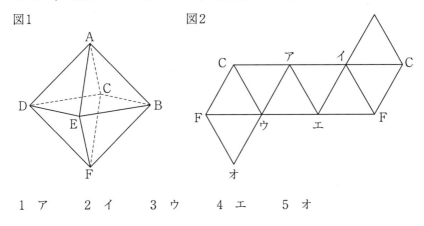

1 ア 2 イ 3 ウ 4 エ 5 オ

28 ある会社に在籍する社員400人について，通勤時間を男女別および年齢別に調べたところ，次のア～エのことが分かった。

ア　女性社員の合計の人数は164人であった。

イ　通勤時間が1時間以上の女性社員のうち，30歳未満の人数は30歳以上の人数の2倍であった。

ウ　通勤時間が1時間未満の男性社員の人数は，通勤時間が1時間以上の男性社員の人数より20人多く，通勤時間が1時間未満の女性社員の人数より12人多かった。

エ　通勤時間が1時間以上の社員のうち，30歳未満の人数は30歳以上の人数と同数であった。

　以上のことから判断して，通勤時間が1時間以上の男性社員のうち30歳以上の人数として，正しいものはどれか。

1 56人　2 58人　3 60人　4 62人　5 64人

《 解 答 ・ 解 説 》

1 1

解説 1枚しかない数字をBが聞いた場合，Bは数字を聞いただけでマークがわかる。例えば，Bが11と聞いた場合，11があるマークはスペードだけなので，Bはマークがスペードだとわかるはずである。よって，Aのはじめの発言より「Aが聞いたマークには，1枚しかない数字を含んでいない」ことになる。ここで，クラブには12，10，6，スペードには11，9，8，5，3，2という1枚しかない数字を含んでいるので，Aが聞いたマークはハートかダイヤとなる。

　次に，Bが聞いた数字からマークを特定できるか検討する。ハートとダイヤのカードの数字は，次のようになる。

　ハート：13，4，1

　ダイヤ：7，1

よって，1のみが両方のマークに含まれており，Bが1と聞いたときのみ，Bはマークが特定できないことになる。よって，先生が選んだカードの数字は1となる。以上より，正解は1。

2 3

解説 次のように設問の条件をベン図で表し答えを求める。

円の内側には「デザイン」と「機能」の少なくとも一方は良いと答えた人たちが含まれているので，両方「悪い」と答えた人たちは，円の外側という事になる。全員の人数は300人なので，次のようにベン図を書き足す。

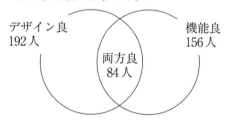

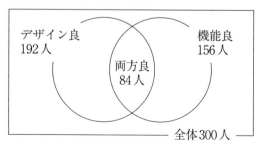

求めるのは，円の外側の部分の人数である。

「デザイン」と「機能」の少なくとも一方は良いと答えた人数は，

　192人（デザイン良）＋156人（機能良）−84人（両方良）＝264〔人〕

これを300人から引くと，

　300人−264人＝36〔人〕

よって，A社のパソコンについて，「デザイン」も「機能」も悪いと答えた人数は36人である。

以上より，正解は3。

3 1

解説 まず18個の玉を3等分して，6個ずつの3グループに分ける。

1回目

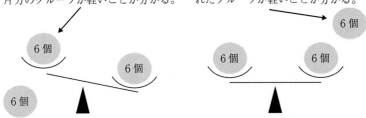

2つのグループがつり合わないとき，片方のグループが軽いことが分かる。

2つのグループがつり合うとき，残されたグループが軽いことが分かる。

1回目でどのグループに軽い玉が含まれているかがわかる。

2回目はその軽い玉が含まれるグループの6個をさらに3等分し，2個ずつ3グループに分ける。

2つのグループがつり合わないとき，片方のグループが軽いことが分かる。

2つのグループがつり合うとき，残されたグループが軽いことが分かる。

最後に残った2個を上皿てんびんで比較することで，軽い玉を見つけることができる。

よって，合計3回で軽い玉を見つけることができる。
以上より，正解は1。

　参考：x個のもののうち，他より軽い（または重い）ことがわかっているも
　　　　のを，1台の上皿てんびんを用いて特定するとき，最小となる回数n
　　　　は次の式で求められる。

$$3^{n-1} < x \leq 3^n$$

$x = 18$より，$3^{n-1} < 18 \leq 3^n$

$n = 3$のとき，$3^{3-1} = 9 < 18$

$$3^3 = 27 \geq 18$$

　　　　よって，求める回数は3回となる。

---

4 5

解説 一般に，ある命題が真であれば，その対偶も真となる。問題文の命題とその対偶を記号化すると次のようになる。

	命題	対偶
ア	スポーツ→ジョギング	$\overline{ジョギング}$→$\overline{スポーツ}$
イ	卓球→$\overline{ジョギング}$	ジョギング→$\overline{卓球}$
ウ	野球→スポーツ	$\overline{スポーツ}$→$\overline{野球}$
エ	テニス→サッカー	$\overline{サッカー}$→$\overline{テニス}$

これらを三段論法によりつなげていくことで，選択肢が成り立つか検討する。
1. 誤り。「サッカー」からはじまるものがないため，これらの条件からは確実にいうことができない。　2. 誤り。イ，アの対偶，ウの対偶より，「卓球→$\overline{ジョギング}$→$\overline{野球}$」となるため，確実にいうことはできない。　3. 1を参照。
4. 誤り。エの対偶より，「$\overline{サッカー}$→$\overline{テニス}$」となるが，「卓球」とつながらないので確実にいうことはできない。　5. 正しい。アの対偶，ウの対偶より，「$\overline{ジョギング}$→$\overline{スポーツ}$→$\overline{野球}$」とつながるため確実にいえる。

---

5 3

解説 「O市とQ市の面積は等しく，P市の面積はQ市の2倍」ということから，仮にO市とQ市の面積を$1km^2$，P市の面積を$2km^2$と考える。
ア…P市の人口は$270 \times 2 = 540$〔人〕，Q市の人口は$465 \times 1 = 465$〔人〕で，

2つの市を合わせた地域の面積は3km²なので，人口密度は，（540 + 465）÷ 3 = 335〔人〕になる。

イ…P市の人口は540人，Q市は465人なので，P市の方が多いので正しいといえる。

よって，推論アは誤りだが，推論イは正しい。

以上より，正解は3。

6 2

解説 これは油分け算の問題である。次のような表を作成し，手順を考えていく。ただし，（大）→（中）→（小）の順にジュースを移していき，移せない場合や移すとそれ以前の状態に戻ってしまう場合は，1つ飛ばして次の手順を行う。

はじめ（0回目），20ℓ入りのビン（大）にジュースが20ℓ入っており，1回目に（大）→（中）に移すと，（大）には20 − 13 = 7〔ℓ〕，（中）には13ℓ入ることになる。2回目は（中）→（小）と移して（中）に5ℓ，（小）に8ℓとなり，3回目は（小）→（大）と移して（小）に0ℓ，（大）に15ℓとなる。すると，4回目に（大）→（中）と移すと，（大）は7ℓ，（小）は13ℓとなるので，1回目と同じ状態となってしまう。よって，4回目は1つ飛ばして（中）→（小）と移す。同様の手順を行うと，7回目に（大）に10ℓ，（小）に10ℓ入ることになる。

回数	20ℓ入りのビン（大）	13ℓ入りのビン（中）	8ℓ入りのビン（小）
0（はじめの状態）	20	0	0
1	7	13	0
2	7	5	8
3	15	5	0
4	15	0	5
5	2	13	5
6	2	10	8
7	10	10	0

以上より，正解は2。

7 2

解説 C組の人数をX人とする。A組＋B組，C組＋F組，D組＋E組の人数がすべて等しいことから，最も人数の多いクラスがFであり，AとBの組，あるいはDとEの組は下図の○か×のいずれかである。

C	○	×	×	○	F
X	$X+1$	$X+2$	$X+3$	$X+4$	$X+5$

「A組とF組の人数の和はD組の人数の2倍」は，「A組とF組の人数の平均はD組の人数と等しい」と同じなので，AとDの入る場所の候補は次の2パターンになり，自動的に残りのBとEも決まる。

パターン1

C	E	B	A	D	F
X	$X+1$	$X+2$	$X+3$	$X+4$	$X+5$

パターン2

C	A	E	D	B	F
X	$X+1$	$X+2$	$X+3$	$X+4$	$X+5$

さらに，「A組とD組の人数の和よりB組とE組の人数の和のほうが多い」より，パターン2と決まる。

選択肢を順に検討していくと，「B組の人数はD組の人数より多い」が正しいことがわかる。

以上より，正解は2。

8 5

解説 3人が支出した金額の合計は，$21000 + 4200 + 2400 = 27600$〔円〕である。

1人あたりの負担額は，$27600 \div 3 = 9200$〔円〕。

Aさんは，$21000 - 9200 = 11800$〔円〕余分に支出している。

Bさんは交通費としての4200円と，Cさんの支払えなかった飲食代の一部400円の，合計4600円を支払っている。

そこで，BさんはAさんに不足分の$9200 - 4600 = 4600$〔円〕を支払えばよい。

Cさんは2000円しか支出してないので，不足分の$9200 - 2000 = 7200$〔円〕をAさんに支払えばよい。

よって，BさんがAさんに4600円，CさんがAさんに7200円支払う。

以上より，正解は5。

9 5

解説 このような問題では，表を用いて，条件が比較的単純なものから考えていくことが大切である。まず，条件Yより，12月2日に勤務したのはC1人であった条件から考える。次に，条件Wより，Aは4日間の勤務し，3日間連続しているので，12月2日に勤務していない場合，連続する3日間は「12月3日から5日」か「12月4日から6日」であるから，もう1日分の日の担当は12月1日で確定する。また，条件Zより，Dについては3日間勤務しているがいずれも連続していないので，12月3日から6日の間で勤務するのは2日間しかないことから，Dも12月1日に勤務している。さらに条件Zの2つ目の文から，Cは12月1日に勤務していない。そこで，12月1日については，Aが勤務していてCが勤務していないので，Bは12月1日に勤務していることになる。

以上により，Bが勤務しない3日間は12月2日から4日である。

ここで，Aが連続して担当する3日間を12月3日から5日とすると，12月3日と4日はAが勤務してBが勤務しないとなることから，この2日間はCも勤務し，条件Zより，Dは勤務しないこととなる。だが，この場合Dは12月5日と6日の2日間を連続して勤務することになってしまい，条件Zと矛盾することになる。ここまでを表したのが表Eである。

表E（○：勤務あり　×：勤務無し　？：不明）

	12月1日	12月2日	12月3日	12月4日	12月5日	12月6日
A	○	×	○	○	○	×
B	○	×	×	×	○	○
C	×	○	○	○	？	？
D	○	×	×	×	？	？

つまり，Aが連続3日間勤務するのは12月4日から6日である。12月4日Aは勤務するがBは勤務しないから，Cは勤務し，Dは勤務しない。したがって，Dが勤務する3日間は連続しないからDは12月3日に勤日に担当する。

以上より，表Fが書けるが，12月5日，6日に関しては，一部が確定しない。

表F（○：勤務あり　×：勤務無し　？：不明）

	12月1日	12月2日	12月3日	12月4日	12月5日	12月6日
A	○	×	×	○	○	○
B	○	×	×	×	○	○
C	×	○	×	○	？	？
D	○	×	○	×	？	？

　これらから，1～3は誤り，4は不確実で，確実にいえるのは5だけとなる。以上より正解は5。

10　3

解説　1辺が2cmの立方体を組み合わせて，A～Dの直方体を作ることを考える。

Aについては，$4 \times 3 \times 2 = 24$〔個〕

Bについては，$4 \times 6 \times 2 = 48$〔個〕

Cについては，$4 \times 9 \times 2 = 72$〔個〕

Dについては，$4 \times 12 \times 2 = 96$〔個〕

よって，必要な個数の合計は，$24 + 48 + 72 + 96 = 240$〔個〕

以上より，正解は3。

11　3

解説　多角形が直線上を転がるとき，ある点（動点）が描く軌跡は円弧をつなげたものとなる。この円弧から扇形を見つけ，それぞれの扇形の頂点，半径，中心角を求めると，転がった多角形の回転の中心，回転の中心から動点までの距離，回転角度に対応していることがわかる。

　まず，四角形PQRSが設問の位置のとき点Pは直線l上にあり，ここから3回転すると点Pは再び直線l上に戻ってくる。よって，この間に3本の円弧が描かれるはずなので，選択肢1，4，5は不適である。また，選択肢2の3回目の回転を表す円弧から扇形を求めると，頂点が直線l上に存在せず，直線l上を回転していないことになるので不適である。

　よって，四角形PQRSを回転させると，次のように選択肢3の軌跡を描く。

204

PQの長さを1とすると，点Pは中心角90°で半径1の扇形の弧，中心角135°で半径$\sqrt{5}$の扇形の弧，中心角45°で半径1の扇形の弧を順次描く。

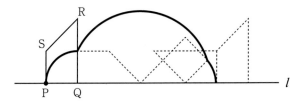

以上より，正解は3。

12 3

解説 Aが出勤しているとき，条件イより，Cも出勤し，条件ウより，Dも出勤している。また，条件エの対偶より，Eは出勤していない。Bについては決まらないので，Aが出勤しているときは，以下の表の①，②が成り立つ。

Aが出勤していないとき，条件アよりBは出勤し，条件イよりCは出勤していない。DとEは決まらないので，Aが出勤していないときは，以下の表の③，④，⑤，⑥が成り立つ（出勤していない場合は×とする）。

	A	B	C	D	E
①	出勤	出勤	出勤	出勤	×
②	出勤	×	出勤	出勤	×
③	×	出勤	×	出勤	出勤
④	×	出勤	×	出勤	×
⑤	×	出勤	×	×	出勤
⑥	×	出勤	×	×	×

したがって，いずれの場合でもBかDのどちらかが出勤している。
以上より，正解は3。

13 2

解説 次のようなベン図を用いて，解答を求める。

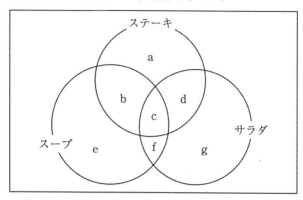

条件アより，「スープを注文した人は，ステーキとサラダの両方を注文した人より25人多かった。」ので，

$b + c + e + f = c + d + 25 \cdots$①

条件エより，「スープだけを注文した人は，ステーキとサラダの両方を注文した人より10人多かった。」ので，

$e = c + d + 10 \cdots$②

①－②より，

$b + c + f = 15 \cdots$③

条件イより，「ステーキだけを注文した人とサラダだけを注文した人の合計は，50人だった。」ことから，

$a + g = 50 \cdots$④

なので，②＋④より，

$a + e + g = 50 + c + d + 10 = c + d + 60 \cdots$⑤

条件ウの「1品だけ注文した人は，2品以上注文した人より55人多かった。」より，$a + e + g = b + c + d + f + 55$であり，③，⑤より，

$c + d + 60 = 15 + d + 55$となり，$c = 10$となる。

以上より，正解は2。

14 4

解説 次のような表を作成し，埋めていく。

条件ウより，D班の4月，5月の順位は，1位，4位と，2位，5位の2通りが
考えられるが，条件エより，D班の順位が5位になることはあり得ないので，
D班の4月，5月の順位は，1位，4位となり，E班の5月の順位は，5位とな
る。これと条件アより，A班またはB班の4月，5月，6月の順位が，3位，2
位，1位または4位，3位，2位になる。ここまでを表1にまとめる。
（○，△は，A，Bのいずれかを表わす。）

表1

	1位	2位	3位	4位	5位
4月	D		○	△	
5月		○	△	D	E
6月	○	△			

表1において，B班が○になると，条件イを満たせないので，○はA班，△は
B班となり，C班の4月の順位は2位，5月の順位は1位となり，4月に残って
いるE班の順位が5位となる。ここまでを表2にまとめる。

表2

	1位	2位	3位	4位	5位
4月	D	C	A	B	E
5月	C	A	B	D	E
6月	A	B			

表2の6月において，条件エよりD班の順位は5位ではなく，条件オよりE班
の順位も5位ではないので，C班の順位が5位となり，条件エより，D班の順
位は3位，E班の順位は4位となる。よって，表3のようになる。

表3

	1位	2位	3位	4位	5位
4月	D	C	A	B	E
5月	C	A	B	D	E
6月	A	B	D	E	C

以上より，正解は4。

15 1

解説 それぞれの場合について検討し，矛盾点を見つける。

1. 1人だけが正しいことを言うグループの場合

　Aの発言だけが正しい場合，Aの発言より「私だけが正しく，残りの4人の発言が誤り」が真実となる。ここで，残りの4人の発言内容は「Aの発言が誤り」という意味になるので真実ではない。よって，A以外は全員誤った発言となるので，この場合は成り立つ。

2. 1人だけが誤ったことを言うグループの場合

　A，B，C，Dの発言が正しい場合，例えばAの発言より「私だけが正しく，残りの4人の発言が誤り」が真実となる。しかし，実際にはA以外にも正しい発言をしている人がいるので，矛盾する。

3. 全員が正しいことを言うグループの場合

　A，B，C，D，Eの発言が正しい場合，例えばAの発言より「私だけが正しく，残りの4人の発言が誤り」が真実となる。しかし，実際には全員が正しい発言をしているので，矛盾する。

4. 全員が誤ったことを言うグループの場合

　A，B，C，D，Eの発言が誤りの場合，例えばAの発言より「私だけが正しく，残りの4人の発言が誤り」はすべて誤りとなるので，「私だけが誤りで，残りの4人が正しい」となる。しかし，実際には全員が誤った発言をしているので，矛盾する。

したがって，「1人だけが正しいことを言うグループの場合」のみ成立する。

以上より，正解は1。

16 2

解説 ア〜カの条件それぞれについて，間違っていると仮定した場合に次の表が矛盾なく埋まるか検討する。

　条件アが間違いの場合，次のように表を埋めることができる。

	色	消費電力	価格
A	シルバー	多い	高い
B	黒	中間	中間
C	白	少ない	安い

　条件イが間違いの場合，条件ウ〜オより表は次のようになるが，条件カを

満たさないため不適。

	色	消費電力	価格
A			安い
B	シルバー		高い
C	白	少ない	

条件ウが間違いの場合，次のように表を埋めることができる。

	色	消費電力	価格
A	白	少ない	安い
B	黒	中間	中間
C	シルバー	多い	高い

条件エが間違いの場合，次のように表を埋めることができる。

	色	消費電力	価格
A	白	多い	安い
B	黒	中間	中間
C	シルバー	少ない	高い

条件オが間違いの場合，次のように表を埋めることができる。

	色	消費電力	価格
A	シルバー	多い	安い
B	黒	中間	中間
C	白	少ない	高い

色　条件カが間違いの場合，条件ア～エより表は次のようになるが，条件オを満たさないため不適。

	色	消費電力	価格
A			安い
B	黒		
C	白	少ない	

よって，成り立つのは条件ア，ウ，エ，オが間違いのときであり，いずれの場合でも「Bの消費電力は中間」である。

以上より，正解は2。

17 3

解説 X校から見た次のような表を作成する。(○：勝ち，×：負け) 条件エ，オ，カより，

表1

	D	E	F
A			×
B	×		
C		×	

表1において，条件ア，イ，ウより，AはEに勝ち，BはFに勝ち，CはDに勝ったので，

表2

	D	E	F
A		○	×
B	×		○
C	○	×	

表2において，AがDに負けると，条件イより，BはDに勝つことになり，矛盾する。よって．AはDに勝つ。同様に，BがEに負けた場合と，CがFに負けた場合はそれぞれ矛盾する。よって，BはEに，CはFにそれぞれ勝つ。ここまでをまとめると表3が完成する。

表3

	D	E	F
A	○	○	×
B	×	○	○
C	○	×	○

以上より，正解は3。

18 1

解説 次のような表を作成する。ただし，1回目に対戦した場合は1回目，2回目に対戦した場合は2回目，どちらかで対戦した場合は○，対戦しなかった場合は×とする。
条件エ，オより，表は次のようになる。

	E	F	G	H
A		○		
B				
C			×	
D				

すると，条件イより「1回目にG，2回目にHと対戦したBかDのどちらか」
となる。仮にDの場合，条件ウより「Cが2回目に対戦したのはG」となるた
め矛盾する。よって，「1回目にG，2回目にHと対戦したのB」となる。よっ
て，条件アより「1回目にB，2回目にDと対戦したのはG」となる。すると，
条件ウより「1回目にD，2回目にCと対戦したのはE」しか残っていない。

	E	F	G	H
A	×	○	×	
B	×	×	1回目	2回目
C	2回目		×	
D	1回目	×	2回目	×

上の表より，Aの対戦相手はFとHしか残っていないので，Cの1回目の相手
はFとなる。すると，Aの1回目の相手はH，2回目の相手はFとなる。

	E	F	G	H
A	×	2回目	×	1回目
B	×	×	1回目	2回目
C	2回目	1回目	×	×
D	1回目	×	2回目	×

以上より，正解は1。

19 5

解説 4つのマスを用意し，早い者から順に左に並べていく。「CはDより早い」，「最も遅いのはDではない」より，CとDの順序について次のように場合分けできる。

	1位	2位	3位	4位
①		C	D	
②	C		D	
③	C	D		

1. 誤り。いずれの場合でも，AとBが上位2位を占める可能性はない。
2. 誤り。③の場合，CとDが上位2位を占める可能性がある。　3. 誤り。①の場合，Aが最も速い可能性がある。　4. 誤り。③の場合，Dが2位となる。　5. 正しい。②③の場合，Cが最も速いことになる。

20 5

解説 Y君の職業，年収，独身か否か，不動産を所有しているか否かについて，2人の発言をまとめると次のようになる。

	職業	年収	独身か否か	不動産を所有しているか否か
太郎	自営業者	500万円以上	独身である	所有していない
花子	会社員	500万円未満	独身でない	所有している

ここで，年収については「500万円以上」か「500万円未満」，独身か否かについては「独身である」か「独身でない」，不動産を所有しているか否かについては「所有している」か「所有していない」の二者択一なので，一方が嘘の場合は他方が本当となるはずである。しかし，職業については「自営業者」と「会社員」以外にも「無職」などが考えられるので，両方の発言が嘘であっても矛盾しない。

ここで，5つが嘘，3つが本当であるためには年収，独身か否か，不動産を所有しているか否かのいずれか一方の発言が嘘，かつ職業の発言が両方とも嘘となるはずである。したがって，選択肢のうち確実にいえるのは「会社員ではない」だけである。

以上より，正解は5。

21 5

解説 各段に並べられている白と黒のご石の個数を調べると下の表のようになる。

段数（段）	2	3	4	5	⋯
白いご石（個）	5	8	11	14	⋯
黒いご石（個）	1	4	9	16	⋯

黒いご石の個数は，（段数 − 1）×（段数 − 1）になっているので，16段のときは $(16 - 1) \times (16 - 1) = 15 \times 15 = 225$〔個〕

以上より，正解は5。

22 4

解説 ∠ABC = ∠BCD = 75°であるから，BA，DCを延長すると，底角が75°，頂角を30°とする二等辺三角形ができる。頂角の合計が360°になったとき，台形が環状に連なり，1つの輪ができる。よって，1つの輪になるまで連ねるために必要な台形の数は，360 ÷ 30 = 12〔個〕。

以上より，正解は4。

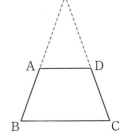

23 3

解説 まず，それぞれの図形について，分岐点（線が交わっている交差点）に線が何本集まっているか調べていく。各点において，集まっている線の数が奇数の場合を奇点，線の数が偶数の場合を偶点とすると，奇点の数が，0個か2個であれば，その図形は一筆書きができると判断できる。なお，偶点に関しては何個あっても一筆書きができる。

それぞれの図形に，奇点であるか偶点であるかを調べるために，線が何本集まっているかを書き込むと以下の通りとなる。

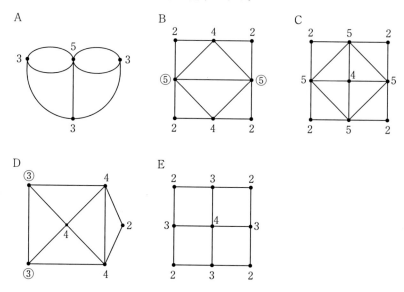

この時，奇点の数が0個もしくは2個存在する図形はBとDであることがわかり，これらが一筆書きできる図形である。

以上より，正解は3。

24 4

解説 まず，両端2枚について重なっている部分を含まない周の長さを求めると，$20 \times 2 + 10 \times 2 = 60$〔cm〕

次に，間の48枚分については，正方形1つあたり$10 \times 4 = 40$〔cm〕

よって，間の48枚分の合計は$40 \times 48 = 1920$〔cm〕

したがって，求める全体の周の長さは，$60 \times 2 + 1920 = 2040$〔cm〕

以上より，正解は4。

25 2

解説 立方体の下から1段目，2段目，3段目，4段目，5段目をスライスすると，くり抜いた立方体の数は，それぞれ5個，17個，17個，17個，5個となる。よって，くり抜いた1辺が10cmの立方体は，5 + 17 + 17 + 17 + 5 = 61〔個〕

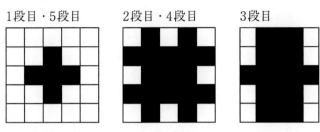

1段目・5段目　　2段目・4段目　　3段目

以上より，正解は2。

26 4

解説

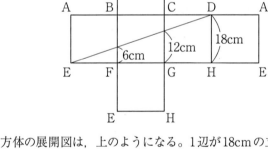

立方体の展開図は，上のようになる。1辺が18cmの立方体上について，Eを出発して，上に1cm，右に3cmの動きを繰り返すと辺BF上に達したときには，水平方向に18cm，垂直方向に6cm進んだことになる。これを繰り返すと，辺DH上に達したとき，水平方向に54cm，垂直方向に18cm進んだことになり，水平方向に進んだ合計が1辺の長さの18の倍数となり，垂直方向に進んだ合計が1辺の長さと一致することから，虫は頂点に達する。

以上より，正解は4。

27 1

解説 多面体と展開図については，立体図の頂点と，展開図の頂点を対応させて考える。その際，同一の記号がどこに対応するか，共通の辺はどこかといった点に着目する。この場合，求める展開図は次のようになる。よって，図2のアがAに対応している。

以上より，正解は1。

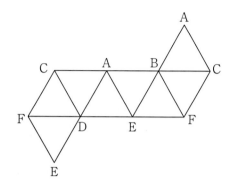

28 4

解説 2つに分類できる要素が3つある場合，キャロル表を用いて解くことによって正答を導けることが多い。次の表については，縦軸の左側が男性社員数，右側が女性社員数を表す。また，横軸の上側は30歳以上の人数，下側は30歳未満の人数を表す。さらに，長方形の内側は通勤時間が1時間以上の人数を，外側は通勤時間が1時間未満の人数を表す。求めるのは「通勤時間が1時間以上の男性社員のうち30歳以上の人数」であり，このキャロル表ではPの部分である。なお，一般に，キャロル表を用いて問題を解く際，一部の分類が明確でない場合，線上や交点上に数字や数式を書き込みながら考える。

内側：1時間以上
外側：1時間未満

	男性社員	女性社員
30歳以上	P	
30歳未満		

まず，条件アより，社員の合計が400人，女性社員の合計が164人であるから，男性社員の合計は236人である。

次に，条件イより，「通勤時間が1時間以上の女性社員のうち30歳以上の人

数」をxとすると，「通勤時間が1時間以上の女性社員のうち，30歳未満の人数」は$2x$となる。

また，条件ウより，「通勤時間が1時間未満の男性社員の人数」をyとすると，「通勤時間が1時間以上の男性社員の人数」は$y-20$，さらに，「通勤時間が1時間未満の女性社員の人数」は$y-12$である。

ここで，条件エより，「通勤時間が1時間以上の社員のうち30歳未満の人数」と「通勤時間が1時間以上の社員のうち30歳以上の人数」をともにzとおく。以上の内容を書きこんだのが次の表である。

内側：1時間以上
外側：1時間未満

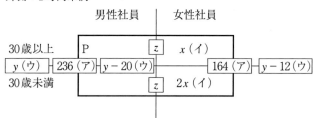

ここで，男性社員の合計について，$y+y-20=236$より，$y=128\cdots$①となる。

ここから，男性236人のうち，通勤時間が1時間未満の人数が128人，同じく通勤時間が1時間以上の人数が108人であることがわかる。

さらに，$y-12=128-12=116$となり，これが女性164人のうち，通勤時間が1時間以上の人数が，$164-116=48$〔人〕とわかる。

また，この48人について，$x+2x=48$であるから，$x=16$となり，通勤時間が1時間以上の女性のうち，30歳以上の者が16人，30歳未満の者が32人であることがわかる。

ここまでをまとめると，次のようになる。

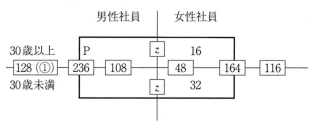

217

ここで，通勤時間が1時間以上の人数は $108 + 48 = 156$〔人〕より，$2z = 156$
よって，$z = 78$ となる。

ここで，$P + 16 = z$，通勤時間1時間以上の者のうち，30歳以上の者の合計
が $z = 78$ であるから，$P + 16 = 78$ より，$P = 62$〔人〕。

以上より，正解は4。

数的処理　　　数的推理

```
||||||||||||||||||||||||||||| P O I N T |||||||||||||||||||||||||||||
```

　数的推理は，数的処理の中では最も算数・数学の知識や能力が役に立つ分野といえる。出題形式はほとんどが文章題であり，必要な情報を読み取り，自身で方程式を立てて解いていく能力が求められる。本書の数学の内容を参考にしつつ，以下の重要事項を知っておいてほしい。

　まず知っておいてほしいのは，「速さ，距離，時間」の関係である。（速さ）$= \left(\dfrac{距離}{時間} \right)$ という基本公式をもとに，式変形をして距離や時間を求める，秒から分（または時間），km から m（または cm）などに単位変換する，といった操作を速く正確に行えるようになってほしい。このような力を身に付けることで，「通過算」，「旅人算」，「流水算」などの理解にもつながり，「仕事算」や「ニュートン算」といった応用問題にも対応できる。

　次に，「比と割合」といった指標の活用法を覚えよう。問題によっては具体的な数量ではなく比や割合だけが与えられる場合もある。例えば，「A と B の比が $a:b$」と出てきたら，A は a 個，B は b 個のように比の値をそのまま数量とする，あるいは A は ax 個，B は bx 個といった表し方をすると考えやすくなる。また，比例配分の考え方「X 個を A と B に $a:b$ に配分すると，A には $\dfrac{a}{a+b} \times X$〔個〕，B には $\dfrac{b}{a+b} \times X$〔個〕配分される」もよく利用される。割合では，「百分率 % で表されていたら全体を 100 とする」と考えやすくなる。「割引き」や「割り増し」といった言葉が出てきた場合の計算にも慣れておこう。

　学習のコツとしては，判断推理と同様に「設問を読んだだけで何をすればよいか見通しが立てられるぐらいまで取り組む」ことである。もし学習時間の確保が困難であれば，「設問から必要な情報を読み取り方程式を立てる」ステップだけでも反復練習しよう。

<< 演習問題 >>

1 次のような連続する3個の整数の積を全部で97個作る。

$1 \times 2 \times 3, \ 2 \times 3 \times 4, \ 3 \times 4 \times 5, \ \cdots, \ 97 \times 98 \times 99$

この中で，8の倍数であり16の倍数でない積は何個あるか。

1　8個　　2　15個　　3　20個　　4　24個　　5　30個

2 あるレンタルスペースは，1週間借りるごとに8700円かかるが，15週を超える分については1週間あたり15%，30週を超える分については1週間あたり40%の割引が適用される。このレンタルスペースを40週借りるとき，割引制度がある場合は，ない場合と比べてどれだけ安くなるか。

1　48215円　　2　52690円　　3　54375円
4　57465円　　5　60350円

3 1つのサイコロを3回振って，1回目，2回目，3回目に出る目の数をそれぞれa, b, cとする。このとき，$a \leqq b \leqq c$となる目の出方として正しいものは次のどれか。

1　52通り　　2　54通り　　3　56通り　　4　60通り　　5　62通り

4 連続する2個の自然数の和でも，連続する3個の自然数の和でも，連続する5個の自然数の和でも表すことのできる数は，1から100までに何個あるか。

1　3個　　2　4個　　3　5個　　4　6個　　5　7個

5 A～Dは1～9のそれぞれ異なる整数である。次の計算が成り立つとき，A＋B＋C＋Dの値として妥当なものを選べ。

1　18　　2　19　　3　20　　4　21　　5　22

6　ある仕事をあらかじめ訓練を受けた者にさせたら，丸20日で完了した。一方，訓練を受けていない者にさせたら，完了させるのに丸30日かかった。仕事の量が3倍になり，この2人が同時に仕事をした場合にかかる日数として，正しいものはどれか。ただし，日数を数える際に端数が生じた場合には，1日と数えるものとする。

　　1　24日　　2　25日　　3　29日　　4　36日　　5　37日

7　ある池のまわりを一周する道路がある。兄と弟がその道路上のA地点を同時に出発し，それぞれ一定の速さで反対方向にまわる。出発してから4分後に2人ははじめて出会った。そのあとすぐ，弟は速さを毎分8m遅くし，兄は速さを毎分40m遅くして歩き続けたところ，初めて出会ってから6分後に再び出会った。また，2人が5回目に出会ったのは，弟が出発してからちょうど2周してA地点に戻ってきたときであった。弟が，はじめの速さでこの池を一周するのにかかる時間はいくらか。

　　1　9分　　2　10分　　3　12分　　4　15分　　5　16分

8　ある家族は，同じ年の父母と5歳違いの兄弟の4人家族であり，父母の年齢の合計は，兄弟の年齢の合計の6倍であった。現在の父の年齢を33歳とすると，10年後のこの家族の年齢の合計として正しいものはどれか。

　　1　117歳　　2　119歳　　3　121歳　　4　123歳　　5　125歳

9　長さ240mの普通列車と，秒速30mの快速列車が走っている。普通列車と快速列車の長さの比は，4：1，速さの比は2：3である。普通列車と快速列車が向かい合って走っている時，すれ違うのに何秒かかるか。

　　1　5秒　　2　6秒　　3　7秒　　4　8秒　　5　9秒

10　右図の半球の表面積はいくらか。
ただし，円周率をπとする。

　　1　128π cm²　　　2　130π cm²
　　3　132π cm²　　　4　192π cm²
　　5　194π cm²

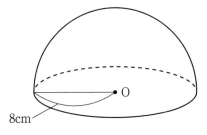

8cm

11 次の図のように，正三角形に円が内接している。円周率を π とし，正三角形の一辺の長さが x であるとき，斜線部分の面積として，正しいものはどれか。

1 $\dfrac{1}{6}\left(\sqrt{3}-\dfrac{1}{3}\pi\right)x^2$　　2 $\dfrac{1}{12}\left(\sqrt{3}-\dfrac{1}{3}\pi\right)x^2$

3 $\dfrac{1}{6}\left(\sqrt{3}-\dfrac{1}{6}\pi\right)x^2$　　4 $\dfrac{1}{12}\left(\sqrt{3}-\dfrac{1}{8}\pi\right)x^2$

5 $\dfrac{1}{6}\left(\sqrt{3}-\dfrac{1}{12}\pi\right)x^2$

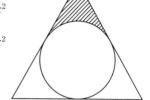

12 下図において，AからBまでの最短経路の数として，最も妥当なものはどれか。ただし，PQ間は通れないものとする。

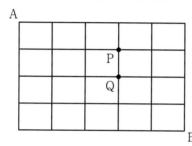

1　85通り

2　88通り

3　92通り

4　98通り

5　102通り

13 ある子供がケーキを買いに行った。1個280円と420円のケーキをあわせて10個買うつもりで，おつりがないように現金を持って店へ行った。ところが，まちがえて買う個数を逆にしたので560円足りなかった。この時，子供が買う予定であった280円のケーキの個数として，正しいものはどれか。

1　5個　　2　6個　　3　7個　　4　8個　　5　9個

14 ある学生は前回までの化学のテストの平均点が71点であったが，今回は91点をとったことにより平均点が75点になった。このとき，今回は何回目のテストであったか。

1　2回目　　2　3回目　　3　4回目　　4　5回目　　5　6回目

15 ある高校の5人の学生が受けた化学，物理，生物のテストの得点について，次のア～オまでのことがわかっている。このとき，各科目の最低点の和の数として，正しいものはどれか。ただし，得点はすべて整数とする。

ア　化学は3人の学生の得点が同じであった。また，残りの2人は，3人の学生の得点よりも高得点であり，2人は同じ得点だった。

イ　5人の学生の化学の得点は，それぞれいずれかの学生の生物の得点と同じである。

ウ　物理は4人の得点が同じであり，5人の平均点は76点である。

エ　生物の得点は皆異なり，順番に並べると5点差ずつとなり，平均点は82点である。

オ　各科目の最高点の和は279点であり，平均点の和は242点である。

　　1　208点　　　2　212点　　　3　219点　　　4　224点　　　5　231点

16 ある家族の全員が同じ金庫に現金を預けており，その平均預金額は600万円である。この家族のうちの何人かがそれぞれ40万円金庫へ預け，残りのすべての人がそれぞれ60万円金庫から持ち出したところ，平均残高が615万円となった。このとき，この家族の人数として，正しいものはどれか。

　　1　5人　　　2　6人　　　3　7人　　　4　8人　　　5　9人

17 図のように底面の半径が4cm，高さが5cmの円柱状のコップに球〇がのせてあり，球面とコップの底面との最短距離O′Tが3cmであるとき，球〇の半径の値として，正しいものはどれか。ただし，コップの厚さは考えないものとする。

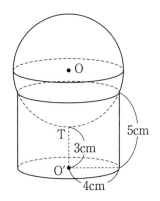

　　1　5.0cm　　　2　5.2cm
　　3　5.4cm　　　4　5.6cm
　　5　5.8cm

18 下図において，四角形ABCDは円に内接し，Eは直線ABを延長した線と点Cにおけるこの円の接線との交点である。∠AEC＝90°，∠BDC＝33°のとき，∠ADBの大きさとして，正しいものはどれか。

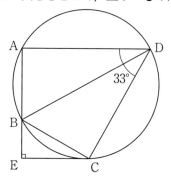

1 22°　　2 23°　　3 24°　　4 25°　　5 26°

19 1の位，10の位，100の位が，いずれも1から5までの数である3桁の数で，3の倍数となるものの数として，正しいものはどれか。

1 41個　　2 42個　　3 43個　　4 44個　　5 45個

20 A〜Eまでのアルファベットが記入された5個の玉を次のような条件で横一列に並べる時，その並べ方の種類の数として，正しいものはどれか。

　条件　　・Aの玉は端に置く。

　　　　　・Bの玉とCの玉は隣り合うように置く。

　　　　　・Dの玉は中央（左右それぞれの端から三つ目）に置かない。

　　　1 16　　　2 20　　　3 24　　　4 28　　　5 32

21 ある抽選会において，2本の当たりくじを含む8本のくじの中から3人が順番にそれぞれ1本ずつくじを引いた時，3人のうち2人が当たる確率として，正しいものはどれか。ただし，一度引いたくじは戻さないものとする。

　　1 $\dfrac{1}{8}$　　2 $\dfrac{1}{25}$　　3 $\dfrac{3}{25}$　　4 $\dfrac{1}{28}$　　5 $\dfrac{3}{28}$

22 同じ長さの辺で作った小さな正三角形を組み合わせて図のように大きな正三角形を作っていくとき、11段組み合わせるのに必要な線の合計の本数として、妥当なものはどれか。ただし、図は、例として5段を組み合わせた途中の例である。

図

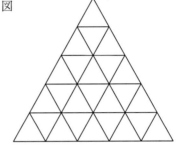

1　189本
2　192本
3　195本
4　198本
5　201本

1 5

解説 連続する3個の整数の組合せが（奇×偶×奇）のとき、偶数が8の倍数であり、かつ16の倍数でなければ条件を満たす。このような偶数は、8、24、40、56、72、88の6個である。よって、条件を満たす積は6個である。

連続する3個の整数の組合せが（偶×奇×偶）のとき、2つの偶数のうち片方は必ず4の倍数なので、これらの積は必ず8の倍数となる。また、2つの偶数のうち片方が8の倍数ならば、これらの積は必ず16の倍数になってしまう。よって、2つの偶数がどちらも8の倍数でないときに条件を満たす。つまり、8から96までの12個の8の倍数が入らなければよいことになる。具体的に書き出すと、

(2, 3, 4)　　 ⇒　○
(4, 5, 6)　　 ⇒　○
(6, 7, 8)　　 ⇒　×
(8, 9, 10)　　⇒　×
(10, 11, 12) ⇒　○
　　　　・
　　　　・
　　　　・
(96, 97, 98) ⇒　×

のように48通りの組合せがあるが，8の倍数が入る回数は1つにつき2回ずつあるので，条件を満たさない組合せは$12 \times 2 = 24$〔通り〕となる。よって，条件を満たす積は，$48 - 24 = 24$〔個〕である。

したがって，求める積の数は，$6 + 24 = 30$〔個〕である。

以上より，正解は5。

2 3

解説 まず，それぞれの料金を求めると，15％引きでは1週間あたり$8700 \times (1 - 0.15) = 7395$〔円〕，40％引きでは1週間あたり$8700 \times (1 - 0.40) = 5220$〔円〕となる。

割引制度がある場合に40週借りる場合，$1 \sim 15$週は8700円，$16 \sim 30$週は7395円，31週~ 40週は5220円なので，かかる費用は，

$8700 \times 15 + 7395 \times 15 + 5220 \times 10 = 293625$〔円〕

割引制度がない場合にかかる費用は，

$8700 \times 40 = 348000$〔円〕

したがって，割引制度がある場合に安くなるのは，

$348000 - 293625 = 54375$〔円〕

以上より，正解は3。

3 3

解説 i）$a = b = c$となる場合

$(a, b, c) = (1, 1, 1), (2, 2, 2), \cdots, (6, 6, 6)$の6通り

ii）$a = b < c$となる場合

サイコロの6種類の目1，2，3，4，5，6から2種類選び，小さい方の目をa，bの値，大きい方の目をcの値とすればよいので，

$$_6C_2 = \frac{6 \times 5}{2 \times 1} = 15 \text{〔通り〕}$$

iii）$a < b = c$となる場合

サイコロの6種類の目1，2，3，4，5，6から2種類選び，小さい方の目をaの値，大きい方の目をb，cの値とすればよいので，15通り

iv）$a < b < c$となる場合

サイコロの6種類の目1，2，3，4，5，6から3種類選び，小さい順にa，b，cの値とすればよいから，

$$_6C_3 = \frac{6 \times 5 \times 4}{3 \times 2 \times 1} = 20 \text{〔通り〕}$$

したがって，$a \leqq b \leqq c$ となる目の出方は，

$$6 + 15 + 15 + 20 = 56 \text{〔通り〕}$$

以上より，正解は3。

4 　1

解説

連続する2個の自然数の和は，$a + (a + 1) = 2a + 1$　（a は自然数）…①

連続する3個の自然数の和は，$(b - 1) + b + (b + 1) = 3b$　（b は自然数）…②

連続する5個の自然数の和は，$(c - 2) + (c - 1) + c + (c + 1) + (c + 2) = 5c$ （c は自然数）…③

求める数は，①より奇数，②より3の倍数，③より5の倍数となる。②③より15の倍数となるので，これらを踏まえると15，45，75の3個となる。

以上より，正解は1。

5 　4

解説 　設問の図の空欄をそれぞれE～Jとする。

　G＝9であり，3×Eの積の一の位が9となることから，E＝3となる。すると，一の位からの繰上りはないので，F＋Jの和の一の位は6となる。また，4×3＝12より，J＝2なのでF＝4となる。すると，B×3の積の一の位が4なので，B＝8となる。すると，I＝1＋2＝3となるので，C＝8－3＝5となる。すると，3×A＋2＝5より，A＝1となる。よって，H＝D＝7となる。

　したがって，A＋B＋C＋D＝1＋8＋5＋7＝21

$$
\begin{array}{r}
\text{A B } 3 \\
\times \quad 4\,\boxed{\text{E}} \\
\hline
\text{C } \boxed{\text{F}}\,\boxed{\text{G}} \\
\boxed{\text{H}}\,\boxed{\text{I}}\,\boxed{\text{J}} \\
\hline
\text{D } 8\ 6\ 9
\end{array}
\qquad
\begin{array}{r}
1\ 8\ 3 \\
\times \quad 4\ 3 \\
\hline
5\ 4\ 9 \\
7\ 3\ 2 \\
\hline
7\ 8\ 6\ 9
\end{array}
$$

以上より，正解は4。

6 4

解説 （1日当たりの仕事量）$= \left(\dfrac{仕事量}{日数}\right)$ より，はじめの仕事量を1とすると，訓練を受けた者の1日あたりの仕事量は $\dfrac{1}{20}$〔／日〕，訓練を受けていない者の1日あたりの仕事量は $\dfrac{1}{30}$〔／日〕となる。よって，2人が同時に仕事をした場合の1日あたりの仕事量は，$\dfrac{1}{20}+\dfrac{1}{30}=\dfrac{1}{12}$〔／日〕となる。

（日数）$= \left(\dfrac{仕事量}{1日あたりの仕事量}\right)$ より，仕事量が3倍となり2人が同時に仕事をした場合にかかる日数は，$3 \div \dfrac{1}{12} = 36$〔日〕となる。

以上より，正解は4。

7 3

解説 はじめの速さでは，兄と弟で池を一周するのに4分かかったので，

$$\frac{池一周の距離}{（兄の速さ）+（弟の速さ）}= 4〔分〕\cdots①$$

また，兄は分速40m遅く，弟は分速8m遅くしたところ，池を一周するのに6分かかったので，

$$\frac{池一周の距離}{（兄の速さ-40）+（弟の速さ-8）}= 6〔分〕\cdots②$$

ここで，池一周の距離は一定なので，①②より

$$4 \times \{（兄の速さ）+（弟の速さ）\} = 6 \times \{（兄の速さ）+（弟の速さ）- 48\}$$
$$（兄の速さ）+（弟の速さ）= 144〔m/分〕$$

よって，（池一周の距離）$= 144 \times 4 = 576$〔m〕。

次に，はじめの弟の速さを x〔m/分〕とすると，弟が池を2周する間に，x〔m/分〕で4分歩いたのでその距離は $4x$〔m〕，その後 $x-8$〔m/分〕で歩いたところ，6分ごとに兄と4回出会ったので，歩いた距離は $(x-8) \times 6 \times 4$〔m〕となる。よって，次の関係が成り立つ。

$$4x + (x-8) \times 6 \times 4 = 576 \times 2$$
$$x = 48〔m/分〕$$

したがって，はじめの弟の速さで池を一周するのにかかる時間は，

$$\frac{576}{48} = 12〔分〕$$

以上より，正解は3。

8 1

解説 弟の年齢をxとすると，兄の年齢は$x + 5$，父母の年齢の合計は兄弟の年齢の合計の6倍であり，さらに，父と母の年齢はそれぞれ33歳であるから，
$6(x + x + 5) = 33 + 33$ $\therefore$ $x = 3$
よって，現在の年齢は，弟，兄，父，母の順に，3歳，8歳，33歳，33歳である。10年後のそれぞれの年齢は，13歳，18歳，43歳，43歳であるから，合計は，117歳である。
以上より，正解は1。

9 2

解説 普通列車の長さは240m，普通列車と快速列車の長さの比は4：1より，快速列車の長さは$240 \times \dfrac{1}{4} = 60$〔m〕となる。

快速列車の速さは30〔m/秒〕，普通列車と快速列車の速さの比は2：3より，普通列車の速さは$30 \times \dfrac{2}{3} = 20$〔m/秒〕

ここで，2つの列車が向かい合って走っているときにすれ違うのにかかる時間とは，2つの列車の最前部が重なってから最後部が離れるまでの時間のことであり，2つの列車の長さの合計分の距離を2つの列車の合計の速さで走った時間となるので，
$\dfrac{240 + 60}{30 + 20} = 6$〔秒〕
以上より，正解は2。

10 4

解説 球の半径がrのとき，その表面積Sは，
$S = 4\pi r^2$
よって，半径が8cmで，その半分の場合は，
表面積$S_1 = \dfrac{4 \times \pi \times 8^2}{2} = 128\pi$〔cm^2〕となる。
また，半球の場合，右図の斜線部の表面積S_2
を求める必要があるので，$S_2 = 8^2\pi = 64\pi$より，
半球の表面積S'は，$S' = S_1 + S_2 = 128\pi + 64\pi = 192\pi$〔cm^2〕
以上より，正解は4。

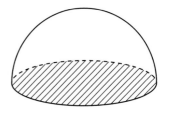

11 2

解説 問題文の図より，（求める面積）$= \dfrac{1}{3} \times$（正三角形の面積 － 円の面積）である。

（正三角形の面積）$= \dfrac{1}{2} \times$（底辺）$\times$（高さ）$= \dfrac{1}{2} \times x \times \dfrac{\sqrt{3}}{2} x = \dfrac{\sqrt{3}}{4} x^2$

ここで，正三角形の内接円の中心は，正三角形の重心であるから，

（半径）$=$（正三角形の高さ）$\times \dfrac{1}{3} = \dfrac{\sqrt{3}}{6} x$

（円の面積）$= \pi \times$（半径）$^2 = \pi \times \left(\dfrac{\sqrt{3}}{6} x \right)^2 = \dfrac{1}{12} \pi x^2$

（求める面積）$= \dfrac{1}{3} \times \left(\dfrac{\sqrt{3}}{4} x^2 - \dfrac{1}{12} \pi x^2 \right) = \dfrac{1}{12} \left(\sqrt{3} - \dfrac{1}{3} \pi \right) x^2$

以上より，正解は2。

12 5

解説 AからBまでの最短経路を考えるとき，必ず，右に5マス，下に4マス進む。例えば，次の図の太線のように進む場合は，右・下・下・下・右・右・右・下・右　となる。

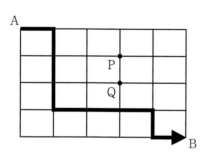

つまり，9マス進むうちの4マスは，必ず「下」なので，

9個の中から4個を選ぶ組み合わせの数が，最短経路の数といえる。よって，

$$_9C_4 = \dfrac{9!}{(9-4)! \cdot 4!} = \dfrac{9 \cdot 8 \cdot 7 \cdot 6}{4 \cdot 3 \cdot 2 \cdot 1} = 126 \ 〔通り〕$$

次に，PQ間を通る最短経路の数を考える。AからPまでの最短経路は$_4C_1$ $= 4$通り。QからBまでの最短経路は$_4C_2 = \dfrac{4 \cdot 3}{2} = 6$〔通り〕。つまり，PQ間を通る場合の数は，$4 \times 6 = 24$〔通り〕。

したがって，PQ間を通らない最短経路の数は，126 − 24 = 102〔通り〕となる。

以上より，正解は5。

13 3

解説 最初に買う予定だった280円のケーキの個数を x〔個〕とすると，持って行った金額は

$280 \times x + 420 \times (10 - x)$〔円〕と表せる。

280円のケーキと420円のケーキの買う個数を逆にしたところ，560円足りなかったことから，以下の等式が導ける。

$280 \times x + 420 \times (10 - x) = 280 \times (10 - x) + 420 \times x - 560$

これを解いて，$x = 7$〔個〕。

以上より，正解は3。

14 4

解説 （平均点）$= \left(\dfrac{合計点}{テストの回数} \right)$ と表せる。今回のテストを x 回目のテストとする。

前回までのテストの合計点を x を用いて表すと，

$71 \times (x - 1) = 71x - 71$〔点〕……①

今回のテストの点数も加えた合計点は，①に91を足したものなので，

$71x - 71 + 91 = 71x + 20$〔点〕……②

また，今回のテストの平均点と②から，以下の等式が導き出せる。

$71x + 20 = 75x$

$4x = 20$

$x = 5$

よって，今回のテストは5回目である。

以上より，正解は4。

15 4

解説 条件エより，生物の得点を高い順に並べると，92点，87点，82点，77点，72点である。また，条件ウ，エ，オより，化学の平均点は，242 − 76 − 82 = 84〔点〕である。これと条件イより，化学の最高点が92点の場合と，87点の場合がある。化学の最高点が92点の場合，条件アより，92点が2人いるので，残りの3人の得点の和は，84 × 5 − 92 × 2 = 236〔点〕であり，この3人の得点は同じなので236 ÷ 3 = 78$\frac{2}{3}$〔点〕となり，整数にならず題意を満たさない。

よって，化学の最高点が92点の場合はあり得ない。化学の最高点が87点の場合，条件アより，87点が2人いるので，残りの3人の得点の和は，84 × 5 − 87 × 2 = 246〔点〕であり，

この3人の得点は246 ÷ 3 = 82〔点〕となり，題意を満たす。

よって，化学の最高点は87点で，82点が3人いることになる。

これらのことと，条件オより，物理の最高点は，279 − 92 − 87 = 100〔点〕となる。

さらに，条件ウより，物理は100の点が4人，もしくは1人いることになるが，100点が4人いると，この4人の合計点は100 × 4 = 400〔点〕となり，5人の合計点76 × 5 = 380〔点〕を上回ってしまうので，100点が4人いることはあり得ず，100点が1人である。

残りの4人の得点の和は，76 × 5 − 100 = 280〔点〕であり，この4人の得点は，280 ÷ 4 = 70〔点〕である。

ここまでをまとめると，次のようになる。

	得点					平均点
	高い	←		→	低い	
化学	87	87	82	82	82	84
物理	100	70	70	70	70	76
生物	92	87	82	77	72	82
計						242

よって，生物の最低点は72点，化学の最低点は82点，物理の最低点は70点なので，和は72 + 82 + 70 = 224〔点〕である。

以上より，正解は4。

16 4

解説 家族の人数をx人とし，そのうちy人が40万円金庫へ預けたとすると，$(x-y)$人が60万円金庫から持ち出したことになる。当初の金庫の残高は，$600x$万円，入金額は$40y$万円，出金額は$60(x-y)$万円，その後の金庫の残高は，$615x$万円なので，次の式が成り立つ。

$$600x + 40y - 60(x-y) = 615x$$

この式を整理すると，$3x = 4y$となり，xは4の倍数，yは3の倍数となる（ただし$x > y$）。よって，この家族の人数は4の倍数なので，選択肢で考えられる人数は8人となる。

以上より，正解は4。

17 1

解説 設問の図を，中心Oを通り，コップの底面に垂直な平面で縦に切断する。

図のように点P，Q，Rをとり，球の半径をrとするとOO′は弦PQを2等分しているので，∠ORP $= 90°$である。

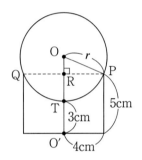

OT $= r$（半径）で，RT $= 2$なので，

OR $= r - 2$

また，PR $= 4$なので，三平方の定理より，

$$(r-2)^2 + 4^2 = r^2$$

これを解いて，$r = 5$〔cm〕

以上より，正解は1。

18 3

解説 △DBCが円に内接し，CEは円の接線なので，接弦定理より∠BCE $= 33°$

よって，∠CBE $= 180° - 90° - 33° = 57°$ ∴   ∠ABC $= 180° - 57° = 123°$

四角形ABCDは円に内接しているので，向かい合う内角の和は$180°$である。

よって，∠ADC $= 180° - 123° = 57°$

ゆえに，∠ADB $= 57° - 33° = 24°$

以上より，正解は3。

19 1

解説 3桁の数が3の倍数となるためには，各位の3つの数の和が3の倍数でなければならない。そのような3つの数字の組み合わせについて，数字が小さい順に並ぶようにして書き出した上で，それぞれについて並び替えを考慮して3桁の数字の個数を求めると次のようになる。

1 - 1 - 1　1個
1 - 1 - 4　3個
1 - 2 - 3　6個
1 - 3 - 5　6個
1 - 4 - 4　3個
2 - 2 - 2　1個
2 - 2 - 5　3個
2 - 3 - 4　6個
2 - 5 - 5　3個
3 - 3 - 3　1個
3 - 4 - 5　6個
4 - 4 - 4　1個
5 - 5 - 5　1個

これらを合計すると41個となる。

以上より，正解は1。

20 2

解説 Aを左端に置いた場合を考える。

設問の条件より，BとCを隣り合うように置き，Dを中央に置かないように並べると，次の場合が考えらえる。

①	A	BまたはC	CまたはB	DまたはE	EまたはD
②	A	DまたはE	BまたはC	CまたはB	EまたはD
③	A	D	E	BまたはC	CまたはB

①の場合，BとCについて2通り，DとEについて2通りの並べ方があるので，合計 $2 \times 2 = 4$〔通り〕の並べ方がある。

②の場合，BとCについて2通り，DとEについて2通りの並べ方があるので，合計 $2 \times 2 = 4$〔通り〕の並べ方がある。

③の場合，BとCについて2通りの並べ方があり，DとEの置き方はただ1つに決まるので，合計2通りの並べ方がある。

よって，Aを左端に置いた場合の並べ方は，4 + 4 + 2 = 10〔通り〕となる。

さらに，Aを右端に並べる場合は，上記の左右を入れ替えるので，同様に10通りとなる。

したがって，並べ方は全部で10 + 10 = 20〔通り〕となる。

以上より，正解は2。

21 5

解説 まず，仮に，1人目が当たり，2人目が当たり，3人目がはずれになる確率を求める。1人目は8本のくじ引き，その中に当たりが2本あり，2人は7本のくじの中に当たりが1本あり，3人目は6本のくじすべてがはずれであることに留意すると，以下のようになる。

$$\frac{2}{8} \times \frac{1}{7} \times \frac{6}{6} = \frac{1}{28}$$

次に，当たり，はずれの組み合わせについては，3人のうち，2人が当たり，1人がはずれを引くことになる。その組み合わせは，${}_3C_2 = 3$〔通り〕

したがって，求める確率は，$\frac{1}{28} \times 3 = \frac{3}{28}$である。

以上より，正解は5である。

22 4

解説 積み重ねる際に追加していく辺について，1段の場合3本，2段の場合6本，3段の場合9本，4段の場合12本……となるから，積み重ねる際に追加していく辺の本数は，初項3，公差3の公差数列であることがわかる。

等差数列の場合，「n項目の数 = 初項 + 公差 ×（項数 - 1）」であるから，これにあてはめて，3 + 3 × (11 - 1) = 33〔本〕

求めるのは，辺の総数であるから，「等差数列の和 = $\frac{1}{2}$ ×（初項 + 末項）× 項数」より，

$\frac{1}{2} \times (3 + 33) \times 11 = 198$〔本〕

以上より，正解は4。

数的処理　　資料解釈

||||||||||||||||||||||||||| **P O I N T** |||||||||||||||||||||||||||

　資料解釈では，与えられた図表をもとに，必要なデータを早く正確に読み取る能力が試される。出題形式はほとんど選択肢の記述の正誤を問うものなので，「正誤が判断できる最低限の情報を読み取る」姿勢を身に付けてほしい。高度な計算力は必要ないが，取り扱う数量の桁数が大きかったり，見慣れない単位が使われていたりするので，コツを掴むまでに時間がかかるかもしれず，できるだけ早く取り組もう。

　まず，問題を解く前に与えられた図表のタイトル（ない場合もある）や単位に注目すること。次に，図表に記されたデータを見る前に選択肢を確認してほしい。その際，選択肢を順番に検討するのではなく，正誤が判断しやすいものから順に検討し，判断が難しい選択肢については消去法で対応するとよい。なお，選択肢の中には「図表からは判断できない」場合があるので，注意しよう。選択肢の検討にあたっては，次の指標を用いる場合がほとんどなので，それぞれの指標の意味や公式を覚えてしまいたい。

・割合：ある数量が，全体に対して占める分量。

　Aに対するBが占める割合〔％〕は，$\dfrac{B}{A} \times 100$

・比率：ある数量を，他の数量と比べたときの割合。

　Aに対するBの比率（比）は，$\dfrac{B}{A}$

・指数：基準となる数量を100としたときの，他の数量の割合。

　Aを100としたときのBの指数は，$\dfrac{B}{A} \times 100$

・増加量（減少量）：元の数量に対するある数量の増加分（減少分），増加（減少）していればプラス（マイナス）の値になる。

　「昨年の量」に対する「今年の量」の増加量（減少量）は，「今年の量」－「昨年の量」

・増加率（減少率）：元の数量に対するある数量の増加率（減少率），増加（減少）していればプラス（マイナス）の値になる。

　「昨年の量」に対する「今年の量」の増加率（減少率）〔％〕は，

$$\frac{\text{「今年の量」}-\text{「昨年の量」}}{\text{「昨年の量」}} \times 100$$

・単位量あたりの数量：「単位面積あたり」や「1人あたり」に占める数量。

全体の量のうち，1人あたりに占める量は，$\dfrac{\text{全体の量}}{\text{人数}}$

学習の初期段階では，本書の解説を参考に自身の手で正しく計算するよう心掛けよう。そのうえで，慣れてきたら「増加している」や「2分の1になっている」といった内容であれば計算せずに判断したり，129,176 を 130,000 と概算して判断したりするなど，できるだけ短い時間で解答できるように練習すること。

《 演 習 問 題 》

1 出火件数及び火災による死者数の推移について述べた次のグラフから読み取れる内容として妥当なものはどれか。

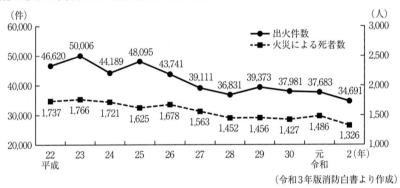

（令和3年版消防白書より作成）

1 全体を通じて，出火件数が増加している年には火災による死者数が増加する一方，出火件数が減少している年には火災による死者数が減少している。

2 出火件数と火災による死者数の推移を比較すると，両者のピークは一致していない。

3 最新の3年間について，出火件数は連続で減少しており，令和2年の出火件数を10年前と比較するとその数は，4分の3を下回っている。

4 出火原因において，放火が増えた年には出火そのものが増えているのに対して，失火についてはそのような関連はみられない。

5 平成22年の火災による死者数は，10年後と比較すると，1.5倍を上回っていた。

2 次のグラフは，日本における15歳未満の人口と人口増加率の推移を示したものである。このグラフから読み取れる内容として，妥当なものはどれか。

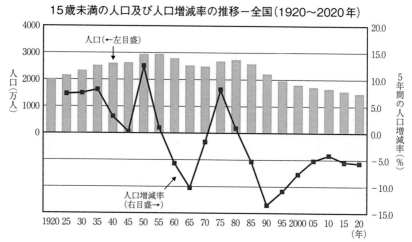

15歳未満の人口及び人口増減率の推移－全国（1920～2020年）

注）2015年及び2020年は不詳補完値による。

なお、2020年の人口増減率は不詳補完値により，2015年以前の人口増減率は原数値により算出

（総務省統計局より作成）

1 15歳未満人口が最少だった年において，5年間の人口増減率も最低であった。

2 15歳未満人口が最多だった年と5年間の人口増減率が最高だった年は一致する。

3 1980年以降，1990年を底として，一時期，日本の人口は増加に転じた。

4 5年間の人口増減率が最高の時期と最低の時期を比較すると，その差は20％を超えている。

5 1980年代から1990年にかけて，1年ごとの人口増加率が最低を更新する年があった。

3 次の表は，世界各国における産業用ロボットの稼働台数（単位　台）を表したものである。この表から正しくいえるものはどれか。

	2010	2019		2010	2019
アジア	513765	1679836	スイス	4417	9506
中国	52290	783358	ハンガリー	1406	9212
日本	307698	354878	スロバキア	1870	8326
韓国	101080	319022	デンマーク	4234	6820
（台湾）	26896	71782	ロシア	1058	6185
タイ	9635	33962	ポルトガル	2280	5620
インド	4855	26306	フィンランド	4611	4721
シンガポール	3685	21935	ルーマニア	317	4057
ベトナム	728	15865	スロベニア	1032	3941
マレーシア	3677	13114	イスラエル	647	1979
インドネシア	1285	9147	ノルウェー	1012	1271
（香港）	231	2858	**北アメリカ**	173174	362136
フィリピン	485	1668	アメリカ合衆国	180893	299631
ヨーロッパ	352142	579948	メキシコ	1938	37275
ドイツ	148256	221547	カナダ	1848	25230
イタリア	62378	74420	**南アメリカ**	6611	18925
フランス	34495	42019	ブラジル	5721	15294
スペイン	28868	36716	アルゼンチン	722	3064
イギリス	13519	21654	**オセアニア**	7066	7927
チェコ	4462	19391	オーストラリア	6679	6649
ポーランド	3321	15769	ニュージーランド	387	1278
トルコ	2166	15022	**アフリカ**	2232	6545
オランダ	5438	14370	南アフリカ共和国	2074	5120
スウェーデン	9387	14224			
オーストリア	5749	12016	世界計	1059162	2722077
ベルギー	6251	9965			

（世界国勢図会2021/22　より作成）

1 2019年におけるメキシコの産業用ロボットの稼働台数は，2010年における稼働台数に比べ20倍以上増加している。

2 2010年における世界全体の産業用ロボットの稼働台数に占めるアメリカ合衆国の産業用ロボットの稼働台数の割合は2割を上回っている。

3 ニュージーランドにおける産業用ロボットの稼働台数は，2010年から2019年にかけて1,000台以上増加している。

4 2019年におけるロシアの産業用ロボットの稼働台数は，2010年における稼働台数に比べ6倍以上増加している。

5 2010年におけるスイスの産業用ロボットの稼働台数は，同年のノルウェーの稼働台数の4倍を上回っている。

4 次の表は，2018年における各国における再生可能エネルギーによる発電量と，各国の総発電量に占める再生可能エネルギーの割合を表したものである。この表から正しく読み取れるものはどれか。

	発電量 （億kWh）	割合 （％）		発電量 （億kWh）	割合 （％）
中国	18792	26.2	イギリス	1182	35.4
アメリカ合衆国	7745	17.4	スペイン	1074	39.1
ブラジル	4948	82.3	トルコ	978	32.1
カナダ	4337	66.3	スウェーデン	928	56.8
インド	3005	19.0	ベトナム	848	35.2
ドイツ	2380	37.0	コロンビア	615	76.9
日本	2052	19.4	パラグアイ	592	100.0
ロシア	1970	17.7	ベネズエラ	582	58.4
ノルウェー	1438	97.9	メキシコ	552	16.9
フランス	1211	20.8	オーストリア	543	79.2
イタリア	1186	40.9	世界計	68914	25.8

（世界国勢図会2021/22　より作成）

1 日本における再生可能エネルギーの発電量は，イタリアにおける再生可能エネルギーの発電量の2倍以上である。

2 パラグアイの総発電量は，オーストリアの総発電量を上回っている。

3 ドイツにおける再生可能エネルギーの発電量は，イギリスにおける再生可能エネルギーの発電量の3倍以上である。

4 中国における再生可能エネルギーによる発電量は，世界全体の再生可能エネルギーによる発電量の4分の1を超えている。

5 インドにおける再生可能エネルギーによる発電量は，世界全体の再生可能エネルギーによる発電量の20分の1を超えている。

5 次の表は各国の石炭産出高（単位　万t）を表したものである。この表から正しくいえるものはどれか。

	2000年	2018年	2019年
中国	129,900	369,774	384,633
インド	31,370	72,872	73,087
アメリカ合衆国	52,275	32,579	30,986
ロシア	15,254	35,861	35,756
ベトナム	1,161	4,205	4,716

（日本国勢図会2022/23　より作成）

1 いずれの国においても，石炭産出高は年々増加している。

2 2019年におけるベトナムの石炭産出高は，2000年の産出高の4.5倍以上である。

3 中国における石炭産出高は，2000年から2018年にかけて2.5倍以上増加している。

4 2019年におけるインドの石炭産出高は，2000年の産出高の2.5倍以上である。

5 ロシアにおける石炭産出高は，2000年から2018年にかけて2.5倍以上増加している。

6 以下の資料から読み取れるものとして，最も妥当なものはどれか。

おもな国の食料自給率（%）

国名	年次	穀類	食用穀物	いも類	豆類	野菜類	果実類	肉類	卵類	牛乳・乳製品	魚介類	油脂類
日本	2020	28	63	73	8	80	38	53	97	61	55	13
フランス	2018	176	169	130	77	72	65	103	99	104	29	91
ドイツ	2018	101	115	134	11	42	37	122	71	106	27	93
イタリア	2018	63	73	54	43	149	109	74	98	85	17	35
オランダ	2018	10	16	150	0	347	39	253	218	157	129	51
スペイン	2018	71	81	62	15	210	129	152	113	89	59	79
スウェーデン	2018	102	82	78	73	34	6	76	96	84	69	22
スイス	2018	45	42	94	36	52	42	88	64	101	2	39
イギリス	2018	82	79	87	45	43	13	77	93	88	65	58
アメリカ	2018	128	156	101	191	86	67	114	103	102	65	90
カナダ	2018	197	379	154	337	59	25	136	93	97	92	264
オーストラリア	2018	239	232	91	274	92	102	164	100	109	33	93

（農林水産省　食料需給表令和2年度　より作成）

1 フランスはいずれの品目においても食料自給率が100％を超えている。

2 穀類の収穫量が最も多いのはオーストラリアであり，逆に，最も少ないのはオランダである。

3 油脂類の自給率が最低の国は，豆類についても最下位となっている。

4 野菜類の自給率が最も高い国は，一方で，穀類の自給率が最も低い。

5 魚介類については，すべての国が国内の需要を満たしている。

7 以下の資料から読み取れるものとして，最も妥当なものはどれか。

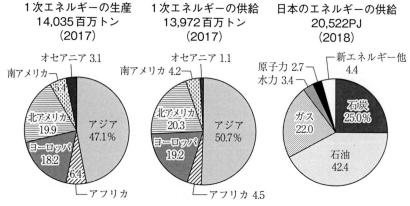

1次エネルギーの生産
14,035百万トン
（2017）

1次エネルギーの供給
13,972百万トン
（2017）

日本のエネルギーの供給
20,522PJ
（2018）

（2021データブック　オブ・ザ・ワールド　より作成）

1　日本における1次エネルギーの供給については，石油と石炭を合わせる
　と全体の4分の3を超えている。

2　日本の1次エネルギーの生産量は，アジアの中で最小である。

3　1次エネルギーの生産量と供給量を地域別に比較すると，両者の順位は
　一致している。

4　北アメリカにおける1次エネルギーの生産量は，25億トンを下回ってい
　る。

5　1次エネルギーの生産，供給ともに，アジアの割合が年々増加している
　のに対して，ヨーロッパの割合は減少している。

8 以下の資料から読み取れるものとして，最も妥当なものはどれか。

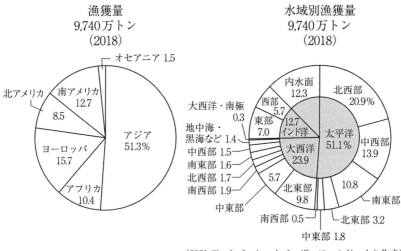

漁獲量
9,740万トン
(2018)

水域別漁獲量
9,740万トン
(2018)

(2021データブック　オブ・ザ・ワールド　より作成)

1　オセアニアとアジアの漁獲量には，約10倍の開きがある。

2　水域別漁獲量の中で，太平洋が最も大きな割合を示しているものの，半数には満たない。

3　マグロ，カツオなどの回遊魚の漁獲量が，地域別の割合に大きな影響を与えている。

4　太平洋中西部と大西洋北西部の漁獲量では，20倍を超える開きがある。

5　アジアにおける漁獲量は全体の過半数を占めているが，5,000万トンには満たない。

9 以下の資料から読み取れるものとして，最も妥当なものはどれか。

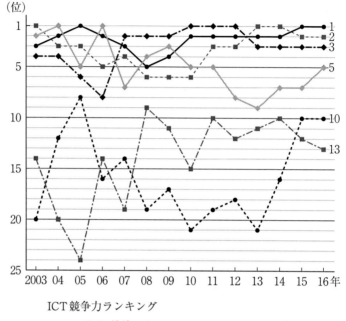

ICT競争力ランキング

- —●— シンガポール
- —◆— スウェーデン
- ⋯●⋯ 日本
- ⋯■⋯ フィンランド
- —◆— アメリカ合衆国
- —■— 韓国

（世界経済フォーラム資料2016/地理データファイル2019　より作成）

1　日本は全体の中で上位を占めており，10位を下回ったことはない。

2　近年上位に名を連ねる国の中で1位になったことがない国として，アメリカ合衆国が挙げられる。

3　最も古いデータと最も新しいデータを比較したとき，順位の変動が一番大きいのはシンガポールである。

4　順位の変動は，各国のICTの投資額の影響を強く受けている。

5　2005年とその10年後を比較して，最もその順位を上げたのは韓国である。

[10] 以下の資料から読み取れるものとして，最も妥当なものはどれか。

おもな国の新エネルギー供給

国名（2018）	風力 (1)	太陽光 (1)	地熱 (1)	バイオ燃料 (2)
アメリカ	9,430	5,145	380	3,809
カナダ	1,282	311	…	144
ブラジル	1,440	230	…	2,137
イギリス	2,174	1.311	…	71
ドイツ	5,942	4,593	3	344
スペイン	2,344	705	…	184
中国	18,470	17,503	3	310
日本	365	5,550	54	…
インド	3,529	1,787	…	102
オーストラリア	582	977	…	17
世界計	56,435	48,783	1,460	9,537

(1) 年末累積設備容量（万kW）
(2) 年間生産量（石油換算万トン）　バイオ燃料にはエタノール燃料とバイオ
ディーゼルが含まれる

（2020，2021データブック　オブ・ザ・ワールド　より作成）

1　中国における風力エネルギー供給量は，世界全体の風力エネルギー供給
量の3分の1を上回っている。

2　アメリカにおける地熱エネルギー供給量は，世界全体の地熱エネルギー
供給量の4分の1を上回っている。

3　バイオ燃料エネルギー供給量が最大の国は，太陽光エネルギー供給量も
最大である。

4　地熱エネルギーについて，日本のエネルギー供給量は世界最大である。

5　21世紀に入り，各国は，新エネルギー供給量を増やす傾向にある。

11 **以下の資料から読み取れるものとして，最も妥当なものはどれか。**

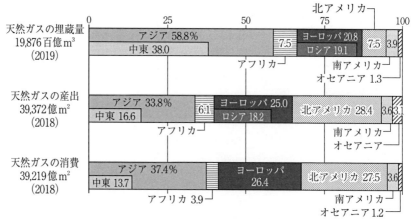

（2021データブック　オブ・ザ・ワールド　より作成）

1　アフリカは，天然ガスの消費が最も少ない地域である。

2　ヨーロッパにおける天然ガスの埋蔵量の9割以上をロシアが占めている。

3　アジアにおける天然ガスの産出の半分以上を中東が占めている。

4　天然ガスの埋蔵量の順位と天然ガスの産出の順位は一致している。

5　経済成長率が大きい国を抱えている地域は，天然ガスの消費量の伸びが
　最大となっている。

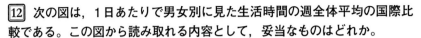

12 次の図は，1日あたりで男女別に見た生活時間の週全体平均の国際比較である。この図から読み取れる内容として，妥当なものはどれか。

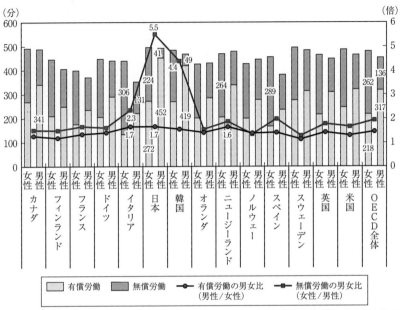

（男女共同参画白書令和2年版より作成）

1 女性の有償労働について，最も小さい国はスペインであり，OECDの平均を下回っている。

2 他の国と比較して，日本は有償労働と無償労働の合計が大きく，男女ともに550分を超えている。

3 男性の有償労働が最も長い国は韓国であり，日本がそれに続く。

4 有償労働と休暇の取得日数の間には強い関連があり，前者が長い国は後者が少ない傾向がある。

5 無償労働の男女比（女性／男性）が最大の国は日本であり，OECD全体と比較すると，2.5倍を超えている。

13 以下の資料から読み取れるものとして，最も妥当なものはどれか。

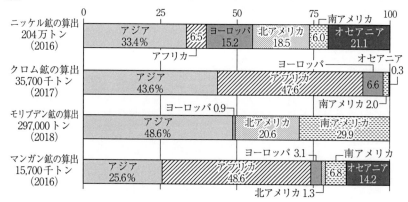

(2021 データブック　オブ・ザ・ワールド　より作成)

1 産出量の割合について，最大の地域と最少の地域を比較した差が最も小さい金属はマンガン鉱である。

2 アジアはいずれの金属についてもその産出割合が最も大きい。

3 産出割合について，1位と2位の差が最も小さいのはクロム鉱であり，最も大きいのはマンガン鉱である。

4 経済成長率が最も大きい地域において，クロム鉱とモリデブン鉱の産出量が大きくなっている。

5 オセアニアは，いずれの金属鉱についてもその産出量が減少している。

14 以下の資料は，日本の主な金属の輸入依存度についてまとめたものであるが，ここから読み取れるものとして，最も妥当なものはどれか。

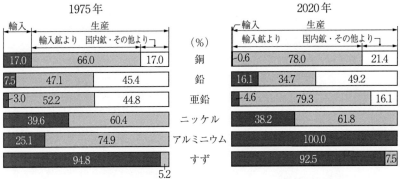

（地理統計要覧2019　より作成）

1　日本の国土における埋蔵量が最も大きいのは，銅である。

2　1975年において輸入依存度が最も高い金属と最も低い金属を比較すると，その差は40倍を上回っている。

3　1975年と2020年を比較すると，輸入依存度の変動が最も小さいのは，亜鉛である。

4　1975年と2020年を比較すると，国内における生産量の割合が最も減少したのはアルミニウムであり，その差は70％を上回る。

5　全体を通じて日本の金属の輸入量は増加している一方，輸入鉱を用いた国内における生産量については減少している。

15 次の表は，令和4年と令和3年の火災件数等に関する表である。この表から言えることとして，妥当なものはどれか。

	令和4年	令和3年	増減率
総出火件数	36,375件	35,222件	3.3%
建物火災	20,185件	19,549件	3.3%
（うち住宅火災）	（11,017件）	（10,936件）	（0.7%）
林野火災	1,244件	1,227件	1.4%
車両火災	3,414件	3,512件	－2.8%
船舶火災	78件	63件	23.8%
航空機火災	2件	0件	－
その他火災	11,452件	10,871件	5.3%
原因別出火件数			
放火と放火の疑いの合計	3,713件	3,888件	－4.5%
（うち放火）	（2,235件）	（2,333件）	（－4.2%）
（うち放火の疑い）	（1,478件）	（1,555件）	（－5.0%）
たばこ	3,208件	3,042件	5.5%
たき火	3,140件	2,764件	13.6%
こんろ	2,773件	2,678件	3.5%

（総務省消防庁消防統計より作成）

1 令和3年と令和4年について，「総出火件数」に占める「車両火災」の割合は，いずれの年においても1割を超えている。

2 令和3年と令和4年について「総出火件数」に占める「建物火災」の割合は，いずれの年においても5割を超えている。

3 「原因別出火件数」について，いずれの項目においても，令和3年から令和4年にかけて，出火件数は増加している。

4 令和3年から令和4年にかけて「総出火件数」に占める「林野火災」の割合は増加しており，「総出火件数」に占める割合は，いずれの年においても5%を超えている。

5 令和3年から令和4年にかけて「原因別出火件数」のうちの「たき火」の件数は10%以上増加しており，その件数の増加は400件超えている。

《 解 答 ・ 解 説 》

1 3

解説 1．誤り。例えば，平成24年と平成25年を比較すると，出火件数が増加しているのに対して，火災による死者数が減少している。 2．誤り。出火件数と火災による死者数は，ともに平成23年が最大となっている。 3．正しい。まず，出火件数について，平成30年から令和2年にかけて，3年連続で減少していることがグラフから読み取れる。また，令和2年の出火件数の34,691件を10年前の平成22年の46,620件と比較すると，$\frac{34,691}{46,620} \doteqdot 0.744$ であり，4分の3（0.75）を下回っている。 4．誤り。放火，失火という「出火原因」については，このグラフには示されていない。 5．誤り。平成22年の火災による死者数は1,738人であり，令和2年の1,326人と比較すると，$\frac{1,738}{1,326} = 1.31\cdots \doteqdot$ 1.3〔倍〕である。よって，「1.5倍を上回っていた」とする記述は誤りである。

2 4

解説 1．誤り。15歳未満人口が最少だった年は2020年であり，5年間の人口増減率が最低だったのは1990年である。 2．誤り。15歳未満人口が最多だった年は1955年，人口増加率が最高だった年は1950年なので，「一致する」との記述は誤りである。 3．誤り。人口増減率が増加している時期はあるが，いずれもマイナスであるから，グラフ上において1985年以降の人口は減少している。 4．正しい。5年間の人口増減率について，最高だった1955年にはプラス10％を上回り，最低だった1990年にはマイナス10％を下回っているので，その差は20％を超えている。 5．誤り。1年ごとの人口増加率が示されていないので，判断できない。

3 5

解説 1．誤り。2019年におけるメキシコの産業用ロボットの稼働台数は，$\frac{2019年における稼働台数}{2010年における稼働台数} = \frac{37275}{1938} \doteqdot 19.2$〔倍〕より，2010年における稼働台数に比べ，20倍以上増加しているわけではない。 2．誤り。2010年における世界全体の産業用ロボットの稼働台数に占めるアメリカ合衆国の産業用ロ

ボットの稼働台数は，$\dfrac{2010年におけるアメリカ合衆国の稼働台数}{2010年における世界全体の稼働台数} = \dfrac{180893}{1059162}$ ≒ 0.17〔倍〕より，2割には満たない。　3．誤り。ニュージーランドにおける産業用ロボットの稼働台数は，2010年から2019年にかけて1278 − 387 = 891台増加しており，1,000台には満たない。　4．誤り。2019年におけるロシアの産業用ロボットの稼働台数は，$\dfrac{2019年における稼働台数}{2010年における稼働台数} = \dfrac{6185}{1058}$ ≒ 5.8〔倍〕より，2010年における稼働台数に比べ，6倍以上増加しているわけではない。　5．正しい。2010年におけるスイスの産業用ロボットの稼働台数は，$\dfrac{2010年におけるスイスの稼働台数}{2010年におけるノルウェーの稼働台数} = \dfrac{4417}{1012}$ ≒ 4.4〔倍〕より，同年のノルウェーの稼働台数の4倍を上回っている。

4　4

解説　1．誤り。日本における再生可能エネルギーの発電量は，$\dfrac{日本における再生可能エネルギーの発電量}{イタリアにおける再生可能エネルギーの発電量} = \dfrac{2052}{1186}$ ≒ 1.7〔倍〕より，イタリアにおける発電量の2倍には満たない。　2．誤り。オーストリアにおける再生可能エネルギーの発電量543〔億kWh〕が全体の79.2%にあたることから，総発電量 = $\dfrac{543}{0.792}$ ≒ 686〔億kWh〕である。パラグアイにおける再生可能エネルギーの総発電量に占める割合は100%であるから総発電量も592〔億kWh〕であり，オーストリアの総発電量を上回ってはいない。　3．誤り。ドイツにおける再生可能エネルギーの発電量は，$\dfrac{ドイツにおける再生可能エネルギーの発電量}{イギリスにおける再生可能エネルギーの発電量} = \dfrac{2380}{1182}$ ≒ 2.0〔倍〕より，イギリスにおける発電量の3倍には満たない。

4．正しい。中国における再生可能エネルギーによる発電量は，$\dfrac{中国における再生可能エネルギーの発電量}{世界全体の再生可能エネルギーの発電量} = \dfrac{18792}{68914}$ ≒ $\dfrac{1}{3.7}$ より，世界全体の4分の1を超えている。　5．誤り。インドにおける再生可能エネルギーによる発電量は，$\dfrac{インドにおける再生可能エネルギーの発電量}{世界全体の再生可能エネルギーの発電量} = \dfrac{3005}{68914}$ ≒ $\dfrac{1}{23.0}$ より，世界全体の20分の1には満たない。

5 3

解説 1. 誤り。アメリカ合衆国は2000年から2019年にかけて減少している。また，ロシアは2018年から2019年にかけて減少している。　2. 誤り。2019年におけるベトナムの石炭産出高は，$\dfrac{2019年のベトナムの石炭算出高}{2000年のベトナムの石炭算出高}=$ $\dfrac{4,716}{1,161}≒4.1$〔倍〕より，2000年の石炭産出高の4.5倍未満である。　3. 正しい。中国における石炭産出高は，$\dfrac{2018年の中国の石炭算出高}{2000年の中国の石炭算出高}=\dfrac{369,774}{129.900}≒2.85$〔倍〕より，2000年から2018年にかけて2倍以上増加している。　4. 誤り。2019年におけるインドの石炭産出高は，$\dfrac{2019年のインドの石炭算出高}{2000年のインドの石炭算出高}=$ $\dfrac{73,087}{31,370}≒2.33$〔倍〕より，2000年の産出高の2.5倍未満である。　5. 誤り。ロシアにおける石炭産出高は，$\dfrac{2018年のロシアの石炭算出高}{2000年のロシアの石炭算出高}=\dfrac{35,861}{15,254}≒2.35$〔倍〕より，2000年から2018年にかけて2.5倍以上増加しているわけではない。

6 4

解説 1. 誤り。豆類，野菜類，果実類，卵類，魚介類，油脂類の食料自給率は100％に満たない。　2. 誤り。選択肢の記述を自給率とすれば正しい記述となるが，収穫量は示されていないので判断できない。　3. 誤り。油脂類の最下位は日本，豆類の最下位はオランダである。　4. 正しい。オランダのデータと一致する。　5. 誤り。オランダ以外の国において，魚介類の自給率は100％を下回っているので，すべての国が国内の需要を満たしているとは言えない。

7 3

解説 1. 誤り。石油と石炭を合計すると，42.4 + 25.0 = 67.4〔％〕であり，4分の3（75％）には満たない。　2. 誤り。日本やアジア各国の1次エネルギーの生産量の内訳に関するデータが含まれていないので，判断できない。3. 正しい。1次エネルギーの生産量，供給量ともに，アジア，北アメリカ，ヨーロッパ，アフリカ，南アメリカ，オセアニアの順に高い。　4. 誤り。北アメリカにおける1次エネルギーの生産量は，14035 × 0.199 = 2792.965〔百万トン〕であり，25億トン（2500百万トン）を上回っている。　5. 誤り。時系

列のデータが示されていないので判断できない。

8 5

解説 1. 誤り。アジアの漁獲量は，$\dfrac{\text{アジアの漁獲量}}{\text{オセアニアの漁獲量}} = \dfrac{9,740 \times 0.513}{9,740 \times 0.015}$ $= \dfrac{0.513}{0.015} \fallingdotseq 34.2$ 〔倍〕より，オセアニアとは10倍を大きく上回るほどの開きがある。　2. 誤り。水域別の漁獲量については，太平洋の割合が51.1％なので，半数を超えている。　3. 誤り。魚などの種類についての情報が資料に含まれていないため，判断できない。　4. 誤り。水域別の漁獲量については，$\dfrac{\text{太平洋中西部の漁獲量}}{\text{大西洋北西部の漁獲量}} = \dfrac{9,740 \times 0.139}{9,740 \times 0.017} = \dfrac{0.139}{0.017} \fallingdotseq 8.2$ 〔倍〕より，太平洋中西部と大西洋北西部では20倍も開きはない。　5. 正しい。アジアにおける漁獲量は，全体の51.3％なので過半数を占めているが，9,740〔万トン〕× 0.513 $\fallingdotseq$ 4,997〔万トン〕なので，5,000万トンには満たない。

9 5

解説 1. 誤り。日本が10位以内となっているのは，2005年，2015年，2016年のみである。　2. 誤り。アメリカ合衆国は2004年と2006年に1位になっている。　3. 誤り。シンガポールは3位から1位に上昇しているが，日本は20位から10位に上昇している。　4. 誤り。ICTの投資額についてのデータが示されていないため，判断できない。　5. 正しい。韓国の順位は，2005年は24位，2015年は12位である。

10 2

解説 1. 誤り。中国における風力エネルギー供給量は，$\dfrac{\text{中国における風力エネルギー供給量}}{\text{世界全体の風力エネルギー供給量}} = \dfrac{18,470}{56,435} \fallingdotseq \dfrac{1}{3.1}$ より，世界全体の風力エネルギー供給量の3分の1を下回っている。　2. 正しい。誤り。アメリカにおける地熱エネルギー供給量は，$\dfrac{\text{アメリカにおける地熱エネルギー供給量}}{\text{世界全体の地熱エネルギー供給量}} =$ $\dfrac{380}{1,460} \fallingdotseq \dfrac{1}{3.8}$ より，世界全体の地熱エネルギー供給量の4分の1を上回っている。　3. 誤り。バイオ燃料エネルギー供給量が最大の国はアメリカであるが，太陽光エネルギー供給量が最大の国は中国である。　4. 誤り。日本による地

熱エネルギー供給量は，アメリカの次に多い。　5．誤り。時系列のデータが示されていないので，増減については判断できない。

11 2

解説 1．誤り。天然ガスの消費が最も少ない地域は，オセアニアである。2．正しい。天然ガスの埋蔵量について，ロシアがヨーロッパに占める割合は，$\frac{19.1}{20.8} \doteqdot 0.9182$ より，9割以上である。　3．誤り。アジア全体が33.8％，中東が16.6％なので，中東は半分も占めていない。　4．誤り。例えば，ヨーロッパについては，埋蔵量は2位だが，産出は3位である。　5．誤り。経済成長率に関するデータが示されていないため，判断できない。

12 5

解説 1．誤り。女性の有償労働について，スペインは，OECDの平均を下回っているが，最も小さい国はイタリアである。　2．誤り。有償労働と無償労働の合計は男女ともに500分に満たない。　3．誤り。男性の有償労働が最も長い国は日本であり，韓国がそれに続く。　4．誤り。休暇の取得日数についてのデータは示されていない。　5．正しい。無償労働の男女比は，OECD全体が約2，日本が5.5であるから，$\frac{5.5}{2} = 2.75$〔倍〕であり，2.5倍を超えている。

13 3

解説 1．誤り。最大と最少の地域を比較した場合，マンガン鉱は48.6 − 1.3 = 47.3〔％〕であるが，ニッケル鉱は33.4 − 6.0 = 27.4なのでマンガン鉱が最も小さいわけではない。　2．誤り。マンガン鉱とクロム鉱において産出割合が最も大きいのはアフリカである。　3．正しい。1位と2位の地域を比較したとき，クロム鉱の差は47.6 − 43.6 = 4.0〔％〕で最小，マンガン鉱の差は48.6 − 25.6 = 23.0〔％〕で最大となっている。　4．誤り。経済成長率についてのデータが示されていないので判断できない。　5．誤り。時系列で比較できるデータが示されていないので判断できない。

14 4

解説 1. 誤り。埋蔵量についてのデータは示されていないので，判断できない。 2. 誤り。1975年において輸入依存度の最も高い金属であるすずと最も低い金属である亜鉛を比較すると，$94.8 ÷ 3.0 = 31.6$〔倍〕であり，40倍を下回っている。 3. 誤り。1975年と2020年を比較すると，輸入依存度の変動が最も小さいのはニッケルであり，その差は1.4％である。 4. 正しい。アルミニウムの国内生産の割合は74.9％から0％に減少した。 5. 誤り。金属の輸入量や輸入鉱を用いた生産量についての数値が示されていないので判断できない。

15 2

解説 1. 誤り。令和3年における「総出火件数」に占める「車両火災」の割合は，$\dfrac{車両火災}{総出火件数} = \dfrac{3512}{35222} ÷ 0.0997$であり，1割を超えていない。令和4年における「総出火件数」に占める「車両火災」の割合は，$\dfrac{車両火災}{総出火件数} = \dfrac{3414}{36375} ÷ 0.094$であり，1割を超えていない。よって，いずれの年においても「総出火件数」に占める「車両火災」の割合は1割に満たないことがわかる。 2. 正しい。令和3年における「総出火件数」に占める「車両火災」の割合は，$\dfrac{建物火災}{総出火件数} = \dfrac{19549}{35222} ÷ 0.555$であり，5割超えている。令和4年における「総出火件数」に占める「車両火災」の割合は，$\dfrac{建物火災}{総出火件数} = \dfrac{20185}{36375} ÷ 0.554$であり，5割を超えている。よって，いずれの年においても「総出火件数」に占める「建物火災」の割合は5割を超えている。 3. 誤り。原因別出火件数について，「放火と放火の疑いの合計」の項目に関して，令和3年から令和4年にかけて減少している。 4. 誤り。令和3年における「総出火件数」に占める「林野火災」の割合は，$\dfrac{林野火災}{総出火件数} = \dfrac{1227}{35222} ÷ 0.0348$であり，5％を超えていない。令和4年における「総出火件数」に占める「林野火災」の割合は，$\dfrac{林野火災}{総出火件数} = \dfrac{1244}{36375} = 0.0342$であり，5％を超えていない。よって，いずれの年においても「総出火件数」に占める「車両火災」の割合は5％に満たないことがわかる。 5. 誤り。令和3年から令和4年にかけて「原因別出火件数」のうちの「たき火」の件数は13.6％であり，10％以上増加しているが，その件数については，$3140 - 2764 = 376$〔件〕の増加である。

第6部

論作文試験対策

- 論作文対策

人物試験　論作文対策

||||||||||||||||||||||||||||| **P O I N T** |||||||||||||||||||||||||||||

● Ⅰ．「論作文試験」とはなにか ●

(1)「論作文試験」を実施する目的

　かつて18世紀フランスの博物学者，ビュフォンは「文は人なり」と言った。その人の知識・教養・思考力・思考方法・人間性などを知るには，その人が書いた文章を見るのが最良の方法であるという意味だ。

　知識の質・量を調べる筆記試験の教養試験だけでは，判定しがたい受験生の資質をより正確にとらえるため，あるいは受験生の公務員としての適性を判断するため，多角的な観点から考査・評価を行う必要がある。

　そのため論作文試験は，公務員試験のみならず，一般企業でも重視されているわけだが，とりわけ消防官という仕事が，他の公務員，例えば一般事務職などと比べても，ひときわ高い使命感，ときには命がけの自己犠牲すら求められる職種である。当然，その人がどのような人間であるか，という点が重用視され，しかも，この傾向は，今後もさらに強くなると予想される。

　同じ国語を使って，同じように制限された字数，時間の中で同じテーマの論作文を書いても，その論作文はまったく違ったものになる。おそらく学校で，同じ先生に同じように文章指導を受けたとしても，そうなるだろう。その違いのなかにおのずと受験生の姿が浮かび上がってくることになる。

　採用側からみた論作文試験の意義をまとめると，次のようになる。

---

① 消防官としての資質を探る

　採用側が最も知りたいのは，その人物が消防官に向いているかどうか，消防官としての高い志を持っているかどうかということである。同時に消防官も一公務員であり，"公"の仕事に従事するのだということを，しっかりと自覚しているかも問われる。すなわち，消防官・公務員としての資質を判定できるということである。

---

② 総合的な知識・理解力を知る

　論作文試験によって，消防官として必要な言語能力・文章表現能力を判定することや，消防官として職務を遂行するのにふさわしい基礎的な知識の理解度や実践への応用力を試すことができる。

　換言すれば，日本語を文章として正しく表現するための常識や，これまでの学校教育などで得た政治や経済などの一般常識を今後の実践の中でどれほど生かすことができるか，などの総合的な知識・理解力の判定をもしようということである。

③ 思考過程・論理の構成力を知る

　教養試験は，一般知識分野であれ一般知能分野であれ，その出題の質が総括的・分散的になりがちである。いわば「広く浅く」が出題の基本となりやすいわけだ。これでは受験生の思考過程や論理の構成力を判定することは不可能だ。その点，論作文試験ではひとつの重要な課題に対する奥深さを判定しやすい。

④ 受験生の人柄・人間性の判定

　人物試験（面接）と同様に，受験生の人格・人柄を判定しやすい。これは，文章の内容からばかりではなく，文章の書き方，誤字・脱字の有無，制限字数への配慮，文字の丁寧さなどからも判断される。

(2) 「論作文試験」の実施状況

　公務員試験全体における人物重視の傾向とあいまって，論作文試験も重視される傾向にある。地方公務員の場合，試験を実施する都道府県・市町村などによって異なるが，行政事務関係はほぼ実施している。

(3) 字数制限と時間制限

　最も一般的な字数は1,000〜1,200字程度である。最も少ないところが600字，最大が2,000字と大きく開きがある。

　時間制限は，60〜90分，あるいは120分というのが一般的だ。この時間は，けっして充分なものではない。試しにストップウォッチで計ってみるといいが，他人の論作文を清書するだけでも，600字の場合なら約15分程度かかる。

テーマに即して，しかも用字・用語に気を配ってということになると，かなりのスピードが要求されるわけである。情報を整理し，簡潔に説明できる力を養う必要があるだろう。

(4)「論作文試験」の評価の基準

　採用試験の答案として書く論作文なので，その評価基準を意識して書くことも大切といえる。しかし，公務員試験における論作文の評価の基準は，いずれの都道府県などでも公表していないし，今後もそれを期待することはなかなか難しいだろう。

　ただ，過去のデータなどから手掛りとなるものはあるので，ここではそれらを参考に，一般的な評価基準を考えてみよう。

形式的な面からの評価	①	表記法に問題はないか。
	②	文脈に応じて適切な語句が使われているか。
	③	文（センテンス）の構造，語句の照応などに問題はないか。
内容的な面からの評価	①	テーマを的確に把握しているか。
	②	自分の考え方やものの見方をまとめ，テーマや論旨が明確に表現されているか。
	③	内容がよく整理され，段落の設定や論作文の構成に問題はないか。
総合的な面からの評価	①	公務員に必要な洞察力や創造力，あるいは常識や基礎学力は十分であるか。
	②	ものの見方や考え方が，公務員として望ましい方向にあるか。

　おおよそ以上のような評価の視点が考えられるが，これらはあらゆるテーマに対して共通しているということではない。それぞれのテーマによってそのポイントの移動があり，また，実施する自治体などによっても，このうちのどれに重点を置くかが異なってくる。

　ただ，一般的に言えることは，企業の採用試験などの場合，その多くは総合的な評価が重視され形式的な面はあまり重視されないが，公務員試験における論作文は，形式的な面も軽んじてはならないということである。なぜなら，公務員は採用後に公の文書を取り扱うわけで，それらには一定のフォーマッ

トがあるものが多いからだ。これへの適応能力が試されるのは当然である。

(5)「論作文試験」の出題傾向

　消防官試験の場合，一般職の公務員試験と区別されて出題されるケースもある。ただし，大卒程度が比較的明確に区別されているのに対して，高卒程度では職種を問わず，同じテーマが課せられる場合が多い。

　テーマは各自治体や年度によって異なるが，「消防官になりたいと思った動機」というような消防職に関係したテーマが一般的である。また，「立ち向かう心」といったようなやや抽象的だが，消防という仕事に結びつけられるものがテーマとして課せられる場合もある。

　その他，他の一般事務職などと同一のテーマが出題されるケースもあり，その場合は消防とは全く関係のないものとなる。いずれにせよ希望する自治体の過去の出題例をチェックし，傾向をとらえておくことが重要となる。

● Ⅱ.「論作文試験」の事前準備 ●

(1) 試験の目的を理解する

　論作文試験の意義や評価の目的については前に述べたが，試験の準備を進めるためには，まずそれについてよく考え，理解を深めておく必要がある。その理解が，自分なりの準備方法を導きだしてくれるはずだ。

　例えば，あなたに好きなひとがいたとする。ラブレター（あるいはメール）を書きたいのだが，あいにく文章は苦手だ。文章の上手い友人に代筆を頼む手もあるが，これでは真心は通じないだろう。そこで，便せんいっぱいに「好きだ，好きだ，好きだ，好きだ，好きだ，好きだ」とだけ書いたとする。それで十分に情熱を伝えることができるし，場合によっては，どんな名文を書き連ねるよりも最高のラブレターになることだってある。あるいはサインペンで用紙いっぱいに一言「好き」と大書して送ってもいい。個人対個人間のラブレターなら，それでもいいのである。つまり，その目的が，「好き」という恋心を相手にだけわかってもらうことにあるからだ。

　文章の長さにしてもそうで，例えばこんな文がある。

> 「一筆啓上　火の用心　おせん泣かすな　馬肥やせ」

　これは徳川家康の家臣である本多作左衛門重次が，妻に宛てた短い手紙である。「一筆啓上」は「拝啓」に当たる意味で，「おせん泣かすな」は重次の唯一の子どもであるお仙（仙千代）を「泣かしたりせず，しっかりと育てなさい」と我が子をとても大事にしていたことが伺える。さらに，「馬肥やせ」は武将の家には欠くことのできない馬について「いざという時のために餌をしっかり与えて大事にしてくれ」と妻へアドバイスしている。短いながらもこの文面全体には，家族への愛情や心配，家の主としての責任感などがにじみ出ているかのようだ。

　世の中にはもっと短い手紙もある。フランスの文豪ヴィクトル・ユーゴーは『レ・ミゼラブル』を出版した際にその売れ行きが心配になり，出版社に対して「？」と書いただけの手紙を送った。すると出版社からは「！」という返事が届いたという。意味がおわかりだろうか。これは，「売れ行きはどうか？」「すごく売れていますよ！」というやりとりである。前提になる状況と目的によっては，「？」や「！」ひとつが，千万の言葉よりも，意思と感情を的確に相手に伝達することもあるのだ。

　しかし，論作文試験の場合はどうだろうか。「公務員を志望した動機」というテーマを出されて，「私は公務員になりたい，私は公務員になりたい，私は公務員になりたい，……」と600字分書いても，評価されることはないだろう。

　つまり論作文というのは，何度もいうように，人物試験を兼ねあわせて実施されるものである。この意義や目的を忘れてはいけない。しかも公務員試験の場合と民間企業の場合では，求められているものに違いもある。

　民間企業の場合でも業種によって違いがある。ということは，それぞれの意義や目的によって，対策や準備方法も違ってくるということである。これを理解した上で，自分なりの準備方法を見つけることが大切なのだ。

(2) 文章を書く習慣を身につける

　多くの人は「かしこまった文章を書くのが苦手」だという。携帯電話やパソコンで気楽なメールを頻繁にしている現在では，特にそうだという。論作文試験の準備としては，まずこの苦手意識を取り除くことが必要だろう。

　文章を書くということは，習慣がついてしまえばそれほど辛いものではな

い。習慣をつけるという意味では，第一に日記を書くこと，第二に手紙を書くのがよい。

---

①　「日記」を書いて筆力をつける

　実際にやってみればわかることだが，日記を半年間書き続けると，自分でも驚くほど筆力が身に付く。筆力というのは「文章を書く力」で，豊かな表現力・構成力，あるいはスピードを意味している。日記は他人に見せるものではないので，自由に書ける。材料は身辺雑事・雑感が主なので，いくらでもあるはず。この「自由に書ける」「材料がある」ということが，文章に慣れるためには大切なことなのだ。パソコンを使ってブログで長い文章を書くのも悪くはないが，本番試験はキーボードが使えるわけではないので，リズムが変わると書けない可能性もある。やはり紙にペンで書くべきだろう。

②　「手紙」を書いてみる

　手紙は，他人に用件や意思や感情を伝えるものである。最初から他人に読んでもらうことを目的にしている。ここが日記とは根本的に違う。つまり，読み手を意識して書かなければならないわけだ。そのために，一定の形式を踏まなければならないこともあるし，逆に，相手や時と場合によって形式をはずすこともある。感情を全面的に表わすこともあるし，抑えることもある。文章を書く場合，この読み手を想定して形式や感情を制御していくということは大切な要件である。手紙を書くことによって，このコツに慣れてくるわけだ。

> 「おっはよー，元気い（＾_＾）？　今日もめっちゃ寒いけど……」
>
> 「拝啓，朝夕はめっきり肌寒さを覚える今日このごろですが，皆々様におかれましては，いかがお過ごしかと……」

　手紙は，具体的に相手（読み手）を想定できるので，書く習慣がつけば，このような「書き分ける」能力も自然と身についてくる。つまり，文章のTPOといったものがわかってくるのである。

③　新聞や雑誌のコラムを写してみる

　新聞や雑誌のコラムなどを写したりするのも，文章に慣れる王道の手段。最初は，とにかく書き写すだけでいい。ひたすら，書き写すのだ。

ペン習字などもお手本を書き写すが，それと同じだと思えばいい。ペン習字と違うのは，文字面をなぞるのではなく，別の原稿用紙などに書き写す点だ。

とにかく，こうして書き写すことをしていると，まず文章のリズムがわかってくる。ことばづかいや送り仮名の要領も身につく。文の構成法も，なんとなく理解できてくる。実際，かつての作家の文章修業は，こうして模写をすることから始めたという。

私たちが日本語を話す場合，文法をいちいち考えているわけではないだろう。接続詞や助詞も自然に口をついて出ている。文章も本来，こうならなければならないのである。そのためには書き写す作業が一番いいわけで，これも実際にやってみると，効果がよくわかる。

なぜ，新聞や雑誌のコラムがよいかといえば，これらはマスメディア用の文章だからである。不特定多数の読み手を想定して書かれているために，一般的なルールに即して書かれていて，無難な表現であり，クセがない。公務員試験の論作文では，この点も大切なことなのだ。

たとえば雨の音は，一般的に「ポツリ，ポツリ」「パラ，パラ」「ザァ，ザァ」などと書く。ありふれた表現だが，裏を返せばありふれているだけに，だれにでも雨の音だとわかるはず。「朝から，あぶないな，と思っていたら，峠への途中でパラ，パラとやってきた……」という文章があれば，この「パラ，パラ」は雨だと想像しやすいだろう。

一方，「シイ，シイ」「ピチ，ピチ」「トン，トン」「バタ，バタ」，雨の音をこう表現しても決して悪いということはない。実際，聞き方によっては，こう聞こえるときもある。しかし「朝から，あぶないな，と思っていたら，峠への途中でシイ，シイとやってきた……」では，一般的には「シイ，シイ」が雨だとはわからない。

論作文は，作家になるための素質を見るためのものではないから，やはり後者ではマズイのである。受験論作文の練習に書き写す場合は，マスコミのコラムなどがよいというのは，そういうわけだ。

④ 考えを正確に文章化する

頭の中では論理的に構成されていても，それを文章に表現するのは意外に難しい。主語が落ちているために内容がつかめなかったり，語彙が貧弱で，述べたいことがうまく表現できなかったり，思いあまって言葉

足らずという文章を書く人は非常に多い。文章は，記録であると同時に伝達手段である。メモをとるのとは違うのだ。

　論理的にわかりやすい文章を書くには，言葉を選び，文法を考え，文脈を整え，結論と課題を比較してみる……，という訓練を続けることが大切だ。しかし，この場合，一人でやっていたのでは評価が甘く，また自分では気づかないこともあるので，友人や先輩，国語に詳しいかつての恩師など，第三者の客観的な意見を聞くと，正確な文章になっているかどうかの判断がつけやすい。

⑤　文章の構成力を高める

　正確な文章を書こうとすれば，必ず文章の構成をどうしたらよいかという問題につきあたる。文章の構成法については後述するが，そこに示した基本的な構成パターンをしっかり身につけておくこと。一つのテーマについて，何通りかの構成法で書き，これをいくつものテーマについて繰り返してみる。そうしているうちに，特に意識しなくてもしっかりした構成の文章が書けるようになるはずだ。

⑥　制限内に書く感覚を養う

　だれでも時間をかけてじっくり考えれば，それなりの文章が書けるだろう。しかし，実際の試験では字数制限や時間制限がある。練習の際には，ただ漫然と文章を書くのではなくて，字数や時間も実際の試験のように設定したうえで書いてみること。

　例えば800字以内という制限なら，その全体量はどれくらいなのかを実際に書いてみる。また，全体の構想に従って字数（行数）を配分すること。時間制限についても同様で，60分ならその時間内にどれだけのことが書けるのかを確認し，構想，執筆，推敲などの時間配分を考えてみる。この具体的な方法は後に述べる。

　こうして何度も文章を書いているうちに，さまざまな制限を無駄なく十分に使う感覚が身についてくる。この感覚は，練習を重ね，文章に親しまない限り，身に付かない。逆に言えば実際の試験ではそれが極めて有効な力を発揮するのが明らかなのだ。

●● Ⅲ.「合格答案」作成上の留意点 ●●

（1）テーマ把握上の注意

　さて，いよいよ試験が始まったとしよう。論作文試験でまず最初の関門になるのが，テーマを的確に把握できるか否かということ。どんなに立派な文章を書いても，それが課題テーマに合致していない限り，試験結果は絶望的である。不幸なことにそのような例は枚挙にいとまがないと言われる。ここでは犯しやすいミスを2，3例挙げてみよう。

---

①　似たテーマと間違える

　例えば「私の生きかた」や「私の生きがい」などは，その典型的なもの。前者が生活スタイルや生活信条などが問われているのに対して，後者はどのようなことをし，どのように生きていくことが，自分の最も喜びとするところかが問われている。このようなニュアンスの違いも正確に把握することだ。

②　テーマ全体を正確に読まない

　特に，課題そのものが長い文章になっている場合，どのような条件を踏まえて何を述べなければならないかを，正確にとらえないまま書き始めてしまうことがある。例えば，下記のようなテーマがあったとする。

> 「あなたが公務員になったとき，職場の上司や先輩，地域の人々との人間関係において，何を大切にしたいと思いますか。自分の生活体験をもとに書きなさい」

　①公務員になったとき，②生活体験をもとに，というのがこのテーマの条件であり，「上司・先輩，地域の人々との人間関係において大切にしたいこと」というのが必答すべきことになる。このような点を一つひとつ把握しておかないと，内容に抜け落ちがあったり，構成上のバランスが崩れたりする原因になる。テーマを示されたらまず2回はゆっくりと読み，与えられているテーマの意味・内容を確認してから何をどう書くかという考察に移ることが必要だ。

③　テーマの真意を正確につかまない

　「今，公務員に求められるもの」というテーマと「公務員に求められるもの」というテーマを比べた場合，"今"というたった1字があるか否か

で，出題者の求める答えは違ってくることに注意したい。言うまでもなく，後者がいわゆる「公務員の資質」を問うているのに対して，前者は「現況をふまえたうえで，できるだけ具体的に公務員の資質について述べること」が求められているのだ。

以上3点について述べた。こうやって示せば誰でも分かる当たり前のことのようだが，試験本番には受け取る側の状況もまた違ってくるはず。くれぐれも慎重に取り組みたいところだ。

(2) 内容・構成上の注意点

① 素材選びに時間をかけろ

テーマを正確に把握したら，次は結論を導きだすための素材が重要なポイントになる。公務員試験での論作文では，できるだけ実践的・経験的なものが望ましい。現実性のある具体的な素材を見つけだそう，書き始める前に十分考慮したい。

② 全体の構想を練る

さて，次に考えなくてはならないのが文章の構成である。相手を納得させるためにも，また字数や時間配分の目安をつけるためにも，全体のアウトラインを構想しておくことが必要だ。ただやみくもに書き始めると，文章があらぬ方向に行ってしまったり，広げた風呂敷をたたむのに苦労しかねない。

③文体を決める

文体は終始一貫させなければならない。文体によって論作文の印象もかなり違ってくる。〈です・ます〉体は丁寧な印象を与えるが，使い慣れないと文章がくどくなり，文末のリズムも単調になりやすい。〈である〉体は文章が重々しいが，断定するつもりのない場合でも断定しているかのような印象を与えやすい。

それぞれ一長一短がある。書きなれている人なら，テーマによって文体を使いわけるのが望ましいだろう。しかし，大概は文章のプロではないのだから，自分の最も書きやすい文体を一つ決めておくことが最良の策だ。

(3) 文章作成上の注意点

① ワン・センテンスを簡潔に

　一つの文（センテンス）にさまざまな要素を盛り込もうとする人がいるが，内容がわかりにくくなるだけでなく，時には主語・述語の関係が絡まり合い，文章としてすら成立しなくなることもある。このような文章は論旨が不明確になるだけでなく，読み手の心証もそこねてしまう。文章はできるだけ無駄を省き，わかりやすい文章を心掛けること。「一文はできるだけ簡潔に」が鉄則だ。

② 論点を整理する

　論作文試験の字数制限は多くても1,200字，少ない場合は600字程度ということもあり，決して多くはない。このように文字数が限られているのだから，文章を簡潔にすると同時に，論点をできるだけ整理し，特に必要のない要素は削ぎ落とすことだ。これはテーマが抽象的な場合や，逆に具体的に多くの条件を設定してる場合は，特に注意したい。

③ 段落を適切に設定する

　段落とは，文章全体の中で一つのまとまりをもった部分で，段落の終わりで改行し，書き始めは1字下げるのが決まりである。いくつかの小主題をもつ文章の場合，小主題に従って段落を設けないと，筆者の意図がわかりにくい文章になってしまう。逆に，段落が多すぎる文章もまた意図が伝わりにくく，まとまりのない印象の文章となる場合が多い。段落を設ける基準として，次のような場合があげられる。

① 場所や場面が変わるとき。	④ 思考が次の段階へ発展するとき。
② 対象が変わるとき。	⑤ 一つの部分を特に強調したいとき。
③ 立場や観点が変わるとき。	⑥ 同一段落が長くなりすぎて読みにくくなるとき。

これらを念頭に入れて適宜段落を設定する。

（4）文章構成後のチェック点

① 主題がはっきりしているか。論作文全体を通して一貫しているか。課題にあったものになっているか。

② まとまった区切りを設けて書いているか。段落は，意味の上でも視覚的にもはっきりと設けてあるか。

③ 意味がはっきりしない言いまわしはないか。人によって違った意味にとられるようなことはないか。

④ 一つの文が長すぎないか。一つの文に多くの内容を詰め込みすぎているところはないか。

⑤ あまりにも簡単にまとめすぎていないか。そのために論作文全体が軽くなっていないか。

⑥ 抽象的ではないか。もっと具体的に表現する方法はないものか。

⑦ 意見や感想を述べる場合，裏づけとなる経験やデータとの関連性は妥当なものか。

⑧ 個人の意見や感想を，「われわれは」「私たちは」などと強引に一般化しているところはないか。

⑨ 表現や文体は統一されているか。

⑩ 文字や送り仮名は統一されているか。

　実際の試験では，こんなに細かくチェックしている時間はないだろうが，練習の際には，一つの論作文を書いたら，以上のようなことを必ずチェックしてみるとよいだろう。

● Ⅳ．「論作文試験」の実戦感覚 ●

　準備と対策の最後の仕上げは，"実戦での感覚"を養うことである。これは"実戦での要領"といってもよい。「要領がいい」という言葉には，「上手に」「巧みに」「手際よく」といった意味と同時に，「うまく表面をとりつくろう」「その場をごまかす」というニュアンスもある。「あいつは要領のいい男だ」という表現などを思い出してみれば分かるだろう。

　採用試験における論作文が，論作文試験という競争試験の一つとしてある以上，その意味での"要領"も欠かせないだろう。極端にいってしまえば，こうだ。

> 「約600字分だけ, たまたまでもすばらしいものが書ければよい」

　もちろん, 本来はそれでは困るのだが, とにかく合格して採用されることが先決だ。そのために, 短時間でその要領をどう身につけるか, 実戦ではどう要領を発揮するべきなのか。

(1) 時間と字数の実戦感覚

① 制限時間の感覚

　公務員試験の論作文試験の平均制限時間は, 90分間である。この90分間に文字はどれくらい書けるか。大学ノートなどに, やや丁寧に漢字まじりの普通の文を書き写すとして, 速い人で1分間約60字, つまり90分間なら約5,400字。遅い人で約40字/1分間, つまり90分間なら約3,600字。平均4,500字前後と見ておけばよいだろう。400字詰め原稿用紙にして11枚程度。これだけを考えれば, 時間はたっぷりある。しかし, これはあくまでも「書き写す」場合であって, 論作文している時間ではない。

　構想などが決まったうえで, 言葉を選びながら論作文する場合は, 速い人で約20字前後/1分間, 60分間なら約1,800字前後である。ちなみに, 文章のプロたち, 例えば作家とか週刊誌の記者とかライターという職業の人たちでも, ほぼこんなものなのだ。構想は別として, 1時間に1,800字, 400字詰め原稿用紙で4〜5枚程度書ければ, だいたい職業人として1人前である。言い換えれば, 読者が読むに耐えうる原稿を書くためには, これが限度だということである。

　さて, 論作文試験に即していえば, もし制限字数1,200字なら, 1,200字÷20字で, 文章をつづる時間は約60分間ということになる。そうだとすれば, テーマの理解, 着想, 構想, それに書き終わった後の読み返しなどにあてられる時間は, 残り30分間。これは実にシビアな時間である。まず, この時間の感覚を, しっかりと頭に入れておこう。

② 制限字数の感覚

　これも一般には, なかなか感覚がつかめないもの。ちなみに, いま, あなたが読んでいるこの本のこのページには, いったい何文字入っているのか, すぐにわかるだろうか。答えは, 1行が33字詰めで行数が32行,

空白部分もあるから約1,000字である。公務員試験の論作文試験の平均的な制限字数は1,200字となっているから，ほぼ，この本の約1頁強である。

　この制限字数を，「長い！」と思うか「短い！」と思うかは，人によって違いはあるはず。俳句は17文字に万感の想いを込めるから，これと比べれば1,000字は実に長い。一方，ニュース番組のアナウンサーが原稿を読む平均速度は，約400字程度/1分間とされているから，1,200字なら3分。アッという間である。つまり，1,200字というのは，そういう感覚の字数なのである。ここでは，論作文試験の1,200字という制限字数の妥当性については置いておく。1,200字というのが，どんな感覚の文字数かということを知っておけばよい。

　この感覚は，きわめて重要なことなのである。後でくわしく述べるが，実際にはこの制限字数によって，内容はもとより書き出しや構成なども，かなりの規制を受ける。しかし，それも試験なのだから，長いなら長いなりに，短いなら短いなりに対処する方法を考えなければならない。それが実戦に臨む構えであり，「要領」なのだ。

(2) 時間配分の実戦感覚

　90分間かけて，結果として1,200字程度の論作文を仕上げればよいわけだから，次は時間の配分をどうするか。開始のベルが鳴る（ブザーかも知れない）。テーマが示される。いわゆる「課題」である。さて，なにを，どう書くか。この「なにを」が着想であり，「どう書くか」が構想だ。

① まず「着想」に5分間

　課題が明示されているのだから，「なにを」は決まっているように思われるかもしれないが，そんなことはない。たとえば「夢」という課題であったとして，昨日みた夢，こわかった夢，なぜか印象に残っている夢，将来の夢，仕事の夢，夢のある人生とは，夢のある社会とは，夢のない現代の若者について……などなど，書くことは多種多様にある。あるいは「夢想流剣法の真髄」といったものだってよいのだ。まず，この「なにを」を10分以内に決める。文章を書く，または論作文するときは，本来はこの「なにを」が重要なのであって，自分の知識や経験，感性を凝縮して，長い時間をかけて決めるのが理想なのだが，なにしろ制限時間があるので，やむをえず5分以内に決める。

271

② 次は「構想」に10分間

「構想」というのは，話の組み立て方である。着想したものを，どうやって1,200字程度の字数のなかに，うまく展開するかを考える。このときに重要なのは，材料の点検だ。

たとえば着想の段階で，「現代の若者は夢がないといわれるが，実際には夢はもっているのであって，その夢が実現不可能な空想的な夢ではなく，より現実的になっているだけだ。大きな夢に向かって猛進するのも人生だが，小さな夢を一つ一つ育んでいくのも意義ある人生だと思う」というようなことを書こうと決めたとして，ただダラダラと書いていったのでは，印象深い説得力のある論作文にはならない。したがってエピソードだとか，著名人の言葉とか，読んだ本の感想……といった材料が必要なわけだが，これの有無，その配置を点検するわけである。しかも，その材料の質・量によって，話のもっていきかた（論作文の構成法）も違ってくる。これを10分以内に決める。

実際には，着想に10分，構想に10分と明瞭に区別されるわけではなく，「なにを」は瞬間的に決まることがあるし，「なにを」と「どう書くか」を同時に考えることもある。ともあれ，着想と構想をあわせて，なにがなんでも20分以内に決めなければならないのである。

③ 「執筆」時間は60分間

これは前述したとおり。ただ書くだけの物理的時間が約15〜20分間かかるのだから，言葉を選び表現を考えながらでは60分間は実際に短かすぎるが，試験なのでやむをえない。

まずテーマを書く。氏名を書く。そして，いよいよ第1行の書き出しにかかる。「夢，私はこの言葉が好きだ。夢をみることは，神さまが人間だけに与えた特権だと思う……」「よく，最近の若者には夢がない，という声を聞く。たしかに，その一面はある。つい先日も，こんなことがあった……」「私の家の近所に，夢想流を継承する剣道の小さな道場がある。白髪で小柄な80歳に近い老人が道場主だ……」などと，着想したことを具体的に文章にしていくわけである。

人によっては，着想が決まると，このようにまず第1行を書き，ここで一息ついて後の構想を立てることもある。つまり，書き出しの文句を書きこむと，後の構想が立てやすくなるというわけである。これも一つ

の方法である。しかし，これは，よっぽど書きなれていないと危険をともなう。後の構想がまとまらないと何度も書き出しを書き直さなければならないからだ。したがって，論作文試験の場合は，やはり着想→構想→執筆と進んだほうが無難だろう。

④ 「点検」時間は10分間で

　論作文を書き終わる。当然，点検をしなければならない。誤字・脱字はもとより，送り仮名や語句の使い方，表現の妥当性も見直さなければならない。この作業を一般には「推敲」と呼ぶ。推敲は，文章を仕上げる上で欠かせない作業である。本来なら，この推敲には十分な時間をかけなければならない。文章は推敲すればするほど練りあがるし，また，文章の上達に欠かせないものである。

　しかし，論作文試験においては，この時間が10分間しかない。前述したように，1,200字の文章は，ニュースのアナウンサーが読みあげるスピードで読んでも，読むだけで約3分はかかる。だとすれば，手直しする時間は7分。ほとんどないに等しいわけだ。せいぜい誤字・脱字の点検しかできないだろう。論作文試験の時間配分では，このことをしっかり頭に入れておかなければならない。要するに論作文試験では，きわめて実戦的な「要領の良さ」が必要であり，準備・対策として，これを身につけておかなければならないということなのだ。

第7部

面接試験対策

● 面接対策

人物試験　面接対策

■■ P O I N T ■■

● Ⅰ．面接の意義 ●

　筆記試験や論作文（論文）試験が，受験者の一般的な教養の知識や理解の程度および表現力やものの考え方・感じ方などを評価するものであるのに対し，面接試験は人物を総合的に評価しようというものだ。

　すなわち，面接担当者が直接本人に接触し，さまざまな質問とそれに対する応答の繰り返しのなかから，公務員としての適応能力，あるいは職務遂行能力に関する情報を，できるだけ正確に得ようとするのが面接試験である。豊かな人間性がより求められている現在，特に面接が重視されており，一般企業においても，面接試験は非常に重視されているが，公務員という職業も給与は税金から支払われており，その職務を完全にまっとうできる人間が望まれる。その意味で，より面接試験に重きがおかれるのは当然と言えよう。

● Ⅱ．面接試験の目的 ●

　では，各都道府県市がこぞって面接試験を行う目的は，いったいどこにあるのだろうか。ごく一般的に言えば，面接試験の目的とは，おおよそ次のようなことである。

---

①　人物の総合的な評価

　試験官が実際に受験者と対面することによって，その人物の容姿や表情，態度をまとめて観察し，総合的な評価をくだすことができる。ただし，ある程度，直観的・第一印象ではある。

②　性格や性向の判別

　受験者の表情や動作を観察することにより性格や性向を判断するが，実際には短時間の面接であるので，面接官が社会的・人生的に豊かな経験の持ち主であることが必要とされよう。

---

③　動機・意欲等の確認

　公務員を志望した動機や公務員としての意欲を知ることは，論作文試験等によっても可能だが，さらに面接試験により，採用側の事情や期待内容を逆に説明し，それへの反応の観察，また質疑応答によって，試験官はより明確に動機や熱意を知ろうとする。

以上3点が，面接試験の最も基本的な目的であり，試験官はこれにそってさまざまな問題を用意することになる。さらに次の諸点にも，試験官の観察の目が光っていることを忘れてはならない。

④　質疑応答によって知識・教養の程度を知る

　筆記試験によって，すでに一応の知識・教養は確認しているが，面接試験においてはさらに付加質問を次々と行うことができ，その応答過程と内容から，受験者の知識教養の程度をより正確に判断しようとする。

⑤　言語能力や頭脳の回転の速さの観察

　言語による応答のなかで，相手方の意志の理解，自分の意志の伝達のスピードと要領の良さなど，受験者の頭脳の回転の速さや言語表現の諸能力を観察する。

⑥　思想・人生観などを知る

　これも論作文試験等によって知ることは可能だが，面接試験によりさらに詳しく聞いていくことができる。

⑦　協調性・指導性などの社会的性格を知る

　前述した面接試験の種類のうち，グループ・ディスカッションなどはこれを知るために考え出された。公務員という職業の場合，これらの資質を知ることは面接試験の大きな目的の一つとなる。

●● Ⅲ．面接試験の問題点 ●●

　これまで述べてきたように，公務員試験における面接試験の役割は大きいが，問題点もないわけではない。

　というのも，面接試験の場合，学校の試験のように"正答"というものがないからである。例えば，ある試験官は受験者の「自己PR＝売り込み」を意欲があると高く評価したとしても，別の試験官はこれを自信過剰と受け取り，公務員に適さないと判断するかもしれない。あるいは模範的な回答をしても，「マニュアル的だ」と受け取られることもある。

　もっとも，このような主観の相違によって評価が左右されないように，試験官を複数にしたり評価の基準が定められたりしているわけだが，それでもやはり，面接試験自体には次に述べるような一般的な問題点もあるのである。

---

①　短時間の面接で受験者の全体像を評価するのは容易でない

　面接試験は受験者にとってみれば，その人の生涯を決定するほど重要な場であるのだが，その緊張した短時間の間に日頃の人格と実力のすべてが発揮できるとは限らない。そのため第一印象だけで，その全体像も評価されてしまう危険性がある。

②　評価判断が試験官の主観で左右されやすい

　面接試験に現れるものは，そのほとんどが性格・性向などの人格的なもので，これは数値で示されるようなものではない。したがってその評価に客観性を明確に付与することは困難で，試験官の主観によって評価に大変な差が生じることがある。

③　試験官の質問の巧拙などの技術が判定に影響する

　試験官の質問が拙劣なため，受験者の正しく明確な反応を得ることができず，そのため評価を誤ることがある。

④　試験官の好悪の感情が判定を左右する場合がある

　これも面接が「人間　対　人間」によって行われる以上，多かれ少なかれ避けられないことである。この弊害を避けるため，前述したように試験官を複数にしたり複数回の面接を行ったりなどの工夫がされている。

⑤　試験官の先入観や信念などで判定がゆがむことがある

　人は他人に接するとき無意識的な人物評価を行っており，この経験の積

み重ねで，人物評価に対してある程度の紋切り型の判断基準を持つように
なっている。例えば，「額の広い人は頭がよい」とか「耳たぶが大きい
人は人格円満」などというようなことで，試験官が高年齢者であるほど
この種の信念が強固であり，それが無意識的に評価をゆがめる場合も時
としてある。

　面接試験には，このように多くの問題点と危険性が存在する。それらのほ
とんどが「対人間」の面接である以上，必然的に起こる本質的なものであれば，
万全に解決されることを期待するのは難しい。しかし，だからといって面接
試験の役割や重要性が，それで減少することは少しもないのであり，各市の
面接担当者はこうした面接試験の役割と問題点の間で，どうしたらより客観
的で公平な判定を下すことができるかを考え，さまざまな工夫をしているの
である。最近の面接試験の形態が多様化しているのも，こうした採用側の努
力の表れといえよう。

● Ⅳ. 面接の質問内容 ●

　ひとくちに面接試験といっても，果たしてどんなことを聞かれるのか，不
安な人もいるはずだ。ここでは志望動機から日常生活にかかわることまで，
それぞれ気に留めておきたい重要ポイントを交えて，予想される質問内容を
一挙に列記しておく。当日になって慌てないように，「こんなことを聞かれた
ら（大体）こう答えよう」という自分なりの回答を頭の中で整理しておこう。

■志望動機編■

（1）　受験先の概要を把握して自分との接点を明確に

　消防官を受験した動機，理由については，就職試験の成否をも決めかね
ない重要な応答になる。また，どんな面接試験でも，避けて通ることのでき
ない質問事項である。なぜなら志望動機は，就職先にとって最大の関心
事のひとつであるからだ。受験者が，どれだけ消防官についての知識や情
報をもったうえで受験をしているのかを調べようとする。

(2) 質問に対しては臨機応変の対応を

　受験者の立場でいえば，複数の受験をすることは常識である。もちろん「当職員以外に受験した県や一般企業がありますか」と聞く面接官も，それは承知している。したがって，同じ職種，同じ業種で何箇所かかけもちしている場合，正直に答えてもかまわない。しかし，「第一志望は何ですか」というような質問に対して，正直に答えるべきかどうかというと，やはりこれは疑問がある。一般的にはどんな企業や役所でも，ほかを第一志望にあげられれば，やはり愉快には思わない。

(3) 志望の理由は情熱をもって述べる

　志望動機を述べるときは，自分がどうして消防官を選んだのか，どこに大きな魅力を感じたのかを，できるだけ具体的に，しかも情熱をもって語ることが重要である。

　たとえば，「人の役に立つ仕事がしたい」と言っても，特に消防官でなければならない理由が浮かんでこない。

① 例題Q & A

Q. あなたが消防官を志望した理由，または動機を述べてください。

A. 数年前の新潟県中越沖地震で，崖下の1人の命を救うために大勢の消防隊の方たちが，救助に当たっておられ，その姿に感動したことを思い起こします。また，東日本大震災では多くの消防官や自衛官，警察官の方が自らの命を省みず懸命に職務を果たしておられる姿に心を打たれました。私もただ1人に対しても全力を捧げる，そのような消防官になりたいと考え，志望しました

Q. もし消防官として採用されなかったら，どのようにするつもりですか。

A. もし不合格になった場合でも，私は何年かかってでも消防官になりたいという意志をもっています。しかし，一緒に暮らしている家族の意向などもありますので，相談いたしまして一般企業に就職するかもしれません。

②予想される質問内容

○ 消防官について知っていること，または印象などを述べてください。

○ 職業として消防官を選ぶときの基準として，あなたは何を重要視しましたか。

○ いつごろから消防官を受けようと思いましたか。

○ ほかには，どのような業種や会社を受験しているのですか。

○ 教職の資格を取得しているようですが，そちらに進むつもりはないのですか。

○ 志望先を決めるにあたり，どなたかに相談しましたか。

○ もし消防官と他の一般企業に，同時に合格したらどうするつもりですか。

■仕事に対する意識・動機編■

1　採用後の希望はその役所の方針を考慮して

　採用後の希望や抱負などは，志望動機さえ明確になっていれば，この種の質問に答えるのは，それほど難しいことではない。ただし，希望職種や希望部署など，採用後の待遇にも直接関係する質問である場合は，注意が必要だろう。また，勤続予定年数などについては，特に男性の場合，定年まで働くというのが一般的である。

2　勤務条件についての質問には柔軟な姿勢を見せる

　勤務の条件や内容などは，職種研究の対象であるから，当然，前もって下調べが必要なことはいうまでもない。

　「残業で遅くなっても大丈夫ですか」という質問は，女性の受験者によく出される。職業への熱意や意欲を問われているのだから，「残業は一切できません！」という柔軟性のない姿勢は論外だ。通勤方法や時間など，具体的な材料をあげて説明すれば，相手も納得するだろう。

　そのほか初任給など，採用後の待遇についての質問には，基本的に規定に

従うと答えるべき。新卒の場合，たとえ「給料の希望額は？」と聞かれても，「規定通りいただければ結構です」と答えるのが無難だ。間違っても，他業種との比較を口にするようなことをしてはいけない。

3 自分自身の言葉で職業観を表現する

就職や職業というものを，自分自身の生き方の中にどう位置づけるか，また，自分の生活の中で仕事とはどういう役割を果たすのかを考えてみることが重要だ。つまり，自分の能力を生かしたい，社会に貢献したい，自分の存在価値を社会的に実現してみたい，ある分野で何か自分の力を試してみたい……などを考えれば，おのずと就職するに当たっての心構えや意義は見えてくるはずである。

あとは，それを自分自身の人生観，志望職種や業種などとの関係を考えて組み立ててみれば，明確な答えが浮かび上がってくるだろう。

①例題Q & A

Q.	消防官の採用が決まった場合の抱負を述べてください。
A.	まず配属された部署の仕事に精通するよう努め，自分を一人前の消防官として，そして社会人として鍛えていきたいと思います。また，消防官の全体像を把握し，仕事の流れを一日も早くつかみたいと考えています。

Q.	消防官に採用されたら，定年まで勤めたいと思いますか。
A.	もちろんそのつもりです。消防官という職業は，私自身が一生の仕事として選んだものです。特別の事情が起こらない限り，中途退職したり，転職することは考えられません。

②予想される質問内容

> ○ 消防官になったら，どのような仕事をしたいと思いますか。
>
> ○ 残業や休日出勤を命じられたようなとき，どのように対応しますか。
>
> ○ 消防官の仕事というのは苛酷なところもありますが，耐えていけますか。
>
> ○ 転勤については大丈夫ですか。
>
> ○ 消防官の初任給は○○円ですが，これで生活していけますか。
>
> ○ 学生生活と職場の生活との違いについては，どのように考えていますか。
>
> ○ 職場で仕事をしていく場合，どのような心構えが必要だと思いますか。
>
> ○ 消防官という言葉から，あなたはどういうものを連想しますか。
>
> ○ あなたにとって，就職とはどのような意味をもつものですか。

■自己紹介・自己PR編■

1 長所や短所をバランスよくとりあげて自己分析を

　人間には，それぞれ長所や短所が表裏一体としてあるものだから，性格についての質問には，率直に答えればよい。短所については素直に認め，長所については謙虚さを失わずに語るというのが基本だが，職種によっては決定的にマイナスととられる性格というのがあるから，その点だけは十分に配慮して応答しなければならない。

　「物事に熱しやすく冷めやすい」といえば短所だが，「好奇心旺盛」といえば長所だ。こうした質問に対する有効な応答は，恩師や級友などによる評価，交友関係から見た自己分析など具体的な例を交えて話すようにすれば，より説得力が増すであろう。

2 履歴書の内容を覚えておき，よどみなく答える

　履歴書などにどんなことを書いて提出したかを，きちんと覚えておく。重要な応募書類は，コピーを取って，手元に控えを保管しておくと安心だ。

3　志望職決定の際，両親の意向を問われることも

　面接の席で両親の同意をとりつけているかどうか問われることもある。家族関係がうまくいっているかどうかの判断材料にもなるので，親の考えも伝えながら，明確に答える必要がある。この際，あまり家族への依存心が強いと思われるような発言は控えよう。

①例題Ｑ＆Ａ

Q.　あなたのセールスポイントをあげて，自己PRをしてください。

A.　性格は陽気で，バイタリティーと体力には自信があります。高校時代は山岳部に属し，休日ごとに山歩きをしていました。3年間鍛えた体力と精神力をフルに生かして，ばりばり仕事をしたいと思います。

Q.　あなたは人と話すのが好きですか，それとも苦手なほうですか。

A.　はい，大好きです。高校ではサッカー部のマネージャーをやっておりましたし，大学に入ってからも，同好会でしたがサッカー部の渉外担当をつとめました。試合のスケジュールなど，外部の人と接する機会も多かったため，初対面の人とでもあまり緊張しないで話せるようになりました。

---

②予想される質問内容

○ あなたは自分をどういう性格だと思っていますか。

○ あなたの性格で，長所と短所を挙げてみてください。

○ あなたは，友人の間でリーダーシップをとるほうですか。

○ あなたは他の人と協調して行動することができますか。

○ たとえば，仕事上のことで上司と意見が対立したようなとき，どう対処しますか。

○ あなたは何か資格をもっていますか。また，それを取得したのは

どうしてですか。

○ これまでに何か大きな病気をしたり，入院した経験がありますか。

○ あなたが消防官を志望したことについて，ご両親はどうおっしゃっていますか。

■日常生活・人生観編■

1 趣味はその楽しさや面白さを分かりやすく語ろう

余暇をどのように楽しんでいるかは，その人の人柄を知るための大きな手がかりになる。趣味は"人間の魅力"を形作るのに重要な要素となっているという側面があり，面接官は，受験者の趣味や娯楽などを通して，その人物の人柄を知ろうとする。

2 健全な生活習慣を実践している様子を伝える

休日や余暇の使い方は，本来は勤労者の自由な裁量に任されているもの。とはいっても，健全な生活習慣なしに，創造的で建設的な職場の生活は営めないと，採用側は考えている。日常の生活をどのように律しているか，この点から，受験者の社会人・公務員としての自覚と適性を見極めようというものである。

3 生活信条やモットーなどは自分自身の言葉で

生活信条とかモットーといったものは，個人的なテーマであるため，答えは千差万別である。受験者それぞれによって応答が異なるから，面接官も興味を抱いて，話が次々に発展するケースも多い。それだけに，嘘や見栄は禁物で，話を続けるうちに，矛盾や身についていない考えはすぐ見破られてしまう。自分の信念をしっかり持って，臨機応変に進めていく修練が必要となる。

①例題Q＆A

> **Q. スポーツは好きですか。また，どんな種目が好きですか。**
>
> **A.** はい。手軽に誰にでもできるというのが魅力ではじめたランニングですが，毎朝家の近くを走っています。体力増強という面もありますが，ランニングを終わってシャワーを浴びると，今日も一日が始まるという感じがして，生活のけじめをつけるのにも大変よいものです。目標は秋に行われる●●マラソンに出ることです。

> **Q. 日常の健康管理に，どのようなことを心がけていますか。**
>
> **A.** 私の場合，とにかく規則的な生活をするよう心がけています。それとあまり車を使わず，できるだけ歩くようにしていることなどです。

②予想される質問内容

○ あなたはどのような趣味をもっているか，話してみてください。

○ あなたはギャンブルについて，どのように考えていますか。

○ お酒は飲みますか。飲むとしたらどの程度飲めますか。

○ ふだんの生活は朝型ですか，それとも夜型ですか。

○ あなたの生き方に影響を及ぼした人，尊敬する人などがいたら話してください。

○ あなたにとっての生きがいは何か，述べてみてください。

○ 現代の若者について，同世代としてあなたはどう思いますか。

■一般常識・時事問題編■

1 新聞には必ず目を通し，重要な記事は他紙と併読

一般常識・時事問題については筆記試験の分野に属するが，面接でこうしたテーマがもち出されることも珍しくない。受験者がどれだけ社会問題に関

心をもっているか，一般常識をもっているか，また物事の見方・考え方に偏りがないかなどを判定しようというものである。知識や教養だけではなく，一問一答の応答を通じて，その人の性格や適応能力まで判断されることになると考えておくほうがよいだろう。

2 社会に目を向け，健全な批判精神を示す

思想の傾向や政治・経済などについて細かい質問をされることが稀にあるが，それは誰でも少しは緊張するのはやむをえない。

考えてみれば思想の自由は憲法にも保証された権利であるし，支持政党や選挙の際の投票基準についても，本来，他人からどうこう言われる筋合いのものではない。そんなことは採用する側も認識していることであり，政治思想そのものを採用・不採用の主材料にすることはない。むしろ関心をもっているのは，受験者が，社会的現実にどの程度目を向け，どのように判断しているかということなのだ。

①例題Q & A

Q. 今日の朝刊で，特に印象に残っている記事について述べてください。
A. △△市の市長のリコールが成立した記事が印象に残っています。違法な専決処分を繰り返した事に対しての批判などが原因でリコールされたわけですが，市民運動の大きな力を感じさせられました。

Q. これからの高齢化社会に向けて，あなたの意見を述べてください。
A. やはり行政の立場から高齢者サービスのネットワークを推進し，老人が安心して暮らせるような社会を作っていくのが基本だと思います。それと，誰もがやがて迎える老年期に向けて，心の準備をしていくような生活態度が必要だと思います。

②予想される質問内容

○ あなたがいつも読んでいる新聞や雑誌を言ってください。

○ あなたは，政治や経済についてどのくらい関心をもっていますか。

○ 最近テレビで話題の××事件の犯人逮捕についてどう思いますか。

○ △△事件の被告人が勝訴の判決を得ましたがこれについてどう思いますか。

---

③面接の方法

（1）　一問一答法

　面接官の質問が具体的で，受験者が応答しやすい最も一般的な方法である。例えば，「学生時代にクラブ活動をやりましたか」「何をやっていましたか」「クラブ活動は何を指導できますか」というように，それぞれの質問に対し受験者が端的に応答できる形式である。この方法では，質問の応答も具体的なため評価がしやすく，短時間に多くの情報を得ることができる。

（2）　供述法

　受験者の考え方，理解力，表現力などを見る方法で，面接官の質問は総括的である。例えば，「愛読書のどういう点が好きなのですか」「○○事件の問題点はどこにあると思いますか」といったように，一問一答ではなく，受験者が自分の考えを論じなければならない。面接官は，質問に対し，受験者がどのような角度から応答し，どの点を重視するか，いかに要領よく自分の考えを披露できるかなどを観察・評価している。

（3）　非指示的方法

　受験者に自由に発言させ，面接官は話題を引き出した論旨の不明瞭な点を明らかにするなどの場合に限って，最小限度の質問をするだけという方法で。

（4）　圧迫面接法

　意識的に受験者の神経を圧迫して精神状態を緊張させ，それに対する受験者の応答や全体的な反応を観察する方法である。例えば「そんな安易な考えで，職務が務まると思っているんですか？」などと，受験者の応答をあまり考慮せずに，語調を強めて論議を仕掛けたり，枝葉末節を捉えて揚げ足取り

をする，受験者の弱点を大げさに捉えた言葉を頻発する，質問責めにすると
いった具合で，受験者にとっては好ましくない面接法といえる。そのような
不快な緊張状況が続く環境の中での受験者の自制心や忍耐力，判断力の変化
などを観察するのが，この面接法の目的だ。

◖◗ V．面接Q＆A ◖◗

★社会人になるにあたって大切なことは？★

〈良い例①〉

責任を持って物事にあたることだと考えます。学生時代は多少の失敗をし
ても，許してくれました。しかし，社会人となったら，この学生気分の甘え
を完全にぬぐい去らなければいけないと思います。

〈良い例②〉

気分次第な行動を慎み，常に，安定した精神状態を維持することだと考え
ています。気持ちのムラは仕事のミスにつながってしまいます。そのために社
会人になったら，精神と肉体の健康の安定を維持して，仕事をしたいのです。

〈悪い例①〉

社会人としての自覚を持ち，社会人として恥ずかしくない人間になること
だと思います。

〈悪い例②〉

よりよい社会を作るために，政治，経済の動向に気を配り，国家的見地
に立って物事を見るようにすることが大切だと思います。

●コメント

この質問に対しては，社会人としての自覚を持つんだという点を強調す
べきである。〈良い例〉では，学生時代を反省し，社会へ出ていくのだとい
う意欲が感じられる。

一方〈悪い例①〉では，あまりにも漠然としていて，具体性に欠けてい
る。また〈悪い例②〉のような，背のびした回答は避ける方が無難だ。

★簡単な自己PRをして下さい。★

〈良い例①〉

　体力には自信があります。学生時代，山岳部に所属していました。登頂した山が増えるにつれて，私の体力も向上してきました。それに度胸というようなものがついてきたようです。

〈良い例②〉

　私のセールスポイントは，頑張り屋ということです。高校時代では部活動のキャプテンをやっていましたので，まとめ役としてチームを引っ張り，県大会出場を果たしました。

〈悪い例①〉

　セールスポイントは，3点あります。性格が明るいこと，体が丈夫なこと，スポーツが好きなことです。

〈悪い例②〉

　自己PRですか……エピソードは……ちょっと突然すぎて，それに一言では……。

〈悪い例③〉

　私は自分に絶対の自信があり，なんでもやりこなせると信じています。これまでも，たいていのことは人に負けませんでした。公務員になりましたら，どんな仕事でもこなせる自信があります。

●コメント

　自己PRのコツは，具体的なエピソード，体験をおりまぜて，誇張しすぎず説得力を持たせることである。

　〈悪い例①〉は具体性がなく迫力に欠ける。②はなんとも歯ぎれが悪く，とっさの場合の判断力のなさを印象づける。③は抽象的すぎるし，自信過剰で嫌味さえ感じられる。

★健康状態はいかがですか？★

〈良い例①〉

　健康なほうです。以前は冬になるとよくカゼをひきましたが，4年くらい前にジョギングを始めてから，風邪をひかなくなりました。

〈良い例②〉

　いたって健康です。中学生のときからテニスで体をきたえているせいか，寝こむような病気にかかったことはありません。

〈悪い例①〉

　寝こむほどの病気はしません。ただ，少々貧血気味で，たまに気分が悪くなることがありますが，あまり心配はしていません。勤務には十分耐えられる健康状態だと思います。

〈悪い例②〉

　まあ，健康なほうです。ときどき頭痛がすることがありますが，睡眠不足や疲れのせいでしょう。社会人として規則正しい生活をするようになれば，たぶん治ると思います。

●コメント

　多少，健康に不安があっても，とりたててそのことを言わないほうがいい。〈悪い例②〉のように健康維持の心がけを欠いているような発言は避けるべきだ。まず健康状態は良好であると述べ，日頃の健康管理について付け加える。スポーツばかりではなく，早寝早起き，十分な睡眠，精神衛生などに触れるのも悪くない。

★どんなスポーツをしていますか？★

〈良い例①〉

　毎日しているスポーツはありませんが，週末によく卓球をします。他のスポーツに比べると，どうも地味なスポーツに見られがちなのですが，皆さんが思うよりかなり激しいスポーツで，全身の運動になります。

〈良い例②〉

　私はあまり運動が得意なほうではありませんので，小さいころから自主的にスポーツをしたことがありませんでした。でも，去年テレビでジャズダンスを見ているうちにあれならば私にもできそうだという気がして，ここ半年余り週１回のペースで習っています。

〈悪い例①〉

　スポーツはどちらかといえば見る方が好きです。よくテレビでプロ野球中継を見ます。

●コメント

　スポーツをしている人は，健康・行動力・協調性・明朗さなどに富んでいるというのが一般の（試験官の）イメージだ。〈悪い例①〉のように見る方が好きだというのは個人の趣向なので構わないが，それで終わってしまうのは好ましくない。

★クラブ・サークル活動の経験はありますか？★

〈良い例①〉

　剣道をやっていました。剣道を通じて，自分との戦いに勝つことを学び，また心身ともに鍛えられました。それから横のつながりだけでなく先輩，後輩との縦のつながりができたことも収穫の一つでした。

〈良い例②〉

　バスケット部に入っておりました。私は，中学生のときからバスケットをやっていましたから，もう６年やったことになります。高校までは正選手で，大きな試合にも出ていました。授業終了後，２時間の練習があります。また，休暇時期には，合宿練習がありまして，これには，ＯＢも参加し，かなりハードです。

〈悪い例①〉

　私は社会心理研究会という同好会に所属していました。マスコミからの情報が，大衆心理にどのような影響をおよぼしているのかを研究していました。大学に入ったら，サークル活動をしようと思っていました。それが，いろいろな部にあたったのですが，迷ってなかなか決まらなかったのです。そんなとき，友人がこの同好会に入ったので，それでは私も，ということで入りました。

〈悪い例②〉

　何もしていませんでした。どうしてもやりたいものもなかったし，通学に２時間半ほどかかり，クラブ活動をしていると帰宅が遅くなってしまいますので，結局クラブには入りませんでした。

●コメント

　クラブ・サークル活動の所属の有無は，協調性とか本人の特技を知るためのものであり，どこの採用試験でも必ず質問される。クラブ活動の内容，本人の役割分担，そこから何を学んだかがポイントとなる。具体的な経験を加えて話すのがよい。ただ，「サークル活動で●●を学んだ」という話は試験官にはやや食傷気味でもあるので，内容の練り方は十分に行いたい。

　〈悪い例①〉は入部した動機がはっきりしていない。〈悪い例②〉では，クラブ活動をやっていなかった場合，必ず別のセールスポイントを用意しておきたい。例えば，ボランティア活動をしていたとか，体力なら自信がある，などだ。それに「何も夢中になることがなかった」では人間としての積極性に欠けてしまう。

★新聞は読んでいますか？★

〈良い例①〉

　毎日，読んでおります。朝日新聞をとっていますが，朝刊では"天声人語"や"ひと"そして政治・経済・国際欄を念入りに読みます。夕刊では，"窓"を必ず読むようにしています。

293

〈良い例②〉

読売新聞を読んでいます。高校のころから，政治，経済面を必ず読むよう，自分に義務づけています。最初は味気なく，つまらないと思ったのですが，このごろは興味深く読んでいます。

〈悪い例①〉

定期購読している新聞はありません。ニュースはほとんどテレビやインターネットで見られますので。たまに駅の売店などでスポーツ新聞や夕刊紙などを買って読んでいます。主にどこを読むかというと，これらの新聞の芸能・レジャー情報などです。

〈悪い例②〉

毎日新聞を読んでいますが，特にどこを読むということはなく，全体に目を通します。毎日新聞は，私が決めたわけではなく，実家の両親が購読していたので，私も習慣としてそれを読んでいます。

●コメント

　この質問は，あなたの社会的関心度をみるためのものである。毎日，目を通すかどうかで日々の生活規律やパターンを知ろうとするねらいもある。具体的には，夕刊紙ではなく朝日，読売，毎日などの全国紙を挙げるのが無難であり，読むページも，政治・経済面を中心とするのが望ましい。

　〈良い例①〉は，購読している新聞，記事の題名などが具体的であり，真剣に読んでいるという真実味がある。直近の記憶に残った記事について感想を述べるとなお印象は良くなるだろう。〈悪い例①〉は，「たまに読んでいる」ということで×。それに読む記事の内容からも社会的関心の低さが感じられる。〈悪い例②〉は〈良い例①〉にくらべ，具体的な記事が挙げられておらず，かなりラフな読み方をしていると思われても仕方がない。

●書籍内容の訂正等について

　弊社では教員採用試験対策シリーズ（参考書，過去問，全国まるごと過去問題集），公務員採用試験対策シリーズ，公立幼稚園・保育士試験対策シリーズ，会社別就職試験対策シリーズについて，正誤表をホームページ（https://www.kyodo-s.jp）に掲載いたします。内容に訂正等，疑問点がございましたら，まずホームページをご確認ください。もし，正誤表に掲載されていない訂正等，疑問点がございましたら，下記項目をご記入の上，以下の送付先までお送りいただくようお願いいたします。

> ① **書籍名，都道府県・市町村名，区分，年度**
> （例：公務員採用試験対策シリーズ　北海道のＡ区分　2025年度版）
> ② **ページ数**（書籍に記載されているページ数をご記入ください。）
> ③ **訂正等，疑問点**（内容は具体的にご記入ください。）
> （例：問題文では"ア〜オの中から選べ"とあるが，選択肢はエまでしかない）

〔ご注意〕

○ 電話での質問や相談等につきましては，受付けておりません。ご注意ください。

○ 正誤表の更新は適宜行います。

○ いただいた疑問点につきましては，当社編集制作部で検討の上，正誤表への反映を決定させていただきます（個別回答は，原則行いませんのであしからずご了承ください）。

●情報提供のお願い

　公務員試験研究会では，これから公務員試験を受験される方々に，より正確な問題を，より多くご提供できるよう情報の収集を行っております。つきましては，公務員試験に関する次の項目の情報を，以下の送付先までお送りいただけますと幸いでございます。お送りいただきました方には謝礼を差し上げます。

（情報量があまりに少ない場合は，謝礼をご用意できかねる場合があります。）

◆あなたの受験された教養試験，面接試験，論作文試験の実施方法や試験内容

◆公務員試験の受験体験記

送付先
○電子メール：edit@kyodo-s.jp
○FAX：03-3233-1233（協同出版株式会社　編集制作部 行）
○郵送：〒101-0054　東京都千代田区神田錦町2-5
　　　　協同出版株式会社　編集制作部 行
○HP：https://kyodo-s.jp/provision（右記のQRコードからもアクセスできます）

※謝礼をお送りする関係から，いずれの方法でお送りいただく際にも，「お名前」「ご住所」は，必ず明記いただきますよう，よろしくお願い申し上げます。

佐賀中部広域の
消防職大卒程度

編　者　公務員試験研究会

発　行　令和 6 年 1 月 10 日

発行者　小貫輝雄

発行所　協同出版株式会社

〒 101 − 0054
東京都千代田区神田錦町2 − 5
電話　03 − 3295 − 1341
振替　東京00190 − 4 − 94061

落丁・乱丁はお取り替えいたします
Printed in Japan